多元的行政の憲法理論

ドイツにおける行政の民主的正当化論

高橋雅人 著

Die Verfassungstheorie und
die Ausdifferenzierung der Verwaltung

Masato Takahashi

法律文化社

　　　　　　　　は　し　が　き

　本書は、筆者が2012年に早稲田大学法学研究科に提出した学位請求論文（博士（法学））『多元的行政の「憲法理論」―私化時代の民主的正当化』を基にしている。その後の検討を踏まえて、全体の構成や内容に変更を加えている。
　本書の研究テーマは、民営化と呼ばれる事象や、原子力発電所の安全審査に関わる専門家委員会のように多元化する行政組織と作用を、憲法理論としていかに捉えるのか、ということを検討するものである。この多元的行政を規律するために、実務を自省（Reflexion）させる受け皿としての「憲法理論」の再構成を試みるというわけである。それは、国家概念を実体的に捉えるのではなく、多元化する国家をそのつど機能的に把握するための理論でもある。「国家からの思考」に基づくものでもなく、「市民からの思考」に基づくものでもない、「憲法からの思考」に基づく「憲法理論」である。「国家論の再興」ではなく、機能的に国家を分析し認識し、それを規律するための「憲法理論」を追究する。この目的のために、本書は、実定憲法が基礎におく一般的な憲法原理、とりわけ民主主義原理から思考を出発して、国家の「責任」のあり方について考察する。本書の問題意識のきっかけとしては、日本をベースにしつつも、研究対象はドイツ公法学研究に限定している。
　さて、本書は、第1部を研究方法、第2部を問題の理論的把握、第3部をそれらの適用対象としての組織・構造の検討、と構成している。
　第1部第1章では、現代の「国家」概念をめぐるドイツの公法学説から、今ドイツで必要とされている理論は何かを探っている。そこに、本書が多元的行政を捉えるためのヒントがあると見ている。第2章では、本書で追究する「多元的行政の憲法理論」を支える基本的な道具立てを整理する。第3章では、問題解決志向の学としての「制御学」とガバナンス構想が憲法理論に与える影響と効果について検討する。
　本書で扱う最も基本的な理論枠組みは「行政の民主的正当化論」である。第

2部第1章では、ドイツにおける民主的正当化論を整理している。そこでは、多元的行政に対応する民主主義モデルは、「一元型モデル」ではなく、「多元型モデル」でなければならないことが見えてくる。しかし、このモデルはいくつかの重大な憲法問題を抱えている。多元型モデルが求める枠組みは、従来の民主主義モデルでは必ずしもうまく説明できない。市民参加の民主的正当性など、直接民主的要素をいかに扱うかについては別途検討が必要となる。第2部第2章でこの問題を扱う。それとともに、ドイツで発展しつつある「参加」と「受容」の方法を探る。

　第3部第1章では、多元化する行政を、「国家の権力独占」の観点から考察する。ここで「国家の権力独占」の臨界点として取り上げるのは、「民営化」の問題である。「民営化」は公共的任務への私人の参与を導く。そこで、私人の関与する行政を憲法上いかに規律するかという問題について、民主的正当化モデルを適用することで検討する。

　第3部第2章では、多元化する行政を、「国家の統一性」の観点から考察する。これは組織論的考察であり、民主的正当化のなかでも、とくに「事項的・内容的正当化」を確保する手段としての「指揮権」、「監督権」が問題となる。例として中央銀行の独立性、専門家委員会の規律について取り上げる。政府・大臣の指揮からの自由となる「独立性」を民主的正当化の観点から捉え直す。厳格に民主的正当化を追求すれば、「独立性」のそもそもの意味を失うというように、「独立性」と「民主的正当化」は緊張関係に立つ。そのなかで、独立行政機関の規律と国の責任を放棄させないための議論を探っている。

　以上の各論点の問題点と、民主的正当化との関係を整理し、再検証することで、結びに、民主的正当化による憲法理論の可能性と限界を考察している。

目　次

はしがき

序　章　現代国家をめぐる認識 ——————————————— 1
1　国家と民営化　1
2　日本における NPM の影響　6
3　現代国家と公法学　8

第 1 部　方　　法

第 1 章　現代国家をめぐる〈認識〉 ——————————————— 17
1　国家概念再考　17
2　新世代の憲法理論　21
3　多元的行政の憲法理論へ　30
4　認識のための道具　35

第 2 章　統治を支える規範 ——————————————— 42
1　"Gewaltengliederung"　42
2　行政の統一性と独立性　46
3　「正当化」と「正統化」　48

第 3 章　ガバナンスと憲法理論 ——————————————— 51
1　制御学の発展としての「ガバナンス」　53
2　規律構造の概念　64

第 2 部　理　論

第 1 章　民主的正当化論 ―――― 83
1. 一元型モデル　85
2. 多元型モデル　95
3. 「機能的自治」――リッペ団体判決　115
4. ヨーロッパにおける民主的正当化　126
5. 多元型モデルの問題点と利点　131
6. 修正型多元的モデルへ　136

第 2 章　参加と受容 ―――― 142
1. 受容概念とその背景　142
2. 国民投票と調停　148
3. 直接民主制の民主的正当性　152

第 3 部　組織・構造

第 1 章　国家の権力独占（民営化） ―――― 161
1. 国家の権力独占と民営化　162
2. 民営化に対する憲法上の規律　173
3. 民営化と民主的正当化モデル　182
4. 小　括　193

第 2 章　行政の統一性 ―――― 195
1. 指揮権と監督権　195

2　行政の統一性と民主的正当化論　199
　　3　「指揮からの自由」と民主的正当化　209
　　4　中央銀行の独立性　216
　　5　公証人に対する国家監督　221
　　6　専門家委員会の法的規律　228

第3章　改めて民主的正当化論から ─────────── 243
　　1　正当化論とガバナンス　243
　　2　責任問題としてのガバナンス構想　248

結　　　民主的正当化に基づく憲法理論 ─────────── 255
　　1　ま　と　め　255
　　2　ガバナンス構想と国家概念　258
　　3　代表制と民主的正当化　258
　　4　お わ り に　260

謝　辞
初出一覧
索　引

序　章

現代国家をめぐる認識

1　国家と民営化

　「国家」ということばは、その不確かで不安定なものという負の局面で、しばしば使われるようになってきている。とくにそれは、事実の叙述分析を仕事とする政治学や社会学において特徴的である。

　たとえば、国家（行政）は権力構造が一元的で、外部環境の変化に対応できないので、「原則として、中央政府は、外交、通貨、防衛、治安・警察、保健衛生、災害援助など純粋公共財を所掌するだけでいいのではないか」とされる[1]。政府の機能をできるだけ最小限にとどめようとする発想自体はとくに目新しいものではないが、その主張傾向は一定の立場として定着している。

　その一方で、国家がその作用を小さくすることで、かえって個人が生きづらくなる。たとえば、ベックによると、現代国家は弱者に対する保護機能を削らすことで、個人に自前の解決策を探し出すよう求めている。この個人の切迫した生活状況は「個人化」と呼ばれ、国家の撤退によって「自己責任」に追い立てられる個人の不自由が描かれる[2]。同様に、バウマンは次のようにいう。まず、近代と現代を「ソリッドモダン」と「リキッドモダン」と呼称する。そし

---

[1]　山本啓「ガバメントとガバナンス」岩崎正洋編『ガバナンス論の現在』（勁草書房、2011年）。

[2]　Ulrich Beck, Risikogesellschaft（1986）（ウルリッヒ・ベック（東廉・伊藤美登里訳）『危険社会』（法政大学出版局、1998年））。

て、国家は、近代では「不確実性というもっとも恐ろしい悪魔」を踏み潰し、理性を優位におく「ソリッド」なものだったが、現代では、権力と政治が絶縁し、国家が「恐ろしい悪魔」を踏み潰す「独占的役割」としての権力を失うことで、「リキッド」な性質に変容したという[3]。

　ここには、国家に対する不信感が見受けられる。70年代後半から80年代にかけてしばしば指摘された「民主主義の統治能力の危機」(投票率低下、政治不信、市民の抗議活動の活発化)は、この傾向の１つの側面といえる。国家は、それだけでは十分に有効な統治能力を持たない、という否定的なイメージがこの思考を覆っている。この不毛で乾いた「国家」という荒野に、経営的手法を取り込もうとして、さまざまに含意された「ガバナンス」のことばが台頭してくることになった。しかし、果たして「ガバナンス」論で、国家論の地平に生産的な潤いを取り戻せるのだろうか。

　この「統治能力の危機」を前にして、世界各国で、行政の改革運動が起きている。新公共経営理論（NPM（New Public Management））のモットーで語られる運動である。行政上の政策を評価し、その政策の実効性を高める構想は、公法学にももたらされている。ドイツでは、NPM の変奏としての新制御モデル（Neues Steuerungsmodell（以下、NSM））[4]が展開された。行政運営に民間企業の経営理念・手法を取り入れたもので、政策や施策の目標遂行のためにどれだけの資源を投入し（インプット）、どれだけのサービス等の製品（Produkt）を提供し（アウトプット）、その結果どのような成果を国民・市民に提供できたか（アウトカム）を評価し、次の政策につなげる発想である。最小限のインプット

---

3) ジグムント・バウマン（伊藤茂訳）『コラテラル・ダメージ』（青土社、2011年）。
4) 概観するものとして Günter Püttner, Verwaltungslehre, 4. Aufl. (2007) Rn. 75-79. また邦語文献として白藤博行「行政の『現代化』と新しい自治体運営モデル」都市問題88巻５号（1997年）、武田公子「ドイツ自治体の行政改革」福祉社会研究１号（2000年）36頁、同「ドイツにおける自治体新会計モデル」福祉社会研究２号（2001年）15頁以下、同「ドイツ版 NPM の10年」福祉社会研究４・５号（2004年）21頁以下1990年頃より、ドイツでは「行政の経済化（Ökonomisierung der Verwaltung）」という標語に表されるような「行政の現代化（Verwaltungsmodernisierung）」が求められており、そのなかで NSM は経営学、政治学、社会学に由来した構想として形成されてきた。

(Economy)によって最大限のアウトプットを図り（Efficiency）、それによって顧客満足度としてのアウトカムを達成させること（Effectiveness）という"3E"を掲げる。そして、これを実現するために、市場メカニズム・民間主体の活用を図って前二者の向上を目指し、住民のニーズを受けとめて最大限のパフォーマンスを提供しようと企図する。もっとも NPM と NSM は、行政の効率性と公共部門の減量化を目指す点で共通するが、前者が公共部門の外部化・民営化、競争原理を志向するのに対して、後者はおもに地方自治の改革を端緒にして、分権化に基づく行政機構改革によって行政諸部門を独立化・自立化させる傾向がある[5]。

行政の「現代化」・「経済化」[6]の背景には「長い波動（die lange Wellen）」がある[7]。ボン基本法制定以降のドイツの行政手法の発想は、ヤンの図式的な概説によると、「民主的法治国家」、「積極国家」（aktiver Staat）、「スリム国家」（schlanker Staat）、「活性化国家」（aktivierender Staat）の4種あるという[8]。70年代半ばまでは「民主的法治国家」の構想が広まり、「国家による制御がごく当たり前に、法、内外の諸ルール、そしてヒエラルヒーによって特徴づけられていた」。これに対して、60年代半ばには「積極国家」の局面が出現する。ここでは「後期資本主義」の市場の失敗という帰結を修正するために、「計画」をスローガンにおいた「生存配慮（Daseinsvorsorge）」が国法学で議論された。この段階でも、法的には「国家による制御」という国家中心の統治形態が支配し続けた。しかし、この野心的な「計画」による改革も、とくに70年代はじめの「オイルショック」を経験することで大幅に頓挫する。そして、70年代末に、「民営化」、「脱官僚化」、「スリム国家」といった議論が出はじめる。官僚や国

---

5) 武田・前掲注4の各論稿参照。
6) 参照、高橋滋「行政の経済化に関する一考察（上）、（下）」自治研究84巻1号（2008年）46-56頁、84巻3号（2008年）28-48頁。
7) Werner Jann, Governance als Reformstrategie, in: Gunnar Folke Schuppert (Hrsg.), Governance-Forschung 2. Aufl. (2006) S. 21-43 (27-35).
8) もっともかかる図式化は単純化に過ぎ、現実はそれら4種の国家観が重層的に絡み合っていると思われ、この点、図式化によって法的問題解決方法が図式にのっとって単純に変遷していくわけではないことに注意を要する。

家の機能不全といった認識の下で、NPMという国際的な動向にドイツも（比較的遅くに）影響を受けはじめたが、「行政の簡潔化に関する地方自治体会議（Kommunale Gemeinschaftsstelle für Verwaltungsvereinfachung（KGSt））」とその議長であったゲルハルト・バナーによる「新制御モデル（neue Steuerungsmodell（NSM））」（1991年）が現れてからは、NSMというドイツ独自の考え方が広まった。この政治的動向への行政法学の対応は、従来の権利保護と統制の観点から、行為志向の「制御」（Steuerung）という観点へと研究の重点が移行したとされる。[9] この「スリム国家」の局面になって「マネジメント」が象徴的概念となり、「契約」、「競争」、「財政的促進」を基点にした市場メカニズムが公共領域に導入された。この潮流は主に地方レベルで展開されたのだが、連邦レベルで「スリム国家」委員会（1995年）が応答することで、この局面はクライマックスを迎えた。[10] しかし、その一方で、この頃から、「スリム国家」の構想が、諸官庁間という公的組織間の内的関係にしか目を向けていないという批判の声があがる。そして、「スリム国家」の欠点を乗り越え、あるいは補充するための「活性化国家」という構想がここに対置される。この文脈のうえに「ガバナンス」のことばが取り入れられることになる。[11]

---

9) Mattias Ruffert, Was ist Democratic Governance?, in : Sebastian Botzem, u.a. (Hrsg.), Governance als Prozess (2009) S. 57.
10) この頃のドイツの行政改革については、米丸恒治「ドイツ─『社会的法治国』ドイツの国家改革論」法時70巻3号（1998年）33-37頁に詳しい。
11) 「ガバナンス」論は、行政学において展開されてきたものだが、そこでは主に大きくは2つのアプローチに分類されるという。西岡晋「パブリック・ガバナンス論の系譜」岩崎正洋・田中信弘編『公私領域のガバナンス』（東海大学出版会、2006年）によると、それは、「国家中心アプローチ」と「社会中心アプローチ」である。前者は「国家の空洞化（hollowing out of the state）に懐疑的で、「舵取り」を行う国家の役割に焦点が当てられている。多数の組織・機関の相互調整と統制。垂直的管理と水平的調整を主たる機能とするガバナンス論へ展開される。代表的な論者は B. Guy Peters, Jon Pierre。後者の「社会中心アプローチ」は、国家の空洞化を前提として、国家を複数のアクターのうちの1つと数えて、ネットワークにおける調整・自己統治に焦点を当てる。契約型の政府活動が増加し、問題解決方法が複雑になるという分析結果を導くことになる。代表的論者は R.A.W. Rhodes, Jan Kooiman。

> 「この基本的発想の問題視覚は、もはや国家・官僚の機能不全を強調するだけではなく、国家制御を受ける社会的な諸前提や諸条件にも再び目を向けはじめる。つまり国家だけが社会問題の解決に権能を持つのではなく、社会問題は、可能なところではいつどこででも、市民社会に問い返されねばならない。」[12]

国家だけが公共的任務の担い手ではなく、社会の役割に関心が寄せられることとなったのである。

以上の「長い波動」を通じて、「ガバナンス」の構想が、一方で政府・行政の組織の制度的基礎に目を向け、他方で市民社会、企業、市場経済と政治との結びつきのあり方や、それらを取巻く周辺環境の調整に目を向けるようになった。今や国家、経済、社会の新たな分業と責任配分の方向性（保障国家（Gewährleistungsstaat））へ進んでいく。ここには、それ以前の「スリム国家」構想とは違って、市場の役割が相対化されることで、再び国家の役割が強調されることとなる。[13]

> 「生存配慮の国家独占が侵触されたために、国家による給付に代わって、私経済による給付の、国家による保障が台頭してきているのだ。」[14]

「長い波動」の末に現れたガバナンス構想は、「国家（官僚）による制御」から脱して、脱中心化、脱官僚化を目指そうとする政治的問題関心が強く、公行政は経営的手法をとり入れ、行政任務の効率性を上げ、戦略的な目標達成を試みる。しかし、「マネジメント」の観念が導入されたといっても、「活性化国家」の局面においては、英米流の「小さな政府」を志向するというよりむしろ、国家が調整役として、非政府組織、私人との協働によって問題解決に当たるように構想される。[15] したがって、「国家的アクター、国家・私的アクター

---

12) Jann (Fn. 7) S. 29.
13) Hans Peter Bull, Die Krise der Verwaltugstheorie, VerwArch 103 (2012) S. 4.
14) Hans-Heinrich Trute, Regulierung am Beispiel des Telekommunikationsrechts, in : FS Winfried Brohm (2002) S. 169.
15) Rainer Wahl, Privatorganisationsrecht als Steuerungsinstrument bei der Wahrnehmung öffentlicher Aufgaben, in : Eberhard Schmidt-Aßmann / Wolfgang Hoffmann-Riem (Hrsg.), Verwaltungsorganisationsrecht als Steuerungsressource (1997) S. 335-↗

（ハイブリッド）、そして私的アクターの間での労働配分、作用配分、責任配分とそれに結びついた協働関係を新たに測定すること」が求められるのである。今や、社会生活のさまざまな局面で、国家任せではなく、「自己責任」を前提とした個々の決定にゆだねられるようになっている。ベックのいう「個人化」である。このような現状の法的認識をここで考えたい。

2　日本における NPM の影響

　日本でも、とくに新自由主義的な手法を採る NPM をベースに、1996年の総選挙後の橋本行革が中央省庁組織改革に着手したと言われる。1998年に政策の効果について客観的な評価機能を強化し、評価結果を適切に政策に反映するなどの内容が規定された「中央省庁等政策基本法」が成立した。その後、2002年4月、各行政機関は基本計画及実施計画を策定して政策評価を実施し、政策評

　　↘338 は、民営化が国家の完全な撤退を意味するのではないことを確認しつつ、この流れのなかで、何も生み出さない「国家任務」概念に代えて、一時期ドイツ国法学でタブー化されていた「公益（Gemeinwohl）」概念のルネッサンスとなっているという。ライナー・ヴァール（小山剛監訳）『憲法の優位』（慶應義塾大学法学研究会、2012年）84-101頁（宮地基訳）も同旨。これは、国家任務の画定よりも、公益の実現のための機能に観点が移行している証ではないだろうか。
16)　Wolfgang Hoffmann-Riem, Governance im Gewährleistungsstaat, in : Schuppert (Fn. 7) S. 198.
17)　そもそもこの考え方は、1987年以降のサッチャー首相主導の中央行政組織改革に倣ったものだとされ、このサッチャー改革の背景には新公共管理（New Public Management）の考え方があるとされる。サッチャー改革は、市場原理の導入による財政と権限の分散化をはかることで、国家のヒエラルヒッシュな支配系統を残した。一元的にトップ・ダウン式に管理をはかる国家観から離れ、他の社会集団に対する国家の優位性を残しつつ、諸アクターのネットワークを形成させる。日本の行政法学から NPM について検討したものとして参照、金井利之・榊原秀訓・下井康史・宮脇淳・人見剛「日本における NPM と行政法学の課題」法時78巻 9 号（2006年）4 頁以下、紙野健二「NPM と行政法学の課題」法時78巻 9 号（2006年）26頁以下、榊原秀訓『地方自治の危機と法』（自治体研究社、2016年）。エージェンシーと独立行政法人の観点から日英の行政組織改革の比較を行ったものとして、長谷部恭男「独立行政法人」ジュリ1133号（1998年）99頁以下、内山融「政策アイディアの伝播と制度」公共政策研究 5（2005年）119頁以下。

価などの実施状況並びにこれらの結果の政策への反映状況について、毎年、国会へ報告することを内容とした「行政機関が行う政策の評価に関する法律」が施行された[18]。この法律施行により、各行政機関の政策の自己評価及び評価専担組織としての総務省の統一的・総合的評価を、参議院の行政監視委員会が調査することになった。国民的視点に立った成果重視、国民に対する説明責任の徹底という目的を掲げ、行政機関が行う政策について、Plan-Do-Check-Actionの「PDCAサイクル」という過程全体を見る手法が導入されている。こうして「公共サービスの属性に応じて、民営化、民間委託、PFIの活用、独立行政法人化等の方策の活用」[19]による行政改革が目指され、また「競争の導入による公共サービスの改革に関する法律」（平成18年法律第51号）によって市場化テストと呼ばれる公共サービス改革も行われている[20]。

しかし、NPMは市場経済主義に基づく効率追求主義を基本とし、その結果、①強者の1人勝ちといった所得格差の増大、民営化による医療サービスの低下、②文化や環境破壊が進行する、③国民や市民が主権者としてではなく、顧客として扱われて「社会共通利益よりも個人の快楽生活利益に根差している」、④行政の舵取りと漕ぎ手の分権化が、舵取りの責任を免除することになる、⑤民営化は、法の支配によるコントロールから契約法世界へと移住させ、法治主義を形骸化させる、といった諸問題が指摘される[21]。ここから「第3の

---

18) 渡井敏雄「政策評価と行政監視委員会」議会政策研究年報6号（2004年）102-103頁。新井誠一「政策評価制度に関する見直し」季刊行政管理研究（2006年）57頁以下。鎌田英幸「政策評価の本来的機能の発揮に向けて」季刊行政管理研究（2008年）39頁以下。

19) 2001年6月の閣議決定「今後の経済財政運営及び経済社会の構造改革に関する基本方針」（いわゆる「骨太の方針」）。

20) もっとも、たとえば独立行政法人の創設は、「政策の企画立案機能と実施機能とを分離し、事務・事業の内容・性質に応じて最も適切な組織・運営の形態を追求するとともに、実施部門のうち一定の事務・事業について、事務・事業の垂直的減量を推進しつつ、効率性の向上、質の向上及び透明性の確保を図る」という理念を掲げている点で、イギリスの市場主義的行政運営の考え方（NPM論）が取り込まれたかのように思われるが、実際は試験研究機関、検査検定機関など業務内容が限られており、企画立案と実施の機能の分離が不十分である。

21) 山村恒年「新公共管理論の生成と特質」同編『新公共管理システムと行政法』↗

道」として、①行政の民主化、②結果だけでなく手続の重視、③市民の共通利益の確保の観点を入れる、などを盛り込んだ「グッドガバナンス」が構想されるようになった。

　この政治的・法的背景から、現代行政は、その政策遂行が効率的で実効的であり、かつ透明でなければならず、そのためにも市民との協働がなされていなければならないとされる。これを実現するため、行政機能をアウトソーシング・民営化・民間委託などによって減量化し、機能分化・分業が行われていく。国民国家を前提とした国家・政府主導の政策手法には限界があり、官と民、国境といったこれまで当たり前に観念していた境界を、欧州委員会、専門家集団、NGO、多国籍企業などの存在によって越境する、という現実認識がここに見られる。PPP、PFI 等の立法がもたらす憲法・行政法上の問題を「ガバナンス」のあり方として、法的に統制する枠組みが緊要の課題とされるようになってきている。

3　現代国家と公法学

　公共的任務、公共の利益に関わる事務・業務に携わる行政主体、法人等を対象とする議論は、行政主体論として議論されてきた。その点、「民営化の限界」という視角についてこれまでも重要な議論が積み重ねられている。たとえば、「権力の国家独占の原則が妥当している」ため、権力的活動は公務員にゆだね

　↘（信山社、2004年）30頁。
22)　「民間資金等の活用による公共施設等の整備等の促進に関する法律」（平成11年7月30日 法律第117号）、「競争の導入による公共サービスの改革に関する法律」（平成18年6月2日法律第51号）。
23)　角松生史「『民間化』の法律学」国家学会雑誌102巻11＝12号（1989年）719-777頁。米丸恒治『私人による行政』（日本評論社、1999年）。宮下紘「民営化時代における憲法の射程」一橋法学3巻3号（2014年）1317-1353頁。嶋田暁文「公務遂行主体の民間化の受けとめ方」自治総研通巻368号（2009年）1-61頁。榎透「民営化の憲法問題に関する覚書」専修法学論集111号（2011年）163-187頁。小牧亮也「『民営化』に対する憲法的統制の可能性（1）（2）」法政論集259号（2014年）277-309頁、同261号（2015年）225-264頁。
24)　米丸・前掲注23、52、67頁。寺田麻佑「民営化の諸問題」社会科学ジャーナル79↗

られる、という見解や、給付行政をどこまで「高権的権能の行使」に含めるべきかなどの問題が指摘されている[25]。あるいは行政組織論として、行政活動を行う組織に法治国家、民主主義原理が妥当しているのかを問う議論もある。

　民営化の問題点を扱う以上の議論は、従来の公法上の思考枠組に限界があり、新たな視座を設定し直そうとする動きということができる。たとえば、ドイツの枠組みの影響を受けた公私区分論は今日の行政改革によって、公私区分論の母国ドイツでも、また日本でも、その規範形式の境界や組織上の境界区分を乗り越えると認識されている。とくに問題解決が困難となるのは、その中間にある公私が交錯した領域であり、それゆえ、それらの主体間の関係性の「調整」を考慮に入れた理論枠組みが望まれている。

　NPM 理論に基づく行政改革は、一方で行政部門の事務・事業を民間に移す（民営化・民間譲渡・民間委託）ことによって（内容）、他方で行政運用に民間企業の経営手法をとり入れること（形式）によって行われている。NPM では、行政と市民（国民・住民）の関係は、経営体と消費者・顧客の関係へと移るとされる。このことによって、費用便益計算が行いやすくなり、効率化と減量という行政改革の目標が設定される。しかし、法学にとっての行政と市民（国民・住民）の関係は、NPM だけで捉えられるわけではないし、そもそも NPM が法的な諸原理と鋭い緊張関係に立つ。さしあたり①国民主権原理、②民主主義

↘号（2015年）162-186頁。

25）「高権的権能の行使」はドイツ法由来の問題構成である。山本隆司「日本における公私協働」稲葉馨・亘理格編『行政法の思考様式（藤田宙靖博士東北大学退職記念）』（青林書院、2008年）173頁以下、同「民間の営利・非営利組織と行政の協働」高木光・宇賀克也編『行政法の争点』（有斐閣、2014年）188-189頁、北島周作「行政法理論における主体指向と活動指向」成蹊法学68・69巻（2008年）149-172頁。ドイツにおいて民営化の限界を憲法論として論ずる際に、基本法33条4項「高権的権能の行使は、恒常的任務として、通常は、公法上の勤務関係・忠誠関係にある公務員に委託されなければならない」が引き合いに出される。この解釈は狭く解せば、公務員の制度の確保を規定した制度体保障であり民営化について何ら言及していないことになる。他方で、広く解せば、市民の自由を確保するための構造原理として、民営化を制限する条項となる。参照、荒木修「ドイツにおける NSM 改革と行政法」法時78巻9号（2006年）64頁。なお、ドイツ基本法33条4項については、判例も含め第3部第2章5で詳しく検討する。

原理、③法治主義、④行政責任の4点からそのことを指摘できる。①国民が決めたことに国民は従うという前提が崩され、行政の効率性が優先される可能性がある。②形式的法律概念の意義を稀薄化し、法の一般性が軽視される可能性がある。つまり、必ずしも「経営体」全体の利益目標の達成が個々の個別政策と一致するとは限らない。行政においては、経済的利益追求といったような単一の目的が設定されるわけではなく、社会的・経済的・文化的に交錯した状況のなかで、個々の利益衡量を行わねばならない多目的が設けられている。③市民・住民は行政との距離を確保していなければならないが、その距離が極度に接近する可能性がある。つまり、行政がその自身の権力性を隠して、市民と対等の関係に立つアクターとして振舞うことがある。④行政はその責任の所在・範囲を明らかにしておかねばならない。

　NPMを背景とした行政改革は、公法上の諸原理との調和した法的構成が求められている。ここで改めて問われているのは「国家任務」である。「国家」と「任務」から成るこのことばは、従来、捉えられていた両概念をますます曖昧としたものにする。今や「国家」とは何を指すのか、その「任務」とは何であるべきか。ドイツ公法学のなかには「ガバナンス」のことばをとり入れて、この課題に取組むものがある。しかし、これが果たしていかなる成果を生み出し、法的諸原理と衝突しながら法的構成を画定するのだろうか。

　そもそも憲法学は、国家と個人の法的地位やその両者の関係を規律する学問

---

26) この点を「市民的生存権的公共性」の観点から指摘するものとして三橋良士明「分権改革の中の行政民間化」同・榊原秀訓編『行政民間化の公共性分析』（日本評論社、2006年）2頁以下。
27) 榊原秀訓「比較の中の行政民間化」前掲注26、50頁。
28) 毛利透「行政法学における「距離」についての覚書（上）、（下）」ジュリ1212号、1213号（2001年）
29) 政策評価制度がこれを補完できるわけではない。評価制度の難点については榊原・前掲注27、51頁以下。
30) 紙野健二「統治構造の変動と憲法原理」法時73巻6号（2001年）11-14頁は、新自由主義的な統治構造改革が憲法改正や憲法原理の転換を含んでいること指摘するが、本稿は、憲法原理を「転換」させず、むしろ憲法原理から、この「改革」に対峙することを目的としている。

として発展してきたはずである。それは、憲法の根幹を支える立憲主義の理念が、国家権力を抑制し、個人の自由を保障することを指示していることからも推論される。では、「国家」そのものの枠組みが揺らぎ、権力行使の主体に私人が組みこまれているのであれば、そもそも立憲主義の構想それ自体が疑われている時代になっていると言っても過言ではあるまい。いま求められるのは、権力行使する行政の「多元性」を認識することで、それを規律し、個人に対峙する「国家」の現状を分析する憲法理論を構想することで、ひいては個人の自由を保障する人権論に、思考枠組みを提供することではないだろうか。

ところが、これまでの日本の憲法学は、「多元的行政」のための憲法理論を十分に準備してこなかった。[31] 国民主権原理をめぐる論争を経て、ようやく市民参加の憲法理論が登場したものの、[32] そうした主観法的構成のほかには、憲法の

---

31) 多元的な行政をできるかぎり認めようとしない態度が、憲法解釈に現れる。憲法65条の「行政権概念」をめぐる論争が代表的であるが、もともと控除説は行政の多元性を包摂しうる性質を持っていたものの、多元性包摂のための積極的姿勢として解釈を行ったわけではなく、たんに消極的に仕方なしに定義したにすぎない。近年「執政説」に対峙させる形で提唱される「法律執行説」は、できるかぎり行政の統一性を維持するための議論であって、「多元性」を認めにくいものとなっている。行政の多元的組織に指摘する学説は、もちろんあったが、相対的に少なかったし、憲法学としては関心が小さかった。憲法学が行政の多元性を具体的に認識しなくても、行政法学によって分析されるだろう、という期待の下で、勝手な分業体制を想定したまま放置していたのではないかと推測される。参照、石川健治「統治のゼマンティク」憲法問題17（2006年）68頁によれば、憲法学の通説は、『『法律による行政』を越える『統治＝執政』の領分と、『法律によって保護された利益』を越える『人権』の領野」が憲法学の「固有の研究対象」だった。だからこそ、「行政」には関心を持たずに「執政」の領野にばかり議論が集まっていたのだろう。
32) 「国家統治の基本法」という憲法イメージから「市民自治の基本法」への思考の転換を憲法学に喚起した松下圭一『市民自治の憲法理論』（岩波新書、1975年）が憲法学で十分に受け止められなかったが、当時の国民主権論争を経て、次世代以降の憲法学者たちから、一方で「市民」の憲法理論、他方で市民参加の公共性論が提唱されてきた。辻村みよ子「政治参画と代表制論の再構築」同編『壁を超える』（岩波書店、2011年）21-63頁、毛利透『民主政の規範理論』（勁草書房、2002年）、本秀紀『政治的公共圏の憲法理論』（日本評論社、2012年）。

一般的統治原理からの思考は、まだはじまったばかりなのである。[33]

　憲法上の行政権全体の統制については、日本国憲法66条3項が、行政権の行使に関する内閣の対議会連帯責任を規定していることから、たんに「執政」領域に研究対象を限定してよいはずはないし、逆に、狭義の「行政」（憲法72条の行政各部）領域を「法律執行」の作用だけに限定していても、十分ではないはずだ。内閣から、議院内閣制に基づいて「多元的行政」を認識しつつ全体の行政権を統制するための説明が必要なのである。憲法には、内閣総理大臣の指揮監督に服する「行政各部」（憲法72条）、内閣が専任的に行う「一般行政事務」（憲法73条柱書）が規定されていて、組織編制・予算・人事及び指揮監督を通じて行政組織の統合をはかることが求められている。[34]議院内閣制論に基礎をおきつつ、行政権全体を民主化する仕組みを規律することで、責任の体系＝システ

---

[33]　毛利透の一連の研究がこの分野に重要な礎を提供している。「内閣と行政各部の連結のあり方」公法研究62巻（2000年）80-93頁、「行政法学における『距離』についての覚書（上）（下）」ジュリ1212号（2001年）80-86頁、1213号（2001年）122-129頁、「民主主義と行政組織のヒエラルヒー」法学論叢152巻4号（2002年）1-24頁、「行政概念についての若干の考察」ジュリ1222号（2002年）132-139頁、「官僚制の位置と機能」ジュリ1311号（2006年）64-71頁。さらに只野雅人「議院内閣制と行政」『岩波講座憲法　変容する統治システム』（岩波書店、2007年）、同「よりよき立法（miex légiférer）」企業と法創造8巻3号（2012年）41-62頁、高田篤「行政機関との関係における議会」公法研究72巻（2010年）36-63頁、岡田信弘「グローバリゼーション・法システム・民主的ガヴァナンス」企業と法創造8巻3号（2012年）30-40頁の重要な研究がある。

[34]　この点、内閣総理大臣の内閣における地位が議論になっている。内閣の統一性における内閣総理大臣の地位を指導的に位置づけるのは、大石眞「内閣制度の展開」公法研究62号（2000年）53-68頁。この問題はとくに、憲法72条の「指揮監督」と「分担管理原則」（内閣法3条）の関係をめぐって議論になる。「各省大臣が省庁の代弁者となってしまい、全体として内閣が単なる調整機関となり政策決定のリーダーシップをとりえなかった」という認識の下で、高橋和之『立憲主義と日本国憲法〔第2版〕』（有斐閣、2010年）337頁も内閣総理大臣のリーダーシップを強調する。こうした議論は、性質上、民主的正当化の欠けているいわゆる「官僚支配」から脱して、民主的正当化の十分な内閣総理大臣に、行政の統括者たる作用を果たさせるべきだと考えている。しかし、ここで重要なのは、結局、責任をいかに果たせるのか、という点である。能力の不十分な内閣総理大臣が独走するきっかけを制度的に与える内閣総理大臣強化論よりも、合議機関としての内閣に重きを置いて、その対議会責任（憲法66条3項）によって、内閣内部での権力統制の仕組みを置くことがより安定的な統治制度となるのではないだろうか。

ムを再考できないだろうか。この課題について、「強い政府」や「内閣強化」によって強い指揮監督に基づく行政権全体の統一化をはかるのか、あるいは、多元的に分節化した行政のあり方を認識して、それらの垂直的かつ水平的な構造（ネットワーク）を視野に入れつつ、最終的に「政治」へと再統合してゆく仕組みを考えればよいのか。非効率で副作用の強い非現実的な前者よりも、現実に沿った後者を、民主的正当化と責任の観点から考察することが、ずっと合理的な法的思考にかなっているのではないだろうか。まさにその点で、次の指摘が示唆に富む。

> 「民主的正統性の連鎖や、とりわけ政治的〈責任〉の連鎖を論ずるとなると、問題は、ミクロないしメゾレヴェルでの行政参加だけで自己完結させ得るかどうかも含めて、憲法レヴェルでの執政権論の再検討は不可欠になる。なぜ、我々は、そうした政策決定に服従しなくてはならないのか。いったい誰が、その結果について、責任を負うのか。そうした問題追求の連鎖は、ヒエラルヒーを駆け上る。そして、網状組織でうやむやにされるのではなく、頂上レヴェルでの可視化された解決を要求するかもしれないのである。この、問題を可視化するための表象装置は、まさに憲法レヴェルで設営されるのであり、執政権のとりわけ主観的・主体的側面の検討へと、議論は回帰せざるを得ない。[35]」

「憲法レヴェル」で以上の問題を可視化していく営為こそが、本書の課題にほかならない。

---

35) 石川・前掲注31、79頁。

第 1 部

方　　法

第1章

現代国家をめぐる〈認識〉

1　国家概念再考

　「国家」概念は、今日の憲法学においていかなる意味を持っているのだろうか。

　この問いには多様な答えがありうる。日本の代表的な教科書でも、国家の正当性を説いたり、あるいは「立憲主義」を説明するのに不可欠な概念となっている。これらの「国家」概念は歴史・哲学といった基礎法的なレベルで登場していて、直接的には解釈論に影響していない。だから、今日では国家論は流行らないとされている。目下の関心は、具体的なケースに、いかに法を解釈・適用して争いを解決できるのか、という法的救済の手段に目が向けられている。国家など論じたところで具体的な解決は導けないと。

　こうした状況は、実務的・個別的な点では正しいかもしれないが、むしろ学としての態度は根本的に誤っているように思われる。この問題は、学としての憲法学のあり方に関わっている。

　同じ問題が、国家の理論を比較的長くにわたって追究してきた国家論の母国ドイツ公法学についてもあてはまる。国家論、憲法論、実務的な法解釈、これらの関係について、戦後長いこと（意外に）あまり自覚的でなかったドイツ公法学に近年大きな変化が見られるようになった。

第 1 部　方　　法

(1)　「国家」概念

　すでに明快に分析されているように[36]、戦後のドイツ国法学では、国家と社会とを横断する領域の存在が重視されるようになった。このとき「国家」がどのように扱われたのかという観点でいえば、国家論の伝統は希薄化していったといわざるをえない。

　「国家は退場し、(たとえば『公共体』のような) 新たなカテゴリーが空位を埋めることはなかった[37]」。

　実体的な国家の法学的な視覚化・対象化よりも、そのつど法的に問題を構成して認識していくことが近年のドイツ国法学の特徴といえる。したがって、公法学は、プロセス化・手続化する傾向を持つ[38]。この法学の着想は「国家からの思考」ではなく「憲法からの思考」へと移る。つまり、もはや国家論ではなく、憲法理論によって問題を認識し、分析するという思考方法が求められていく。

　「もはや例えば国家の本質や態様を存在論的に問う、といったものではありえないだろう。むしろ理論は第一義的には、それがいかなる形態や抽象度を取るにせよ、憲法解釈論上の多様な素材に圧倒されることなく、より広い文脈から問題解決に向けた有効な指針を示すことが期待されることになる。憲法理論は、法システムの内部における解釈論のための反省的審級として、自らの存在を正当化すべく企てるのである[39]。」

　公法の法制史家シュトライスの通史的概観によると[40]、戦後しばらく、ドイツ公法学では「憲法裁判実証主義」がまかり通っていて、1968年以降、法律家的思考や法律家的国家理解を形成した『法理論 (Rechtstheorie)』や『批判法学

---

36)　林知更「国家論の時代の終焉？」同『現代憲法学の位相』(岩波書店、2016年〔初出2005年〕) 43-83頁。
37)　林・前掲注36、59頁。
38)　高田篤「『法治国家の再形式化』をめぐる論争と形式化論・手続化論の意義」広島法学16巻 4 号 (1993年) 103-130頁。
39)　林・前掲注36、68-69頁。
40)　Michael Stolleis, Geschichte des öffentlichen Rechts in Deutschland, Bd. 4 1945-1990, (2012) S. 391.

(Kritische Justiz)』といった雑誌は、一般国家学、憲法理論あるいは国家論を一貫して展開することがなかった。しかし、1990年以降に、これらの雑誌は旧東西両ドイツの各公法講座からやってきた次世代に着実に影響を与えていた。この世代は、法ドグマーティクと法哲学のあいだに位置する「憲法理論」を意識的に追究する。新たな憲法理論を提示しようと試みるなかで、この世代が手がかりとするのは、皮肉なことに国家論克服の対象でもあったヴァイマル期の国法学である。

いま、ヴァイマル国法学のルネサンスが起きている[42]。

この盛り上がりのなかで、一般国家学がよいのか、憲法理論がよいのか、多様な議論が展開されている。ここには、「国家」概念をいかにあつかうのか、という問題を改めて設定し直している点で大きな問題意識が共有されているように見受けられる。言わずもがな、ドイツは、ヨーロッパ統合の影響の真っ只中にある。EUを法的性質としていかに規定するのか、構成国の統治機構をどう捉えるのか、そもそも、ドイツという国家をどう考えるのか、といった根源的でそれゆえ深刻な課題が突きつけられている。ここで、国家概念と国法・憲法の関係が問われることになる。

(2) **国家と国法、国家と憲法**

国法（Staatsrecht）と憲法（Verfassungsrecht）の違いについて、国法学説の教科書レベルで相互の関係についての説明は共有されていない[43]。したがって、両者はしばしば重なり合って記述されている。

戦後ドイツの憲法学を主導したヘッセとベッケンフェルデは、「憲法」に対

---

41) ここで想定されて例示されているのは、Horst Dreier, Matthias Jestaedt, Oliver Lepsius, Johannes Masing, Ingolf Pernice, Anne Peters, Christoph Schönberger, Helmuth Schulze-Fielitz, Thomas Vesting, Andreas Voßkuhle である。Stolleis (Fn. 40) S. 393.
42) ハンス・ケルゼンの再評価という、いわゆる「ケルゼン・ルネサンス」については、高田篤「戦後ドイツ公法学におけるケルゼン」文明と哲学4号（2012年）74-85頁、同「続 戦後ドイツ公法学におけるケルゼン」文明と哲学6号（2014年）46-60頁、同「『国家と法』の主要問題」法時88巻3号（2016年）101-106頁。
43) Vgl. Christoph Möllers, Staat als Argument, 2. unveränderte Aufl. (2011) S. 171-191.

して異なる定義を与えている。ヘッセは憲法を、ケーギの「国家の法的基本秩序[44]」という定義にならって、全体社会または国家の存在を規律する規範とした[45]。他方で、ベッケンフェルデは憲法を、国家組織の枠秩序と考え、形式的には実定憲法に規律された諸規範と、より限定的に定義した[46]。両者の憲法概念の違いは、「国家」概念の規定の違いに由来する[47]。ヘッセは、国家を公共体全般として広義に使用するのに対して、ベッケンフェルデは国家組織（アンシュタルト）として使っている[48]。この国家概念の捉え方の広狭が、憲法の規定の違いに表れてくる。圧倒的な通説は、全体としての憲法を国法の一部とみなしている。つまり、憲法すべては国法だが、すべての国法が憲法であるわけではない。

メラースによると、通説は、ベッケンフェルデと同様に、一見狭い国家概念を前提としているように見えるが、国法概念の方は、ヘッセと同様に国家機構に関わるすべての規律を包含する。すると結果的に、国法は行政法も含むことになる。結局、通説の国家概念は、法解釈に登場するところの「高権的支配装置の組織」という「直観的概念」となるにすぎず、それは憲法の規定する「最高の構成原理、作用原理、組織原理」に関わることから、憲法抜きに国家概念を見出すことはできない[49]。

こうなると、国家概念が「高権的支配装置の組織」であって、憲法はこれに関する構成原理、機能原理、組織原理を規律する、ということになり、国家は憲法があって初めて語ることができるのであれば、国家概念そのものは憲法を基点にしさえすればよいので、不要となり、さらに、単なる国家を規律するというだけの国法論も要らないということになる。しかし、果たして、このよう

---

44) Werner Kägi, Die Verfassung als rechtliche Grundordnung des Staates (1945).
45) Konrad Hesse, Grundzüge des Verfassungsrechts der Bundesrepublik Deutschland, (1999) 21. Aufl. Rn. 18.
46) Ernst-Wolfgang Böckenförde, Die Methoden der Verfassungsinterpretation, in : ders., Staat, Verfassung, Demokratie (1991) S. 86.
47) Möllers (Fn. 43) S. 173.
48) Möllers (Fn. 43) S. 173.
49) Möllers (Fn. 43) S. 174.

に理解することは適切なのだろうか。このことを考えるにあたって、ここでは、ドイツで近年、熱心に議論されている憲法理論のいくつかを見ることにする。

2 新世代の憲法理論

(1) レプシウス「支配形式の理論」

レプシウスは、憲法と国家の関係、法と理論の関係を問い、憲法が必要とする理論というのは国家論でなければならないのかという問いを立てている。国家のカテゴリーが、憲法に対して実質的な付加価値を持っているのなら、国家は憲法を豊かにできるのか、と。

憲法の理論というのは、一面で現行法とその適用の問題について問い、他面で一般的法理論を追究する。実務が制定法と個別の適用に限定され、学問がそれを超えた「自省（Reflexion）」を主題化する。

まず、ドイツではこれまで、国家概念が、国際法学では法学のカテゴリーだったが、その一方で、精神科学のカテゴリーとして、社会学・歴史学・哲学・経済学の観点で理解されてきたということを確認し、「学際的な架橋概念」としている。イェリネクの「国家二側面説」に相応するように、レプシウスも、国家は社会現象と国法現象としての側面を持つという。方法論として区別されるが相互に結びつけられもしている。つまり、国家概念が規範的な構成物の結果でもあり、事実的な叙述の結果でもあり、Sein でも Sollen にも属するカテゴリーになる。このイェリネクの国家学説が今日のドイツのほぼあらゆる国家論の出発点だった。たとえばハンス・ケルゼンは、国家を、法とは違う存在として法に対置させて、同時に法制度とも見ている[50]。したがって、国家の統一的概念というのは、ドイツの国家論では確定されなかった。国家は対象としても方法としても、法、歴史、社会、政治、経済のなかで散漫なままだった[51]。

---

50) Hans Kelsen, Reine Rechtslehre, 1934, S. 115.
51) Oliver Lepsius, Braucht das Verfassungsrecht eine Theorie des Staates?, EuGRZ (2004) S. 370-381 (372).

第 1 部　方　　法

　ヴァイマル期の国家論における方法論争は、認識対象と認識方法の複雑化した関係に由来している。論争になっているのは、学問的に見出される認識対象が存在し、その対象が適切な認識方法を獲得するのか、あるいは逆に、認識対象を最初に構成する方法が存在するのかという点である。したがって、憲法が国家の理論を必要とするかどうかの問題は、対象と方法から明確にしなければならないという参照すべきレベルが必要となる。これができないなら、憲法に国家論を持ち込む説得力はなくなる。[52]

　そこで、国家論は結局、国家概念の代替物や憲法を補充する機能を探ることになる。[53] 国家概念は統一性を作り出し、社会の変動を診断し、その対象を拡張することができる概念だと考えられ、すると国家論は現行憲法に対して理論的な自省レベルを設定して、一方で憲法と距離をとり、他方で離れすぎないようにつなぎとめる役割を持たせられるようである。しかし、憲法が理論を必要とするとしても、それが国家論なのかどうかは疑わしい。レプシウスによると、憲法が必要とする理論は国家論ではない。なぜなら国家の対象は不明確であり、たしかに国家概念が憲法の学問に果たす機能は重要だけれども、国家のカテゴリーでは必要とされている理論が導かれない。[54] 国家概念が捉えられるのは、ケルゼンのように法学化するか、ヘラーのように法学から締め出した社会学的概念とする場合である。しかし、どちらの場合も、国家概念は憲法が理論的に参照する概念としての機能を失っている。ただ、近年の行政法学改革論争において、国家概念は、国家概念を統一することで、社会学で分析される全体社会からの分出に対する砦の役割を担うし、〔システム論における〕法学的な閉鎖性を維持するために国家概念が使われている。[55] しかも、今日的な問題も国家概念を覆っている。つまり、国家は、国際化や民営化のために、もはや閉じ

52）　Lepsius (Fn. 51) S. 372.
53）　Möllers (Fn. 43) S. 136-149.
54）　Lepsius (Fn. 51) S. 375.
55）　レプシウスの法学観念については、高田篤「議会制の意義」初宿正典・米沢広一・松井茂記・市川正人・土井真一編『国民主権と法の支配　佐藤幸治先生古稀記念論集［上巻］』（成文堂、2008年）271-304頁に詳しい。

られた共同体・統一体ではなく、多元主義の問題を抱えている[56]。

そこでレプシウスは、国家について、統一的な観念を前提として理論化するのではなく、「支配形式とその正当化の必要性」という理論を持ち出す[57]。レプシウスは、憲法が必要とする理論を、国家論ではなく、「支配形式の理論」と措定する。つまり、もはや国家を実存からはじめるのではなく、それも演繹的ではなく、帰納的に導く。それは、「いかなる人に対するいかなる支配関係が、いかなる権限保持者によって正当化され分析されなければならないのか」を基礎づける。そこでレプシウスは６つの理論分野を考える[58]。

まずは民主主義理論であり、次に法律の理論である。法律の理論は法治国家の明確性と予測可能性によって民主的正当化に結びつけられる。そして制度の理論が登場する。それは権限保持者と組織が事実上行い、規範的にもたらしうることが何かを探究する。ここでの制度とはモーリス・オーリウやカール・シュミットの概念でもなければ基本権の制度保障とも異なる。

> 「制度とは政治的行為と個人の選好を形づくる。それは理念の形成の場所であり、同時に、他の制度や個人の形成された諸行為の名宛である。したがって民主的意思形成や政治的社会的諸行為にとって、制度は中心的な基点・出発点となる。」

つまり、レプシウスの「支配形式の理論」では、十把一からげに「行政」といってしまうことはできないので、たとえば民主的正当化の客体として、法律を執行する具体的な権限保持者として、そして、連邦国家構成の制度として「行政」を見るのであり、「抽象的な権力者ではなく、具体的な支配権保持者」を考察対象とする[59]。４つ目に連邦主義の理論である。従来のようにラントの「国家性」という基準に結びつけるのではなく、国家構成の連邦モデルを組織の分節化の一般的モデルとして、地域的な政治的配分のモデルとして捉える。５つ目に、基本権理論である。今や基本権は、主観的な自由権と客観的な公共

---

56) Lepsius (Fn. 51) S. 376.
57) Lepsius (Fn. 51) S. 376.
58) Lepsius (Fn. 51) S. 378 f.
59) Lepsius (Fn. 51) S. 379 f.

の福祉という対立する保護法益の衡量を克服しなければならない。さらに民営化、パブリック・プライベート・パートナーシップ、公行政の経済活動などの複合的な問題を解決することも求められている。こうした問題を前に、「支配形式の理論」は、集合的な保護法益への拡張という不毛な議論をやめさせて、基本権理論を、個人の自由の保護へと連れ戻す。この5つの理論分野を憲法で受け入れることが6つ目の課題である。つまり「支配形式の理論」は、最終的に学際的な議論を考慮しなければならなくなる。それは支配形式が、法的な統制のみならず、経済的、政治的、社会的な、さまざまな統制形式に服しているからである。これに立ち向かうには、伝統的な一般国家学や、新たな流行の国家学や行政学のような学問間の統合を目指すのではなく、分業による分化を必要とする。他の理論から成果物を受け取り、法理論の考察によって他の学問を導くことを考えればよい。法の経済学的分析、制度経済学や社会学的行為理論が法学の向き合う相手なのだ。

　こうしてレプシウスは「支配形式の理論は憲法理論ではないのか」という最後の問いに答える。「そうであって、そうではない」。憲法理論は、たしかにいつも支配形式の理論を受け取らなければならないが、支配形式の理論は憲法だけではなく、憲法の規範的な限界を超えていかねばならない。ドイツでは憲法の概念は一義的ではないので、憲法理論を語ることはお勧めできないのだ、と。[60]

　レプシウスは、国家概念に代えて「支配形式」を持ち出す。にもかかわらず、憲法概念の指示範囲を狭く捉え、そして、新カント派的な方法論をもつので、レプシウスは、憲法理論の扱う範囲が不明確となるのを嫌って、憲法理論の活用に消極的となっているように見受けられる。

(2) イェシュテット「憲法ドグマーティクの自省の学」

　レプシウスとは対照的に、イェシュテットは、憲法理論が作用する局面を広い視野で捉えている。

---

60) Lepsius (Fn. 51) S. 381.

第 1 章　現代国家をめぐる〈認識〉

　憲法理論において、憲法はもともと理論が扱う実質的な客体だが、国家は、規範的方法であれ、因果的方法であれ、いずれにせよ、憲法の説明と理解のために、憲法の文脈の 1 つとして引き合いに出されるものである[61]。国家や国家性が憲法理論のなかでどのような役割を果たすかは、憲法理論の分業状態の問題ではなく、憲法理論の具体的内容にかかる。

　イェシュテットにとっては、各学問分野は、それぞれ独自の「認識関心」と「認識方法」を選択していて、それは「分野ごとの文法」に従っているとされる。この文法を通じて分野特定的な現実構成が行われる[62]。

　憲法理論の居場所や意味は多様だが、憲法理論の存在規定は憲法ドグマーティクの存在規定にかかっている。そこで、憲法理論と憲法ドグマーティクが 4 つの点で整理される。①憲法ドグマーティクから独立した憲法理論はありえず、②「厳格」な憲法ドグマーティクが使われるようになると、「柔軟」で曖昧な憲法理論が不要になる。憲法ドグマーティクの地位が向上すると憲法理論は衰退するのである。③憲法ドグマーティクの構成が憲法理論的と呼ばれるのは、抽象的なものや原則的なものから離れたときであって、カテゴリカルにも方法的にも、憲法理論と憲法ドグマーティクが区別できるわけではない。④憲法理論は観察の学として、憲法ドグマーティクでは対応できない部分を満たす補充的な役割を持つ。憲法理論は、独立した基礎学ではなく、憲法ドグマーティクの基礎学として機能している。したがって、憲法理論は付随的・補充的・下請的・背景的な学となっている[63]。

　憲法理論は、憲法ドグマーティクを限定する機能を持つ。憲法ドグマーティクは、憲法を適用するための解釈を体系づけ、解釈の基準となるための処理を行う。ドグマーティクによって、法を獲得（Rechtsgewinnung）する過程が合理化される。これに対して、規範定立の事実を超えた、すなわち、法の実定性を越えた意味が一規範となるかどうかの問題は、認識関心と認識方法を持ったド

---

61)　Matthias Jestaedt, Die Verfassung hinter der Verfassung (2009).
62)　Matthias Jestaedt, Verfassungstheorie als Disziplin, in : Otto Depenheuer / Christoph Grabenwarter (Hrsg.), Verfassungstheorie (2010) § 1. S. 4.
63)　Jestaedt (Fn. 62) S. 11-13.

グマーティクでは主題化できない。したがって、憲法理論は、憲法の基礎付け（文脈化（Kontextualisierung））と憲法の評価（対照化（Kontrastierung））という2つの任務を持つことになる[64]。

ところで、憲法理論と憲法ドグマーティクの補完関係は、両者の違いを前提としているはずである[65]。ところが、憲法理論に該当する用語や定理を観察すると、たとえば国民主権、憲法と法律、法治国家原理、法律の一般性など、それ自体が排他的に憲法理論に分類されるものは非常に少ない。ほとんどすべての憲法理論上の諸概念は、憲法ドグマーティクの諸概念を共有する。すると、憲法ドグマーティクの文脈で憲法理論の議論をする危険があるが、憲法理論と憲法ドグマーティクの諸概念の区別は規範的な態様にある。憲法ドグマーティクは実定的な規範に基づくが、憲法理論は規範の可能性に目を向ける。そして、憲法理論による憲法ドグマーティクの補完は、法認識に関わるドグマーティクについては、憲法理論が法の発見・理解・叙述の補助を行い、法産出に関わるドグマーティクについては、「憲法の精神」に対応するにはどのように行うべきかを補助する、という点で行われる[66]。

憲法理論は、憲法ドグマーティクの基礎学として、その他の基礎学（法哲学、法社会学、法制史など）と比較して相対的に独立したものではなく、憲法と関連する隣接諸科学の構想や公理を憲法ドグマーティクの議論のために役立てる機能を持つ。つまり、憲法ドグマーティクが現行法に使うために、実定法を参照し、隣接諸科学の認識を入力することに方法的な限界を画するのに対して、憲法理論にはそのような方法的な限定がない。憲法理論のモデル形成には、隣接諸科学の構想が流入してくるのであって、憲法理論は、憲法ドグマティークとの関連で、隣接諸科学のための「受容の学」と「評価の学」の役割を果たす。

---

64) Jestaedt (Fn. 62) S. 23.
65) 憲法理論と憲法教義学の関係にとどまらず、イェシュテットの憲法学全体に対する見方について、イェシュテットの理論の一貫しない姿勢を批判する三宅雄彦「純粋法学と行政改革」社会科学論集136号（2012年）69-99頁〔同『保障国家論と憲法学』（尚学社，2013年）所収〕を見よ。
66) Jestaedt (Fn. 62) S. 37-43.

憲法理論は、閉じられた建物となった憲法ドグマーティクのために、内から外へ、外から内へ視線をやることのできる「窓」となる。つまり、憲法理論は、外に対しては、憲法に関わる隣接諸科学の現実構成を受容するために開かれていて、学際的な側面を持つ。内に対して、つまり憲法ドグマーティクに対しては、憲法ドグマーティクの必要に応じて、隣接諸科学の認識を吟味して評価する[67]。

憲法理論と憲法ドグマーティクの区別は、実定化を前提とするので、憲法解釈の理解にかかってくる。この相関関係については、2種類の方法で具体化される。まずは、憲法理論と憲法ドグマーティクの区別と関連性が、主観的な解釈に基づくのであれば、法規範と法規範認識の「現実主義的な」理解において、実定性の基準が最も持続的、包括的、純粋に考慮される。逆に、法の際限ない目的論化が、憲法ドグマーティクの枠内で客観的解釈を行うとき、現実を捉えるための憲法理論は必要がなくなり、憲法ドグマーティクは全能となる[68]。

では、憲法理論は法解釈の過程で、いかなる役割を果たすのだろうか。憲法理論はそれ自体として解釈のルールではなく、解釈の仮説（＝可能性）にすぎない。方法的観点では、それぞれの憲法理論は憲法解釈のなかでは、憲法独自の「前理解」[69]を強調し、憲法理論は前理解の学問化を目指している。すなわちドグマーティクの解釈における補助として機能する[70]。

憲法理論とは何であって、いかなる有効性があるのかということは、認識関心からのみ規定される。それは、憲法ドグマーティクのような他の法学分野の認識関心との相互作用を行う。つまり、憲法理論は、まず、適用を志向する憲法ドグマーティクでは、その固有の学問地平から充足できない理論を提供する。憲法ドグマーティクは適用する実定憲法に集中し、そのルールの編み細工を純粋に解いていく。もちろんこれによって、具体的で実定的な憲法規定の背

---

67) Jestaedt (Fn. 62) S. 33-37.
68) Jestaedt (Fn. 62) S. 40 f.
69) ここでは Josef Esser, Vorverständnis und Methodenwahl in der Rechtsfindung, 1970, S. 136 が引用されている。
70) Jestaedt (Fn. 62) S. 41-44.

後にある憲法の意味地平がやむをえず見落とされる。まさにこのために憲法理論は，憲法ドグマーティクの自省の学、背景の学となる[71]。

(3) メラース「機能的等価」

　80年代以降、国家概念は、国家構想そのものを扱うために、または、国家概念が相対化されるプロセスを追うために使われている。つまり、国家の内部構造の議論や、社会の自己規制、ヨーロッパ化を捉えるときに登場する。国家概念は、ボン基本法制定後しばらくは、憲法秩序の転換を意味づけるために、「連続性概念」として利用された。つまり、ドイツ国家そのものの法的な連続性の問題、再軍備の憲法上の許容性の問題、官吏法上の勤務関係の継続の問題など、新憲法の下でのドイツ国家のあり方をめぐって議論された。その後、国家概念は3つの局面で失われていく。つまり政治・制度、法学・方法論、政治・レトリックの各局面である。社会学的事実を受け入れるための媒体となり、脱国家化という国家論の評価を受け、フォルストホッフの有名なテーゼのように、憲法の規範構造に解消されていく[72]。そして最終的に、国家概念から最終的な留保を取り去るおそれがある「憲法パトリオティズム」概念が、公共体の制度的なアイデンティティの具体化として現れた。70年代には、テロリズムの台頭に対応するために、国家概念が、国家の権力独占や法外的な国家の正当防衛の問題、緊急事態憲法の議論などで活用された。80、90年代にも、国家概念は、法秩序の国際化、公行政の民営化、地方分権化との関係で改めて焦点を当てられた。この文脈で国家任務論、民営化の限界論、国家の最終責任が議論されるのである[73]。

　「公法学は国家概念を必要とするのか」と問うメラースの答えは消極的である。それでも、国家概念の有用性を否定するわけではない。公権力を私人の圏域から区分するために、国家概念は、相変わらず法ドグマの機能として必要である。その一方で、法的には空疎な「国家」が使われる場合があり、それは

---

71)　Jestaedt (Fn. 62) S. 45–54.
72)　Ernst Forsthoff, Die Umbildung des Verfassungsgesetzes, FS C. Schmitt, 1959, S. 35.
73)　Möllers (Fn. 43) S. 136–149.

「協働国家」や「保障国家」というたんなる記述的表現でしかない。もちろん、このような機能は、使いやすいゆえに、曖昧な指示内容ではあるものの、実用的には有用である。ほかにも、公法学の研究戦略上の概念というものもある。『国法ハンドブック』での使用法だが、国家概念を、社会学などの他の学問と境界線を引くための使い方である[74]。

　メラースは、従来の学説とは違い、基本法の憲法理論を求めようとはしない[75]。より抽象的な憲法を学問的に観察する。メラースにとって、憲法理論は憲法ドグマーティクを自省する「体系的基礎」であって、または比較法を熟考するための「比較の第三項（tertium comparationis）」である[76]。憲法理論は、連邦国家、民主主義、自由、法治国家、社会国家といった、説明を要する諸概念のための理論となる。そこでは、国家概念が法的論拠として用いられる。たとえば、国家の単一性、権力独占、中立性、連邦制、法のヨーロッパ化と国際化の過程における妥当根拠といったテーマがそうである。これらは、近年の政治・社会・経済の変動により、国家としての特性が不安定化するテーマであり、それをいかに扱うかが、近年の「新国家学」の課題となっている[77]。メラースにとっては、憲法は憲法理論の本来的な対象素材であり、国家は憲法理論においては憲法の解明と理解のための一候補である[78]。

　国家学の再生という問題提起は、行政法学の再生という問題提起と本質的に変わらず、とくにそれは行政法学において行われている[79]。行政法の観点は、憲法問題や政治的決定発見を締め出していて、ほぼ非歴史的に議論されるからだ

---

74) Christoph Möllers, Der vermisste Leviathan, 2008, S. 103-105.
75) Möllers (Fn. 43) S. XVIII ここで想定されている従来の学説というのは Böckenförde (Fn. 46) S. 53 (83).
76) Christoph Möllers, Gewaltengliederung (2005) S. 2-8.
77) Möllers (Fn. 43) S. XLI ここで挙げられるのは Gunnar Folke Schuppert, Staatswissenschaften, 2003 ; Andreas Voßkuhle, Der „Dienstleistungsstaat", Der Staat 40 (2001) S. 495.
78) Vgl. Jestaedt (Fn. 62) S. 10.
79) 代表的で象徴的なのは、Wolfgang Hoffmann-Riem / Eberhard Schmidt-Aßmann / Andreas Voßkuhle (Hrsg.), Grundlagen der Verwaltungsrechtswissenschaft, Bd. I, II, III (2006). 以下では GVwR と略す。また、以下での引用及び参照は第 2 版。Bd. I, II の出版年は2012年、Bd. III は2013年。

という。

　近年のドイツの行政法学が扱う本質的なカテゴリーは、ドイツ語圏の外では通用しない。たとえば "Steuerung"（制御）の観点や "Verantwortungsstufen"（責任段階）といったものはドイツ語以外に対応することばを見出せない。学問の国際化のなかで、この翻訳の問題は学問の発展にとって明らかな欠陥であり、ドイツにおける行政法の議論の成果が、国際的な議論において、他の概念を代用して発展させることが求められているという。

　そこで、ガバナンスの議論を受け入れることが 1 つの課題となる。しかもガバナンスの観点は、すでにドイツの行政法学で、私法を組み込みつつ「規律構造」として議論されていたものだった。

　国家概念の法的論拠としての使用は、方法的な批判を通じて、つまり実定憲法を国家論上の概念性から区別して、法的な国家概念の「機能的等価」（funktionale Äquivalent）を探究することで行われると考える[80]。

　メラースは、近年生じている政治・社会・経済の変動に対応させるために、憲法理論が有効と考えている。法的文脈で空疎な国家概念や国家論より、「変動」を反映した「機能的等価」を探究することで、それを「ガバナンス」など国際的に広く利用できる構想として検討しようという。メラースの場合は、国内の実定憲法（基本法）の規程の解釈論・ドグマーティクより抽象的な憲法概念を扱うなかで、憲法理論の可能性に注目している。この議論は、たしかに魅力的だが、「機能的等価」は、国家論のたんなる焼き直しになるだけかもしれないし、抽象的な憲法理論こそ「空疎」に陥るかもしれない、ということには注意しておく必要があるだろう。

3　多元的行政の憲法理論へ

　以上の代表的な学説に見られるように、近年のドイツの公法学では、「憲法理論」のあり方が盛んに議論されている。それは、もはや「国家論」ではな

---

80)　Möllers (Fn. 43) S. XLIII.

く、時代に適合した理論としてのあり方を探るものである。彼らの間には、その議論する対象や考え方が違っていても、問題意識は共有されている。ここ数年来、"Recht - Wissenschaft - Theorie"（略称 RWT）というシリーズ本が、イェシュテット、レプシウス、メラース、フォスクーレの編集で組まれていることからも、そのことはうかがえるだろう。そのシリーズは「学問システムの認知的な要請と法システムの助言の期待とのあいだをつねにとり持つことで、多様に内的に分化したディシプリンに対する理論的な自省のフォーラムを提供する」ものとされている。[81]学際的な知の交流に目を向けて、実務を自省する理論を構築しようというわけだ。

　ところで、これまで見てきたところからもわかるが、「自省」（Reflexion）の概念が、新たな「憲法理論」構想のなかで比較的頻出している。

　「自省」の概念は、一般的には、「自己の状況を熟考する」といったように理解される。ここから、「自分のことを振り返って考察する」、すなわち自己観察や批判的な自己省察といった意味として解されることとなる。[82]

　最近の憲法理論で「自省」が使われる背景として、システム論の影響がある。システム論では、「自省」は、外的な観点を当該システムに引き入れることを意味しており、システムそのものを外部（他のシステム＝環境）の観点から反省する、ということである。だから、法の論理（法／不法の二値的コードを基準に見る）だけで他のシステムから区切られる法システムを、たとえば経済的な利益の観点という、法システムからすれば外部の経済システムによって見直す、という作用を「自省」と呼ぶわけである。通常の言い方に置き直せば、隣接諸科学や比較法の知見を参照する、といったところである。したがって、現

---

81) Matthias Jestaedt / Oliver Lepsius / Christoph Möllers / Andreas Voßkuhle, Geleitwort der Herausgeber der Schriftenreihe, in : Christoph Engel / Wolfgang Schön (Hrsg.), Das Proprium der Rechtswissenschaft (RWT1) (2007).

82) Martin Morlok, Reflexionsdefizite in der deutschenStaatsrechtslehre, Die Verwaltung Beiheft7, Staatsrechtslehre als Wissenschaft (2007) S. 49-77 (50). ここでのモルロクの分析によれば、ドイツの国法学説では、この「自省」が十分に行われていない。というのも、そもそも法学は「決定の学問」で、決定には強いものの、自省には弱く、対照的に社会学は自省が強く、決定が弱い。(S. 70-74)

状の社会の理解を深めつつ、それを考慮した法理論を形成するには欠かせない思考方法となる。

　これは、法的思考様式としては、次のようにはたらく。まず、実定法があり、その前提となる原理や公理が想定される。その実定法を適用する場面で、条文解釈が一義的にケースに適用される場合がある（ファーストオーダーの観察）。しかし、たいていは、ドグマーティクによる論証を要する。そこで、条文から出発しつつ、そのテクストをどのように読み、理解するか、どの論拠を支えるかを熟考する（セカンドオーダーの観察）。ここでの論証は、法システム自体を変更してしまうのではなく、先例とのディスティンクションや先例変更との対話を通じて、理由づけを行うことで、既存の事柄に立脚したシステムの再定位をはかることである。また、そのような論証作業がどのような機能を果たし、論証に携わる者にとって、良き論拠の発見がなぜ満足できるものとなるのかを問い直す局面もありうる（サードオーダーの観察）[83]。

　これまで見てきたように、近年のドイツ公法学では、国家概念から演繹的に論理を展開するという国家論ではなく、帰納的に、そして機能的に、国家の機関・作用を見るあり方が求められている。そこには社会の現状を認識し、それを憲法理論としてくみ上げるだけの「自省」が必要なのだ[84]。

　もっとも、ここでいう「機能」が何を指すかは問題である。一般的に「機能的考察」といった言い方は、多様な意味内容を持たされていて、論者によって、指すものが異なる[85]。本書では、行政の実態を法的に捉える、という目的が

---

83) ニクラス・ルーマン「法律家的論証」グンター・トイブナー編（村上淳一・小川浩三訳）『結果思考の法思考』（東京大学出版会、2011年）15-40頁。

84) Dieter Grimm, Ursprung und Wandel der Verfassung, in: ders., Die Zukunft der Verfassung II (2012) S. 11 によると、「憲法」の概念には2つの意味がある。経験的・記述的なものと、規範的・規定的なものである。前者は古くからあるが、後者は18世紀のアメリカとフランスの革命を出自としたたかだか200年の比較的新しいものだ。前者は、いかなる政治的諸関係が、その時代に、一定の領域で事実上（de facto）支配をしたのか、という内容を持つし、他方で、後者は、政治的支配が一定の領域で法的（de jure）に服するルールとして規定するものである。本書での、「憲法」概念は、この後者の概念に限定されないが、それでも、その立憲的意味合いは、「憲法の優位」として前提としている。

85) 「機能的考察」の意味について、参照、斎藤誠「公法における機能的考察の意義と↗

前提にあり、その目的達成のために、行政の作用（＝機能）を、権力の実体ではなく、作用に即して捉えるための考察である。この考察を行うためには、実定法に基く法解釈と、それを体系的に位置づけ、導き（ドグマーティク）、さらにそれを観察する憲法理論が必要だと考える。すると、この機能的な憲法理論とは、たんなる形式的な（実定法に基づけばそれでよいとする実証主義の形骸化した形での）法実証主義ではなく、実定法を基礎に置きつつ、それを自省的に観察する視点を確保しておく理論である。

　本書は、全般的な憲法分野についての憲法理論を打ち立てようという野心はない。ただ、多元的行政を捉える、という点での憲法理論を探ろうというわけである。すると、多元的行政の認識枠組みを隣接諸科学から学ぶというあり方もあっていいだろう。そのとき、「ガバナンス」という「国家」の機能的等価としての「しるし」が一定の役割をはたす。ガバナンスを法的な枠組みで再構成するために、本書では「民主的正当化」の観点からこの構想の基礎づけをするのである。

　ところで、「憲法理論」については、方法的自覚が十分でないままに議論が進められてきた、と指摘されている[87]。つまり、これまで「理論／解釈」や「科学／解釈」という区別が重視されてきたが、これだけの区別では、「解釈」以外はすべて「科学」に該当することとなる。すると、規範論と科学論の区別が不明確なままになってしまう。これでは、たしかにイェシュテットの「憲法理論／憲法ドグマーティク」は共に「科学」にまとめられてしまう。そこで高田篤は、まず「憲法システム内部／憲法システム外部」と区別する。そして「内部」で「憲法解釈学・教義学／憲法理論」の区別を行う。この「憲法解釈学」は、個別事例の憲法解釈をそれぞれに関連付けるものであって、憲法解釈よりも抽象的に位置づけられる。「憲法理論」は、憲法解釈とかかわらず、憲法システムが、法のみならず政治・経済・社会といった全体のなかで適合し、首尾

　＼限界」稲葉・亘理編・前掲注25、37-69頁。
86)　この考察のための方法については、本書第1部第3章2(3)。
87)　高田篤「議会制についての憲法理論的・憲法科学的省察」憲法問題17（2006年）110-111頁。

第 1 部　方　法

一貫しているかということを憲法システム内部で「反省」する理論である。したがって、憲法解釈学よりもさらに抽象度が高い。最後に、「憲法システム外部」には「憲法科学」が位置づけられていて、これは、憲法システムの外側から憲法システムを学的コミュニケーションとして分析するものだという[88]。それゆえ、ここに挙げた憲法学の方法としては、「憲法解釈→憲法解釈学→憲法理論→憲法科学」の順に抽象度が上がっていくわけである。

　すると、本書で使っている「憲法理論」は、現状認識を憲法システム内部で捉えるための法の「反省理論」として、高田のいう「憲法理論」を中心に据えつつ、これを具体的に展開するために民主主義原理の「憲法解釈学」を展開している（主に第 2 部第 1 章 1 、 2 ）。それらは憲法システム内部での分析を行うものの、ガバナンス構想の分析作業では（第 1 部第 3 章）「憲法科学」的議論も展開している。この意味では、本書でいうところの「憲法理論」は、「一般的な正義論ではなく、特定の国家の具体的な憲法制度と憲法実践を前提にした規範理論である」とする愛敬浩二の定義に近いようだが[89]、規範理論ではなく、機能的理論という点で根本的に異なるうえ、「憲法制度と憲法実践」を前提にしつつも、それを「自省」（高田のいう「反省」）する理論という点を重視する点で、高田の想定する憲法学の方法に近似する。したがって、ここでいう憲法理論とは、憲法解釈学を用いながら、全体社会を認識し、その認識それ自体と認識の諸学を自省する受け皿となる理論として、個人の自由保障のために機能的に国家と表象されるところ（国家の機能的等価）を規律する理論である。

　つまり、ここで取組む「多元的行政の憲法理論」というのは、実定憲法に規定された民主主義原理（基本法20条 2 項）を解釈した「民主的正当化」論を基点にして、多元的行政のガバナンス――多元的行政の国家論ではない――を法的に構成しつつ、法外的要素を自省する機能的な理論となる。

---

88)　高田・前掲注87、111頁。
89)　愛敬浩二『立憲主義の復権と憲法理論』（日本評論社、2012年） 6 頁。

4 認識のための道具

本書が対象とする現代行政を、憲法理論として認識するのに取扱うキーワードについて、ここでいくつか簡単に説明しておく。

(1) ガバナンス

ガバナンスとは、端的に、行政過程に関わる多様なアクターの行為と、その相互関係性を捉えるための表象である。すると、「ガバナンス」を公法学が語るには、多様なアクターが活動する法的根拠とその責任の所在の明確化が必要になる。そのために求められるのは、法的根拠としての「民主的正当化」である。国家概念に代わる「機能的等価」が、「民主的正当化」を構成要素として展開する。そこでは、諸アクターの存在（とくに私的アクター）と、国家との（異同）関係の整理が求められ、多様な主体の捉え方と主体間の調整関係の捉え方が問題となる。

ドイツ公法学では、「ガバナンス」ということばは一種の流行になったが、定まった輪郭を持っていない。詳細には第1部第3章で整理するが、ここでは公法学説での「ガバナンス」構想を簡単に見ることにする。

シュッパートは、ガバナンスを、規律・調整構造（Regelungs- und Koordinations- strukturen）の分析に焦点を当てた「分析的概念」と見たうえで、それが、法学者にとっては、方法論も法解釈も立場を曖昧にしておくことのできる魅力がある、と述べる[90]。

公法学者ではないが、ガバナンス論へと公法学を誘った行政学者・社会学者のマインツは、ガバナンス論が、これまでのアクター中心の主体の観点から、アクターの諸行為を枠づける規律構造に注目するようになった、と述べて、この視点の転換をガバナンス論の特徴と捉えている[91]。

---

90) Gunnar Folke Schuppert, Alles Governance oder was? (2011)
91) Renate Mayntz, Governance Theory als fortentwickelte Steuerungstheorie?, in : Schuppert (Hrsg.) (Fn. 7).

第 1 部　方　法

　行政学・社会学における「ガバナンス」の概念を、法的に再構成しようと、最も精力的に取組む１人がトゥルーテである。トゥルーテは、他の共著者とともに、ガバナンスが、構造と行為の自省的関係に目を向ける動態的な観点と結びついている、とする。そして、「ガバナンス研究は、特定の制度的構造内部におけるアクターの諸行為を調整するメカニズムと、その効果に取組む」という。「個々の規律の分析」、「行政法学の個別的行為についての古典的な観点の克服」、そして「法のみならず社会的な調整メカニズムの構造」という特徴を挙げ、「ガバナンス」を法的視点で見直すと、「規律構造」（Regelungsstruktur）と呼ぶことになるという[92]。

　社会学との学際的な議論を積極的に行い、行政法改革を主導してきたホフマン=リームは、「ガバナンスの観点は、とくに国家アクター、国家－私的アクター（ハイブリッド）、私的アクターとの分業・機能配分・責任配分と、これに結びついた協働の関係を新たに測量できる」といって歓迎する[93]。

　連邦憲法裁判所長官のフォスクーレは、自身が行政法改革を牽引する１人であるが、公法学でのガバナンス研究を見たうえで、ガバナンス研究の主たる目標は、複雑な規律システムにおける公共の利益の確保にあるという。民主的な憲法国家では、公共の利益を確保する中心的手段は法であるが、ガバナンスの観点では、法学の関心は、国家―市民関係のドグマーティクから、複雑な関係を規律する調整構造へと移る。法的にガバナンスを語る場合は、その規律構造の内部で、国家アクターと私的アクターの行為規準、それら諸行為の間の公共の利益目標・作用連関、代替可能性、補完関係を主題化する分析枠組みとなる。また法の準備機能と保障任務という役割が明らかにされる、と議論を整理する[94]。

---

92) Hans-Heinrich Trute / Doris Kühlers / Arne Pilniok, Governance als verwaltungsrechtswissenschaftliches Analysekonzept, in : Gunnar Folke Schuppert / Michael Zürn (Hrsg.), Governance in einer sich wandelnden Welt (2008).
93) Wolfgang Hoffmann-Riem, Governance im Gewährleistungsstaat, in : Schuppert (Hrsg.) (Fn. 7).
94) Andreas Voßkuhle, Sachverständige Beratung des Staates als Governanceproblem, in : Sebastian Botzem / Jeanette Hofmann / Sigrid Quack / Gunnar Folke Schuppert / Holger Straßheim (Hrsg.), Governance als Prozess (2009) S. 547-571.

彼らは共通して、行為中心の思考様式から、関係規律を調整する構造へと視点を転換する。ただ、それは、「そうあるべき」という性質のものではなく、分析を行うための単なる「しるし」、「記号」といった性質のものだろう。曖昧な内容しか持たない「ガバナンス」ということばは、対照を把捉し意味（Sinn）を示す「概念」にはなりえず、たんなる外示（Bedeutung, denotation）を持つ「しるし」（Zeichen）にすぎない。それは、一定の現象を確定的に指し示す機能（概念性）を持たず、また、ある方向へと導く機能（規範性）もない。ただ、現象を整理するための「容れもの」という性質だと考えられる。

　ガバナンスは「構造」、「関係性」に視点を置く。一種の「構造主義」である。ただ、それは哲学的な思想という類のものではなく、科学的方法だと考えるべきである。つまり、認識方法として、行為主体中心から、主体間の関係性に目を向ける、というのにすぎない。ガバナンスは、さまざまな主観性の交わる結節点を分析的に見て、その対象構造を外示した「しるし」である。

(2) **ネットワーク**

　公共的任務に関わる多元的なアクターの登場する行政現象を、任務の「国際化」、「民営化」という点で、古典的な国家の縁取りがほつれていくと診る法学説がある[95]。それは、国家と社会の区分、公と私の区分が、多様なアクターやその活動の「ネットワーク」のなかでどんどんとぼかされていくと社会学的に認識する。この認識を前提として、しばしば「ガバメントからガバナンスへ」という標語が、行政学や公法学で使われることとなった[96]。つまり、そのような標語を用いる論者は、従前の「公権力」の理解のように、「上から」の垂直的な支配・統治関係を強調する立場をとらず、公共的任務に私人が協働するという

---

95)　Gunnar-Folke Schuppert, Was ist oder wie misst man Wandel von Staatlichkeit?, Der Staat 47 (2008) S. 325 ff.; Christoph Möllers, Netzwerk als Kategorie des Organisationsrechts, in: Janbernd Oebbecke (Hrsg.), Nicht-normative Steuerung in dezentralen Systemen (2005) S. 285 ff.

96)　Vgl. Gunnar Folke Schuppert, Was ist und wozu Governance?, Die Verwltung 40 (2007) S. 463 ff.

第 1 部　方　　法

水平的関係に焦点を当てている。

　公共的任務を担うアクターが、高権的な公行政に限らず、任務の委託先の民間（私人）を含む場合には、任務の分担、情報や技術の調整、そして責任配分を整理しなければならない。ここで、国家は、全面的に後退していくのではなく、その複雑な実態を捉え、そこに現れる問題を解消するために、社会と手を組んで公共善を実現しなければならなくなる。このような考え方は、国内法のみならず、EU 法、国際法にまで及び、多様なアクターを統一的に把握できる理論を必要とする。

　そこで、1 つの学説傾向として、「ネットワーク」というカテゴリーが、ドイツ公法学のなかで承認されるようになってきた。[97]このカテゴリーは、これまで想定されてきたさまざまな講学上の「区別」を平準化する。たとえばメラースは、内政と外交、国家的主体と非国家的主体、公行政と私人といった区別を解消する現象に対応させるようにして、ネットワークのカテゴリーを使って、従来の区別をぼかしていく。つまり、協働とヒエラルヒー、高権行為と私人の行為、フォーマルな制御とインフォーマルな制御といった区別をぼかし、その曖昧な全体を「ネットワーク」のカテゴリーとして把握しようとする。[98]このように、実際の区別の隈どりに相応するように、理論上、それを受け止めるカテゴリーとして「ネットワーク」を使うことは、現実の「ハイブリッド」な組織（国家と社会、公行政と私人との組み合わせ）を捉えられることとなる。しかしその一方で、この新たなカテゴリーの法的な使用可能性と意義についてはまだ十分に明らかになっていない。

　ドイツ憲法学の現状が「ヨーロッパ法・憲法・行政法が相互に絡み合うなか

---

97)　Möllers (Fn. 95)、「概念のハイブリッド性が現象のハイブリッド性を写しとっている」(S. 296)。すでに 1991 年に公刊の Horst Dreier, Hierarchische Verwaltung im demokratischen Staat (1991) S. 211-304 も、国家任務の分節化と、（システム論の意味での）「環境」の複雑性の増大に反応して、行政が多元化する、と捉えていて、「今や、ピラミッド型のブロックとみなすのではなく、さまざまな組織体のネットワークと捉え、それはたしかに正当化する母体社会の民主的意思形成の中心に、決定する手段を持つが、ただ比較的ゆるくそれらは結びあっている」(S. 290) と記している。

98)　Möllers (Fn. 95) S. 295 ff.

で、ここで突き付けられる新たな諸問題をも意識しながら、伝統的な『国家』概念に代わる新たな理論枠組みを探りつつある」ことであるという指摘は、この分野においても妥当する。しかし、そうであればなおさら、国家概念だけを追究するのではなく、それを取巻く社会現象を説明しうる理論が求められねばならない。法学的な国家像だけではなく、社会学的・政治学的な国家像も共通にまとめあげる一般国家学のような学際性がなければ、この現実に相応した憲法理論はいつまでも未完成のままである。（とはいえ、一般国家学を拙速に求めるわけではない。）

(3) 保障国家

ほかにも、この状況に相応するための学説として、保障国家論がある。これは、私人による公共的任務の提供を国家が保障するという理論である。「保障国家」論は、社会に対する国家の規制という旧来の手法ではなく、「社会の自己制御」と呼ばれる手法を採用し、それを統一的に把捉するための国家論的視座を準備している。この理論は、国家による責任（Verantwortung）の引き受けについて検討している。つまり、公共的任務を国家自体が行う場合の「履行責任」（Erfüllungsverantwortung）と、公共善を実現するために私人と協働で行う場合、ないし私人だけで行う場合の「保障責任」（Gewährleistungsverantwortung）を、国家が引き受ける仕組みについて考えている。公共善を実現させるために国家以外のアクターを想定して、国家的アクター及び非国家的アクターの間で責任を配当し、最終責任を国家が担う。このような責任のメカニズムを作るこ

---

99) 林・前掲注36、71頁。

100) Karl-Heinz Ladeur, Der Staat der „Gesellschaft der Netzwerke", Der Staat 48 (2009), S. 163 ff.

101) 邦語文献として、三宅『保障国家論と憲法学』・前掲注65、高橋明男「保障国家における法律の役割」法時81巻11号（2009年）107頁以下、山田洋『リスクと協働の行政法』（信山社、2013年）、板垣勝彦『保障行政の法理論』（弘文堂、2013年）。

102) Vgl. Wolfgang Hoffmann-Riem, Gesetz und Gesetzesvorbehalt im Umbruch, AöR130 (2005) S. 9.

103) 三宅『保障国家論と憲法学』・前掲注65、31頁以下。

とが保障国家論の目的である。

　たとえば、ドイツの電気通信サービスをめぐって、事業者（非国家的アクター）によって担われたサービス供給の基盤を国家が保障する、というように分業が行われる。組織法のなかでは、国家は電気通信事業から撤退したことになっていて、今や電気通信サービスは私経済の形式にある。すなわち、これまで独占によって特徴づけられていた市場に競争原理が導入され、供給の確実性が確保されねばならなくなった。これに対応するように形成された法制度は次の通りである。

- 市場への自由なアクセスという基本決定を基礎に、電気通信サービスを提供する者はすべて、届出義務を課せられる。（電気通信法4条）
- より限定された領域、とくに中継路の事業については、認可を受ける義務が存在する。（同法6条）
- 認可の数は制限されうる。（同法10条）
- 電気通信サービスの市場支配的供給者は、濫用に対する特別の監督に服する。（同法33，36条）
- 細目は、私人の交渉と協定にゆだねられる。（同法36条以下）
- ユニバーサルサービス体制の内容と質の提供について、その詳細を画定することは連邦政府の命令にゆだねられる。（同法18条）

　以上のように、電気通信法の制度上の規律は、認可、監督、協定、命令といった多様な形式が用いられる。この制度のなかでの国家像は、給付国家、計画国家、そして規制国家といった1つの国家形式に単純には当てはまらない。そこで「保障国家論」は、以上の国家像を「責任分担」の観点から理論づけようとするのである。

(4) 保障国家批判

　しかし、保障国家論は、抽象度を上げたメタレベルの国家論であり、その構想から直接かつ具体的な問題解決に結びつくわけではない。[104] 保障国家論が公法

---

104) 保障国家論へのこうした根本的な批判は、vgl. Ladeur (Fn. 100)。なお、ドイツの国↗

学に提示した理論としての実益は、今のところ、ひとまず次の 3 点にまとめることができる。まず、高位レベルでの諸アクター間の行為の複合体を捉えることに着眼したこと。次に、そのネットワークの観点を、基本権保障や他の公法原理（社会国家、法治国家、民主主義など）とともに総合的に捉え直す試みがあること。最後に、主体間の責任分担のうち、とりわけ国家の保障責任に目を向けていること。これらは、公私協働の多元的な行政の任務遂行のあり方を制御する仕組みとして注目される。

以下では、こうした多元的な行政活動を制御する仕組みについて、多元的行政の民主的正当化の手法を用いて検討する。というのも、以上のような多元的行政を規律するには、統一的な視点を持った法理論もさることながら、それ以上に、多様なアクターの民主的正当化と、国家を含めたアクター相互間の責任分担の考察が必要だと思われるからである。そのためには、法の取扱いについて、単純な原因・結果の線形的な因果関係（いわゆる条件プログラム）の実定法解釈に還元してしまわず、むしろ、法の趣旨・目的を勘案したうえで、財政・組織・手続といった多様な法の態様すべてを考察の対象に組み込む法思考を構想しなければならない（目的プログラム）。統一的視点としての保障国家論を形づくることに専念するよりも、むしろ、アクターの法的地位と行為の正当性を民主的正当化論から検討し、アクター間の責任分担を考察するほうが有意義ではないだろうか。この条件が整えられて初めて、ネットワークを形成する多元的行政の協働統治のあり方（ガバナンス）を法的に構成し、規律できるのではないだろうか。

───家論が解釈にとって有益かどうかでその存在意義を認める傾向について、参照、林・前掲注36。
105) 保障国家論とガバナンス論の関係について、Wolfgang Hoffmann-Riem, Das Recht des Gewährleistungsstaates, in: Gunnar Folke Schuppert (Hrsg.), Der Gewährleistungsstaat (2005) S. 89, Fn. 1 は、「ガバナンスの観点は現代的統治の態様と品質を把握するものであり、他方、『保障国家』の概念が行おうとしているのは、ずっと包括的に、国家の形態変動を指摘することである。それでも、判断されるべき諸現象は、多くの場合に一致している」と述べる。

第2章
統治を支える規範

1 "Gewaltengliederung"

(1) 権力分立原理

　通常、ドイツ語で「権力分立」に対応するのは "Gewaltenteilung" である。有名な1789年の人及び市民の諸権利の宣言第16条にも「権利の保障が確保されず、権力の分立が定められていないすべての社会は憲法をもたない」とあるように、権力分立原理は、あらゆる法治国家的・立憲主義的憲法に共通の伝統とされている。ただ、それはやはり伝統であって、権力分立論の父とされるモンテスキューの時代のような身分制もなく、フェデラリストたちによるチェック・アンド・バランスという理性的な秩序志向についても前提を異にする今日に、そのまま通用できるわけでないことは明らかである。とりわけ今日のドイツともなれば、連邦とラントのバランスだけでなく、EUと構成国の関係や、国家作用への多様なアクターの関与といったフェーズを捉えるような原理として考えられなければならない。

　ドイツの権力分立原理については、大きく分けて2種類の議論があるとされる。[106] 権力の相互抑制から自由主義の実現を目指す議論と、国家権力が各機関に適した効率的な処理を目指す議論である。とくに後者の立場が、ドイツでは有力になっている。[107] たとえば、ドイツの連邦憲法裁判所は、1996年の判例で権力

---

106) 栗城壽夫「ドイツの権力分立」比較法研究52号（1990年）34-47頁。
107) ドイツの近年の公法学説では、権力分立はそれ自体、法理論的にどう構成するかを↗

分立原理を次のように述べている。[108]

> 「権力分立の原理は、純粋にはどこにも実現されていない。多くの権力制限と権力均衡化が存続している。基本法は、絶対的な権力の分離ではなく、権力相互の統制、抑制、節制を求めている。もっとも、憲法で予定されている三権力間の権力の重みの分配は保持され続けねばならない。」

権力分立原理について日独比較研究を行っている村西良太によれば、権力分立原理に含まれる「分離」の側面と「抑制」の側面の、バランスの欠いた議論が日本で支配的であることを論証しているが、ドイツでは、同様の理解からの脱却が近年有力になっているのである。それは、厳格な分離が「純粋にはどこにも実現されていない」という認識の下、権力相互の交錯を許容する議論である。[109]村西の整理によれば、これは、第1に、民主的正当性から執行権の独自性を認め、第2に、権力分立原理を、国家任務の適正な遂行のために国家権力をいかに構成すべきかという制度原理と捉える。すなわち、「各種の国家作用が、その性質に鑑み、それを実行するのに最も適した人的・物的要素を有する機関に配分されることを重視」したものである。[110]このような権力分立原理の考察こそ、今日求められねばならないが、本書では、権力相互の連関が、実際にどこまで、どのように可能なのか、執行権の独自性の承認がどのように認められるのかを課題とする。

(2) 機能分化としての "Gewaltengliederung"

この標題を何と訳すべきだろうか。Gewalt（権力）の Gliederung（分肢）。こ

考えてもあまり意味はないとされる。むしろ、基本法という実定憲法の諸原理（民主主義原理や法治国家原理など）から考える方が意義あるとされる。Vgl. Matthias Cornils, Gewaltenteilung, in: Depenheuer / Grabenwarter (Hrsg.) (Fn. 62) § 20, S. 660.

108) BVerfGE 95, 1 (43).
109) 村西良太「権力分立論の現代的展開」九大法学90号（2005年）213-289頁。ここで村西が、従来の憲法学における統治機構論の根本的な問題点として、「諸種の国家任務を実効的に処理する」ための権限配分に関する議論が不十分であると指摘する点、本稿の問題意識と根底で共有していると思われる。
110) 村西・前掲注109、266頁。

の語は、メラースが2005年の教授資格請求論文のタイトルとして使っているものである[111]。メラースは野心的にも、権力分立原理を根本的に再構成しようとする。

メラースは、まず、3つに分けられた「法産出」あるいは「法的効果の産出[112]」として国家権力を理解する。「諸権力の任務は力の行使ではなく、法の産出である」という[113]。この法産出という概念を使うのは、法産出という一塊を1つの高権担当者に帰属させ、それによって高権担当者の行為を他と区別することで、権力間でのズレを見分けられるようにするためである。したがって、メラースにとっての権力分立は、機関（Organ）の分立ではなく、機能（Funktion）の分立となる。法産出の概念は、判決を下す裁判所や差止めを命ずる官庁が、既存の法律の内容に基づく法発見や法適用に限定される、というイメージに向けられている[114]。

議会には、個人の集積された政治的意思形成が「民主的自己決定」として行われて、「民主的正当化」として届けられる。ここに政治決定の根拠が発生する。これが1つ目の法産出である。次に、裁判所では、「個人の自己決定」要請を事後的に承認する手続が提供される。ここに特別な「個人的正当化」が創出される。これが2つ目の法産出である。最後に、執行が立法と司法の間にたち、「民主的自己決定と個人の自己決定の2つの形式の継続的な具体化連関を媒介する」作用となる[115]。

このように、権力分立理解を根本的に変えることについては、厳しい批判が投げかけられている。たとえば、コルニルスによると、あまりに型にはめすぎていて、個々の法産出主体（議会、行政、裁判所）と法産出過程の遂行能力を矮小化している。したがって、たとえばメラースの正当化形式のスクリーンから

---

111) Möllers (Fn. 76). このメラースの論文についての邦語での言及は、林・前掲注36、153, 171, 189, 300-304頁、赤坂幸一「権力分立論」南野森編『憲法学の世界』（日本評論社、2013年）49-59頁がある。
112) Möllers (Fn. 76) S. 82 f.
113) Christoph Möllers, Die drei Gewalten (2008) S. 91.
114) Möllers (Fn. 76) S. 85.
115) Möllers (Fn. 113) S. 108.

取りこぼされた直接民主主義による法産出が位置づけられない、とされる。また、個人の利益が、司法権による事後的な対応によって初めて回復するという仮説も疑問の余地があるし、さらに、民主的主体の意思の集約から正当化される立法が、個人を超えた政治決定のみに取組むということも納得できないという。[116]

このようなメラースの Gewaltengliederung は、結果的に、従来の権力分立を、国家機関の分立としてではなく、国家作用の分立＝「機能分化」として捉えている。[117] これは、かつての権力分立論が、固定的に権力の範囲を確定するプログラムだったと批判するものである。そして、求めるべきは、権力作用の相互作用を捉え、異なる権力の交錯や権力間での境界変動が矛盾をきたさないように理解する構想なのである。[118]

各種権力を固定的に捉えず、動態的に捉えることで、実態を理論的に把握することと、それによってその統制をはかることが可能になると考えられるわけである。本書は、この「機能分化」としての権力分立の構想を大筋として前提としつつ、そのなかでの行政の統一性と独立性を考察する。このために、行政活動を正当化する手法として、行政の民主的正当化論を考えていく。

---

116) Cornils (Fn. 107) S. 688. コルニルスによると、個人の承認は法律で通常行うのであって、裁判官が事後的にのみ行うものではないという。

117) 権力分立を「機能分化」として捉えるのは、近年のドイツにかぎらず、かねてより日本でもあった。たとえば、丸山眞男「政治の世界」『政治の世界 他十篇』（岩波書店、2014年〔初出1952年〕）116-121頁も、「三機能の分化といった方が正しい」（傍点、原文ママ）と述べる。ただ、本文のドイツの議論とは違って、丸山の場合は、事実認識として、権力の分立ではなく、権力の統合と集中という問題が日程に上ってきていて、自由保障という考え方の影が薄くなり、「組織を構成する諸機関の相互依存関係が密接になり」、組織の効率的な作用がはかられ、執行権強化につながることとして、「機能分化」と呼ぶのである。近年のドイツの議論は、たしかに次節で見るように効率的な行政作用を前提として、国家と社会の協働や諸権力間での相互作用によってそれを実現しようとするものの、それと同時に自由保障を確保することも考えようとしている。

118) Vgl. Wolfgang Hoffmann-Riem, Eigenständigkeit der Verwaltung, in: GVwR, Bd. I (Fn. 79) § 10, Rn. 39; Ralf Poscher, Funktionenordnung des Grundgesetzes, in GVwR, Bd. I (Fn. 79) § 8, Rn. 15-29.

第 1 部　方　　法

2　行政の統一性と独立性

　そこで、まずは、「行政の統一性（Einheit）」の捉え方について言及しておく。元来、権力分立の発想から、行政権を一塊の統一体として捉える傾向が強い。行政権が、あらゆる国家権力から立法権と司法権を除いた権力というような控除説として定義されるのが、日本でもドイツでもいまだに影響力を持ち続けるのは、その理由の表れでもある。

　行政理解は、しばしば2つに大別される。法に厳格に拘束された行政と、独立性を認められた行政に。前者の行政は、「国家意思としての法」を産出する議会に支配され、他者の意思によって決定されて作用する「機械的」機構と理解される。後者の場合は、一定の質を備えた「よき行政」を提供するために、行政には固有の意思形成機能を持つ「独立性」が認められる。

　ドイツ公法学の学説史を見ると、行政についての2つの理解は、波のうねりのように浮かび沈み、また浮かぶように展開している。19世紀後半、行政学で有名なロレンツ・フォン・シュタインの時代、議会はまだ、国民の意思形成の最高機関となる途上であって、行政の独立性は広範に存在していた。オットー・マイアーによって行政法学が「法治国家」によって体系化されると、法律が国家意思の最高のものとなり、「法律の支配」の思想が展開する[119]。その後、1950、60年代のイェッシュやルップによる法律の留保論は厳格な法律拘束論で、行政は法律に従属する形で、法律の指揮に基づくものとされた。これに対して80年代後半以降、再び行政の独立性が語られるようになる。行政は独立して行動し、裁判によって限定的にのみ審査される決定活動、とされる。これを決定的なものにしたのが、シュミット＝アスマンである。行政は、法の自動命令機械ではなく、法を具体化するために「規範的に生産的に」解釈するものとされる[120]。その後、シュッパートによる『行政科学』（Verwaltungswissenschaft）

---

[119]　Otto Mayer, Deutsches Verwaltungsrecht, 3. Aufl. (1924) Bd. I, zweiter Abschnitt.

[120]　Eberhard Schmidt-Aßmann, Verwaltungsrechtliche Dogmatik (2013) S. 17 は、次のように主張している。「従来の行政法学は、統一性ドクトリン、包摂ドクトリン、そし↗

が、非法律化された社会学的な従来の行政学（Verwaltungslehre）に規範的なものを持ちこみ、学際的な研究として展開した。近年の画期は、「新行政法学」(Neue Verwaltungsrechtswissenschaft)(121)である(122)。行政の現実と規範的なるものの共演を構成し、国内・国際・国家間の高権を組み込み、法の多様な分野も、多様な行為レベルも含めた学問体系を提案している。多様な現実と多様な規範構造を複合的に考察する視点が必要だという問題意識を共有する。

　近年のドイツで、この新行政法学を前提とする公法学者の一派は、行政を「問題解決志向」を持つものとして捉え、公法学も、問題解決志向の行為学及び決定学（eine Problemlösungsorientierte Handlungs- und Entscheidungswissenschaft）になるべきとする(123)。

　そうなると、行政は法を見る際には現実領域を見るようになる。したがって行政法学が強調する点が変わってくるという。①法律の理解が、国家行為の限定から、規範的な質の保障手段に変わる、②法的拘束から法の志向機能・基準機能へ（法のプログラム化の弱化）、③テクスト解釈学から、問題解決志向の行為・決定学へ、④法律行為の観察から、問題志向のための行政活動の調整へ、⑤行政行為の記述志向から、創造志向へ、⑥合法性を中心とした正当化構想から、多元的な正当化基礎の考慮へ、⑦ヒエラルヒッシュに調整された任務遂行から、協働・競争といった他の制御方法のネットワーク化へ、⑧国内法から、ヨーロッパ法・国際法・グローバル化へ、というように。これらはそれぞれ、

　↘て形式拘束的なドクトリンのトリアーデから特徴づけられる。（中略）今日では、ヒエラルヒッシュに組織された行政と並んで、自己行政（Selbstverwaltung）が包摂的決定と並んで裁量的決定が、法形式的な行政行為と並んで非法形式的な行政行為が知られている。（中略）このような〔従来のドクトリンのような〕考えの下では、国家行政と並んで自己行政を独自に正当化すること、ヒエラルヒー原理と並ぶ合議制原理、包摂行政と並ぶ形成的行政、一元的決定と並ぶ行政契約を、行政管理の常態として、そして行政法体系の同等の要素として承認することは難しいままである。」

121) Andreas Voßkuhle, Neue Verwaltungsrechtswissenschaft, in: Hoffmann-Riem / Schmidt-Aßmann / ders. (Hrsg.), GVwR (Fn. 79) § 1.
122) 以上の学説の展開については、vgl. Horst Dreier, Zur „Eigenständigkeit" der Verwaltung, DV Bd. 25 (1992) S. 137-156, Hoffmann-Riem, (Fn. 118) Rn. 2-5.
123) Hoffmann-Riem (Fn. 118) Rn. 12 f.

法律の意義、法学の性質、正当化、組織、法の成層化といった点で特徴をよく捉えている[124]。

> 「開かれた憲法国家（基本法23、24条、EU条約4条3項）の行政法は、その方法ならびに規律要素の多元性、そして法源、行為形式、手続ならびに組織体の多元性によって規定された法なのである」[125]

こうしたさまざまな観点を総合的に捉えられる理論が求められているのであり、その試みが、次章で見る「制御論」を発展させた「ガバナンス論」のアプローチである。

3 「正当化」と「正統化」

「行政の民主的正当化」の問題を考えるにあたって、まず、「正当性」の語法についてことわっておきたい。「正当性」、「正当化」については、論者によって「正統性」、「正統化」と表記する場合がある。本書が、何について「正当性」、「正当化」、「正統性」、「正統化」と表記するのかをここで説明しておきたい。

この語法について指針となるのが、水林論文である[126]。ここでは、「支配のLegitimität」につき、日本でよく知られたマックス・ヴェーバー理解が説得的に批判されている。丸山眞男を介して広まったと思われるヴェーバーの「支配のLegitimität」の理解が誤解だという。

丸山は、権力の正統性を「被治者が明示的にせよ黙示的にせよ統治関係を容認し、これに意味を認める根拠を通常権力の正統性的根拠と呼ぶ」と規定したうえで、ヴェーバーの有名な「支配の三類型」（伝統的支配・カリスマ的支配・合[127]

---

[124] もっとも一面的で、過度な図式化であるように思われるため、鵜呑みにすることは現状認識をミスリードする恐れがあるので注意を要する。
[125] Schmidt-Aßmann (Fn. 120) S. 18.
[126] 水林彪「『支配のLegitimität』概念再考」同『国制と法の歴史理論』290-335頁（創文社、2010年〔初出思想995号（2007年）〕）。
[127] 丸山・前掲注117、103頁。

法的支配）について批判する。つまり、「今日から見ると必ずしも充分とはいえない」として、伝統的支配・自然法に根拠づけられた支配・神あるいは天の授権による支配・カリスマ的支配・人民による授権を根拠とする支配の5類型を提示した。そして、ヴェーバーのいう「合法的支配」は、「その法なるものが一方的に支配者によって作られたものでなく、被治者たる人民の参与によって、具体的にいえば人民を代表する議会の同意によって作られるという点に根ざしています。つまり人民が作った法に人民が従うという観念が合法性そのものを正統化しているわけです」。つまり、ヴェーバーのいう「合法的支配」は、「人民の参与」＝「人民を代表する議会の同意」を媒介して初めて、丸山のいう「人民による授権を根拠とする支配」に当たることとなる。たんなる「形式的合法性（Legalität）は、どこまで行っても合法性で、実質的な正統性とは異なる」と丸山はヴェーバーを批判している。

このことについて、水林は次のように整理している。

「ヴェーバーが Legalität を Legitimität の一形態としたのに対して、丸山は Legitimität と Legalität（丸山の訳語は「正統性」と「合法性」）とは次元が異なる―後者が法的次元、前者が法外的実質的次元―と考え、こうした観点からヴェーバーの所論を批判しているわけである。」

そのうえで、次のように述べている。

「以上のようなヴェーバー理解ないし批判は、しかし、私には、ヴェーバーの Legitimität 論を正しく理解した上での批判ではないように思われる。丸山は、先の引用文から、Legitimität と Legalität との対を、「実質的正統性」と「形式的合法性」との対として理解したこと、「実質的正統性」は「法」とは別次元の事柄であると解して、「正統性」問題を法現象の埒外に置いたように見えるが、この点に、根本的な問題が存在したのではなかろうか。」〔傍点、原文ママ〕

---

128) 丸山・前掲注117、112頁。
129) 丸山・前掲注117、111頁。
130) 水林・前掲注126、293頁。
131) 水林・前掲注126、294頁。

第 1 部　方　法

　このようなヴェーバーと丸山の対置は、少し強引なところがあるように思われる。たしかに、丸山は合法性と正統性は異なるものと認識しているし、ヴェーバーの「合法的支配」はそれだけでは正統性にならないと主張してはいるものの、それ以上に、「正統性」問題を「法現象の埒外に置いた」とまでは言っていないように読めるからだ。現に、丸山は「合法性に基く支配は、掘りさげて行くと、以上に挙げた正統性根拠のどれかに帰着してしまうので、それ自身独立のカテゴリーにはならないように思われる」と述べていて[132]、正統性のうちに合法性を内包するようなイメージを持っている。

　本書は、水林の分析するヴェーバーの以下の理解に即しつつ、丸山の上記「正統性」と「合法性」のイメージをあわせて、「支配の Legitimität」について考えていく。すなわち、水林によると、ヴェーバーの「支配の Legitimität」は、①支配者に対して、支配することを法的に承認し、支配のあり方をその法の枠内に拘束することであり、②被支配者に対して、そのような支配をそのようなものとして納得し受容する内面的状態を作り出すことである[133]。

　このような前提に立つことは、実は、水林による理解そのものと変わるところがない。水林自身、脚注ではあるが、「Legalität をその一部として含む、法的次元の概念である Legitimität」としており[134]、上記丸山の正統性のなかに合法性が内包されるイメージは継承しているのである。本書は、ドイツ語の Legalität を「合法性」とし、丸山とは異なり、Legitimität を「正統性」ではなく「正当性」と訳す。その動態化を示す Legitimation は「正当化」とする。これとともに、「正統性」（正統化）を合法性に由来する形式的正当性ではなく、形式的な法の外（法外的なもの）に由来する支配の根拠として「正当性」（正当化）と区別して使うことにする。

---

[132]　丸山・前掲注117、112頁。
[133]　水林・前掲注126、295頁。
[134]　水林・前掲注126、327頁。

第3章

ガバナンスと憲法理論

　近年、「国家」概念に代えて「ガバナンス」を使うことで、一定の支配関係、あるいは、むしろ権力的要素を取り払った中性的な関係としての「規律関係」を表す風潮が、ドイツ公法学に見られる。もちろん、「ガバナンス」はドイツにとどまらず、世界的な流行語である。しかし、そもそも「ガバナンス」は、公法上、法的にとり扱えるのだろうか。

　法学は、これまで、行為する主体（アクター）を中心として、主にその主観法的な論理を組み立ててきたといえる。これに対して、「ガバナンス」の発想は、「アクターを中心とする考えから、アクターの行為が影響を及ぼす規律の構造を強調することへ」[135]（傍点、筆者）と観点のアクセントを移動させる。標語的にいえば、「主体中心の思考から規律構造の強調へ」となる。つまり、ガバナンス構想は、主体の行為に関心があるのではなく、主体間の関係性に目を向け、そしてその構造に関心を寄せる。この視点の転換によって、国家でさえも、いくつもの諸アクターのうちの1つとして、他の私的アクターと同列に平準化して扱うこととなり、公私さまざまなアクターの織りなす行政過程全体を、複雑な作用の絡まりとして説明できると考えているわけだ。そのために、ガバナンスのことばは、民営化・グローバル化による行政主体の多様化に対応している。だが、冷静に考えてみれば、そもそもこのガバナンス構想を、公法上の諸原理が許容できるのか、という難問が立ち現れてくる。

---

[135] Gunnar Folke Schuppert, Governance im Spiegel der Wissenschaftsdisziplinen, in : ders. (Hrsg.) (Fn. 7) S. 371-469 (374).

第1部　方　　法

　ここでは、これまで見てきた「民主的正当化論」によって、ガバナンス構想が法的な構成として可能かどうかについて検討しよう。そして、この問題に立ち向かう方法として、ドイツ公法学で試みられる「規律構造」（Regelungsstruktur）という概念を検討する。

　すでに見てきたいくつかの事例からもわかるが、民営化とグローバル化という内外の潮流によって、国家任務と行政主体の属性が多様化・複雑化している。つまり、一方で、国家任務・行政任務とは何かが改めて問われており、他方で、公共的任務を遂行する主体の属性が多様化している。国家と社会の区分といった従来の公法思考では割り切れない交錯状況が眼前にひろがっている、という現状認識を行えば、それをどのように分析し説明し、法的に取り扱うべきなのかが問われることになる。この問題意識をベースにして、「ガバナンス」構想に基づく分析・説明が現れたのである。

136）　この点、保障国家論に関わる。Vgl. Wolfgang Hoffmann-Riem, Das Recht des Gewährleistungsstaates, in: Schuppert (Hrsg.), Der Gewährleistungsstaat (2005) S. 89-108. 保障国家とは、国家任務の領域について、任務を履行する主体が私人や私人との共同を通じて交錯する現代行政において、責任を引受けるあり方が変動していることを表す。Claudio Franzius, "Der Gewährleistungsstaat", Der Staat 42 (2003) S. 493 ff. なお、とくにホフマン＝リームの保障国家論を中心に詳細に検討したものとして、参照、三宅雄彦「保障国家と公法理論」埼玉大学社会科学論集126号（2009年）31頁以下。ここに紹介された保障国家の定義によると①「具体的な公共福祉責任」の保持、②任務実現の道具を部分的に放棄し、社会の自主的規律に期待する、③社会の諸関係の最終責任を負う社会形成的な役割を担う国家、とされる。この定義のかぎりで、ガバナンス構想と保障国家論は同一線上にある議論であるが、保障国家はその責任の履行、配分を中心として議論したものであるのに対して、ガバナンス論は国家性の相対化を前提として、国家を水平的に交錯する諸アクターの1つとみなしたうえで、それら諸アクターの関係性の構造に目を向けることに主たる意図があり、保障国家とガバナンスは同一線上の議論ではあるが、主として論じる対象が異なる。簡潔な概観として山田洋「『保証国家』とは何か」法時81巻6号（2009年）104頁以下〔岡村周一・人見剛編『世界の公私協働』（日本評論社、2012年）所収〕。

137）　Vgl. Christoph Möllers, Theorie, Praxis und Interdisziplinarität in der Verwaltungsrechtswissenschaft, VerwArch. 93 (2002) S. 22 ff.

138）　参照、人見剛「公権力・公益の担い手の拡散に関する一考察」公法研究70号（2008年）174頁以下。

ここでは、ガバナンス構想とその法的構成としての「規律構造」概念を検討するために、ガバナンスの法的構成とその問題点について検討する。

1　制御学の発展としての「ガバナンス」

(1)　「行為」か「構造」か

　近年、国家による規制という観念に縛られず、国家以外の非国家的なアクターを含む諸アクター間の「政策ネットワーク形成」を目指す思潮が、とくに政治学・行政学・社会学といった事実学の分野で見られるようになった。[139]「ガバナンス」の構想は、この思考からはじまっている。

　経済学では市場における相互行為を調整するための制度研究のために、政治学では国家アクターと私的アクターの協働を記述するための分析枠組みとして、また、ヨーロッパレベルや国際レベルでの多次元の問題を探究する枠組みとして使われ、社会学では、社会の調整機能の分析に使われている。[140]

　これに対して、公法学においては、このガバナンス構想はまだ着手されたばかりで歴史が浅く、議論も多様で定義もまだ不安定なままである。[141] それで

---

[139]　山本啓「市民社会・国家とガバナンス」公共政策研究5（2005年）68頁以下。風間規男「ガバナンス時代における政策手法に関する考察」公共政策研究7（2007年）16頁以下。

[140]　Hans-Heinrich Trute / Wolfgang Denkhaus / Doris Kühlers, Governance in der Verwaltungsrechtswissenschaft, Die Verwaltung 37 (2004) S. 451. ここでは、ガバナンスの構想が分析的な概念として使われていることに着目し、社会学と行政法学との相互交流を分析している。

[141]　山本・前掲注139、72頁は「ガバナンスとは、超国家（transnational）、国民国家（national）、サブ国家（sub-national）、それぞれのレベルのアクターが governability（統治能力）を発揮し、governing（統治活動）を遂行している態様を意味している」とする。風間・前掲注139、18頁は、他の学説を引用しながら、ガバナンス概念の2つの特徴として、「政府ではない方法の存在」から由来する「強制によらない自発性のイメージ」と「権力の所在が分散しているというイメージ」を挙げる。また猪口孝・三上了「ガバナンスと国連千年紀開発目標」公共政策研究7号（2007年）27頁は「ガバナンスは問題解決にあたって、一定の法的根拠、正当性および参加を通して階層秩序、市場メカニズム、そして社会的ネットワークの形態を取りながら、関係者を前進させる仕

第1部 方　　法

も、これを大きく2つに分けることができるだろう。まず、国家がコアとなって、政治行政システムのヒエラルヒー内部を改革することで、公共セクター・民間セクターの共同の統治（＝ガバナンス）を行う、と考えるガバナンス構想である。他方で、政策形成に関係する諸アクター間の政策ネットワークを形成しようとする考え方がある。複雑化した政策形成過程に登場するさまざまな諸アクターをどのように関係づけるか、という点で両者は分岐している。前者は、それら諸アクターを、国家が制御・舵取り（Steuerung）するという発想があり、後者は、国家だけをその中心的舵取りの担い手とは考えず、各アクターを自律的なものとみなして、それらの関係を相補的な関係と見ている。
(142)

　↘組みである。ガバメントがどちらかというと、トップ・ダウンの命令、統治を強調するのに対して、ガバナンスはボトム・アップの参加と相互作用を強調する」。「さらに、ガバナンスは時に決定を強制しても実行するだけの権威をもたない状態とすることもある」とする。
　　3つの学説に共通するのは、政府以外のアクターが登場していることが挙げられる。山本は、諸アクターが共同に統治する統治活動を、政府・官僚制といったシステム合理性と、市民社会という「下からの補完性」との「シナジー」をはかろうとする。風間は、政府による規制・介入の手法の限界を指摘した後、諸アクターが社会的責任を負いながら、その関係性のなかで相互作用を繰り返しながら政策課題の解決に結びつけようとし、国家は、アクターの資源を増大させ、参加の環境を整え、基本的な法制度の変更を検討するなど、諸アクターの相互作用の整備を行う。
　　また、ガバナンスは財政の視点こそ重要である、とした木村琢麿『財政法理論の展開とその環境』（有斐閣、2004年）、同『ガバナンスの法理論』（勁草書房、2008年）。この指摘はもっともであり、従来の公法学に欠けていたがきわめて重要な課題である。なお、行政過程論の課題として「財政の仕組み」の重要性を指摘するものとして大橋洋一「新世紀の行政法理論」小早川光郎・宇賀克也編『塩野宏先生古稀記念　行政法の発展と変革　上』（有斐閣、2001年）127-128頁。
142）　ガバナンスは、大きくは2つのアプローチがあると言われている。西岡・前掲注11。1つは B. Guy Peters, Jon Pierre らの主張する「国家中心アプローチ」である。これは国家の空洞化（hollowing out of the state）に懐疑的で、国家の役割に焦点を当てている。したがって、国家は多数の組織・機関の相互調整と統制をはかる「舵取り」を行うのであって、ガバナンスは、垂直的管理と水平的調整を主たる機能とする。もう一方は「社会中心アプローチ」と呼ばれるもので、R.A.W. Rhodes, Jan Kooiman らが主張する。国家の空洞化が前提とされ、国家は複数のアクターのネットワークの1アクターにす↗

第 3 章　ガバナンスと憲法理論

　ドイツの公法学・行政学・社会学では、しばしば制御（Steuerung）とガバナンスは、本来的に異なった概念として区別されている。社会学において「ガバナンス」は、伝統的な行為論・制御学・コミュニケーション論と並んで登場し、これらと部分的に相互に噛み合わせられている。そのガバナンス構想の特徴は、国家と社会の諸アクターを相互に結びつけた「構造的な枠組」を構成することである。ガバナンスは、

「社会的権力と社会のヒエラルヒーに基礎づけられた社会の支配関係や制御関係を意識したものではなく、組織内外の社会のアクター間の水平的かつ垂直的相互依存の論究を目指している。」

　従来の法学で考えられてきた制御（Steuerung）の構想というのは、行為理論をベースにして、諸アクターの主体性を基礎として、それら諸アクターのヒエラルヒッシュな上下関係に着目して議論を組み立てていた。これに対して、ガバナンスの構想は、諸アクターの関係について、垂直的関係だけではなく水平的関係にも目を向けていて、協働するネットワークを構造的に把握しようとしている、というわけだ。

　　　ぎず、契約型の政府活動が増加し、問題解決方法が複雑になっているとされる。
143)　ガバナンスを制御学の延長線上で捉えるものとして、Renate Mayntz, Governance-Theory als fortentwickelte Steuerungstheorie?, in : Schuppert (Hrsg.) (Fn. 7) S. 11, 17.
144)　結局、学際的意味でのガバナンス概念は、次の 3 点に集約させることができる。①社会、国家そして超国家の次元における主体間の相互行為をマネジメントする目的の調整機能を持つ。②相互行為の調整は、諸主体の行為が影響を及ぼす制度化された規律構造に基づいており、市場、ヒエラルヒー、協働、ネットワークといったさまざまな規律形式の複合を前提としている。そして、③調整や統治の過程は、国家と社会の限界といった組織上の限界を超える。Vgl. Trute / Denkhaus / Kühlers (Fn. 140) S. 456.
145)　Trute / Denkhaus / Kühlers (Fn. 140) S. 454 ff.
146)　Claudio Franzius, Governance und Regelungsstrukturen, VerwArch. 97 (2006) S. 186 ff. はガバナンスの特徴として、①アクターの行為を構造的に把握し、②そのために行為理論を相対化して多様で自律的なアクターの行為を調整しようとし、③相互行為の把握と、ヒエラルヒー、市場競争、交渉システムそしてネットワークのかみ合わせが問題となる。それゆえ国家と市場、高権的規制と社会の自己制御の協働を、目的・手続・組織の結合によって、よりよく分析することができる、と考える（S. 188 f.）。またこれら↗

第 1 部　方　法

　この制御学とガバナンス構想の違いというのは、ガバナンス構想が制御学の突然変異として発生したわけではないことを意味している。つまり「制御からガバナンスへ」と標語風に語られる場合には[147]、ガバナンス構想は、制御学の考え方を換骨奪胎したというよりも、そこに新たな視角から光を当てて再構成したものと考えられる[148]。とすると、この２つの考え方の違いは、着眼点の違いにある。繰り返しになるが、制御学は、アクターの行為を中心に構成し、ガバナンス構想は、アクターの行為そのものではなくアクターの関係性という構造に注目する、ということである[149]。

　もっとも、制御学は大きく分けて２種類あると見ることができる。それは、名づければ「システム論的制御学」と「行為理論的制御学」である。前者は、社会学のオートポイエティックなシステム理論から受け継いだもので、「国家による制御」（規制や介入法など）という観念そのものに懐疑的な理論である。全体社会から分出された（ausdifferenziert）サブシステムの自己言及性が「国家による制御」に対置され、国家による制御は「幻想」だと考えられる[150]。サブシステム内部で閉じられた制御の構造は、他のサブシステムの集まりである「環境」から独立し、直接には外部に影響を及ぼさないとされる。機能的に分化した社会として社会構造を捉えるこのシステム論は、国家を「政治システム」として「全体社会」とは区別された独立したシステムとみなす。それゆえ国家が政治システムとして他のサブシステム（経済システム、法システムなど）を制御可能だという観念それ自体が理論上成り立たなくなり、システム理論的な制御学は、システム内部における制御しか観念しえなくなる。これに対する

　　の論者と論争相手となっているフォスクーレは後述のように（本章2(2)）、制御概念とガバナンス概念を区別して、法学にとっては前者がより重要である、と考えている。

147)　参照 Trute / Denkhaus / Kühlers (Fn. 140) S. 454 ff.; Franzius (Fn. 146) S. 186 ff.; Schuppert (Fn. 135) S. 375 ff.

148)　代表的には Schuppert (Fn. 135) S. 375 ff.

149)　たとえば Ruffert (Fn. 9) S. 58 は、ガバナンス構想によって、ドイツの概念としての「制御（Steuerung）」が国際的な議論と比較的うまく接続可能になったとする。

150)　代表的には Helmut Willke, Ironie des Staates (1992)、法的には Gunther Teubner, Recht als autopoietisches System (1989).

反論は社会学においても法学においても強い。

　こうして、もう1つの制御学が構成される。こちらの制御学にとってみれば、先のシステム論では、実際に諸アクターが交錯している現状をうまく描けないという。つまり国家、準国家、非国家の相互関係、国家と非国家の共生関係などの相互に入り組んだ介入の関係性を捉えることができない。そこで、やはり制御アクターへの着目を強調する制御学が形成された（たとえばマインツ）。この理論では国家による制御の潜在力が再評価されることとなる。ここで考えられたのは、国家による一方的制御の形式ではなく、社会の自己制御と政治的制御の組み合わせである。現在では、公法学で使われる制御概念の大半がこの後者の主張である「アクター中心」とした制御概念となっている。そして、これがガバナンス構想の出発点となる。したがって、以下では、この後者の意味で「制御」概念を使うこととする。

(2)　「ガバナンス」の使われ方

　国家及び私的アクターという多様なアクターが、さまざまな形式と手段を通じて、社会の多様性、複雑性、動態性に対してリアクションする、そのあり方をガバナンス構想だと語ることができる、と考えられている。制御学からガバナンス構想へと視点を転換すれば、それが可能になるという。

　「統一的に考えられた行為主体としての一国家が作用するのではなく、国家的アクターと非国家的アクターが一定の目標を達成するために、制度的な構造の内部で行為

---

151)　たとえば Renate Mayntz, Politische Steuerung und gesellschaftliche Steuerungsprobleme, Jahrbuch zur Staats- und Verwaltungswissenschaft, Bd. 1 (1987) S. 89-100.; Fritz W Scharpf, Politische Steuerung und Politische Institutionen, Politische Vierteljahresschrift 30 (1989) S. 10-21.

152)　Gunner Folke Schuppert, Grenzen und Alternativen von Steuerung durch Recht : in, Dieter Grimm, Wachsende Staatsaufgaben S. 217-249 ; Voßkuhle (Fn. 121). 一方で、制御学そのものに原理的な批判を行うものとして、Oliver Lepsius, Steuerungsdiskussion, Systemtheorie und Parlamentarismuskritik (1999).

153)　Vgl. Renate Mayntz, Governance theory als fortentwickelte Steuerungstheorie?, in : Schuppert (Fn. 7) S. 11-20.

する。任務は多数のアクターが共同して達成されるので、この観点は、その限りで組織の限界を超えられる」。〔傍点引用者〕

このガバナンス構想を実現するには、諸アクターは、多かれ少なかれ自律的であることが前提とされなければならない。しかも、制度的な構造は、アクターの行為を決定するわけではない。むしろ、構造によって、アクターが決定する余地を作り出すことに貢献する。つまり、自律的なアクターの行為可能性を構造によって開いておく、ということになる。この見方は、いわば「全体論的な観点」によるもので、これによれば、構造と行為の相互作用を通じた「自省的関係」に着眼する、「動態的観点」とも結びつくことになる。これは、社会の多様性、複雑性、動態性という現状認識を前提とすれば、それに照応する観点として有意義、ということになる。

しかし、このような「ガバナンス」の構想は、どこか流行や現状に追随するような無反省さがつきまとう。行政改革の議論を中心となって推進する公法学者のホフマン゠リームですら、ガバナンス構想には「モードのエチケット」がつきまとっていて、「概念保守主義」としての法学に馴染むのかという疑いをさしはさまねばならない、と警告している。

そこで、次に、この「ガバナンス」をできるかぎり相対化して、客観視できるように、このことばの使われ方を見ることにする。

① ハイブリッドな「ガバナンス」

ドイツ流の「ガバナンス」は、NPM の流れを汲む「マネジメント」概念とは方向性が異なっている。一方で「マネジメント」は、分析視角として個々の組織を念頭に置いており、その内的制御をはかりながら結果を重視するため、効率性重視から民営化・アウトソーシングへと至る市場主義的発想に基づいている。他方で、ガバナンスは、国家アクターと私的アクターの協働を前提としたネットワークによって、任務分担と自己規制・自己調整をはかる。そこでは、国家は規制手法をとるよりも、むしろそれら諸アクターの責任を保障する

---

154) Trute / Kühlers / Pilniok (Fn. 92) S. 174.
155) Hoffmann-Riem (Fn. 93) S. 195.

保障国家へと移行してゆく[156]。

　次に、この「ガバナンス」を似て非なる「ガバメント」概念と比較する。「ガバメント」は、「国家 vs. 市場・社会」という図式のなかで、国家に焦点を当てる。そのヒエラルヒッシュに制度化された民主主義を運用するために、立法による許可と禁止を定める。これがガバメントとすると、これに対して「ガバナンス」は、国家・市場・その他のネットワークを相補的な制御形式と捉えて、ヒエラルヒー・交渉システム・競争メカニズムといった手段とを組み合わせることで、諸アクターのネットワーク形成をはかる。

　すると、ガバナンス構想によれば、国家による規制という手法をとるのか、あるいは反対に、市場にゆだねる市場主義の手法をとるのかという二者択一ではなく、それらをともに取り込みつつ、そこに登場する諸アクターの関係性を調整することとなる。このガバナンス構想の目論見は、現実に即応できる理論を構成することであって、ガバナンスということばは、現実の各アクターの行為間の関係性をできるだけ忠実に説明することばとして使われることになる。それゆえ「規制」や「市場主義」といった純化された「型」として提示されるモデルではなく、より複雑で「ハイブリッド」な形式として考えられることになる[157]。

---

156) Gunnar Folke Schuppert, Was ist und wozu Governance?, Die Verwaltung 40 (2007) S. 465 f., S.487 f. また前掲注136の文献を参照。

157) Christian Hey / Klaus Jacob / Axel Volkerey, REACH als Beispiel für hybride Formen von Steuerung und Governance, in : Schuppert / Zürn (Hrsg.) (Fn. 92) S. 435 f. は REACH に特徴的な「規制された自己規制」と規制の基準設定のメカニズムを次のように考える。①公的リスクコミュニケーションのメカニズムとして、疑いある物質に対して、市場、消費者（Verbraucher）ないし公衆（Öffentlichkeit）をリアクションさせる（学習メカニズム）。②安全性に関するデータについて、物質製造者（Hersteller）と使用者（Verwender）が参加しなければならない情報システムをつくり、その情報システムを通じて、ユーザー（Anwender）を自己責任のリスク評価とリスクマネジメントに組み込むという、化学的安全性と適切なリスクマネジメントに関する製造者（Produzent）の義務的自己規制（学習・強制メカニズム）。③物質登録について、物質情報の準備を、数量、物質の性質、曝露に応じて段階づけられた義務的制度に用いることが予定されている。かつての化学物質法とは対照的に、物質情報の準備がなければ上市できない。おまけに、認可と制限の手続が、使用者の許可と禁止を含む。④委員会提案はたんに枠↗

第 1 部　方　法

②　規範概念と分析概念

　ガバナンスのことばが使われる頻度と価値が最も高いのは EU、国際協力（OECD、世界銀行）の分野だといわれる。それは端的に、超国家的なアクターを考慮に入れられるからである。この際に、ガバナンスが「規範的概念」と「分析的概念」とともに使われていることに注意すべきである。これらはともに方法的に区別して用いることが有益だと思われる。[158]

　規範的概念としてのガバナンスは「グッドガバナンス」と呼ばれるように、ガバナンスのあり方を評価する際の指標、目標を前提におく。[159] ガバナンスが一般的に使われているのはこの用法であり、たとえば OECD において開発途上国の発展可能性、世界銀行における貧困・腐敗を審査する際に用いている。ここでのガバナンスは、質を確保させるための指標・規範となっている。

　これに対して、分析的概念としてのガバナンスは、ガバナンス構造の構成を分析することに目を向け、これによってガバナンスの存在を根拠づける法治国家及び民主主義の質の評価につなげる。ここでの関心は、国内公法上の「ガバナンス」であり、対象を分析的概念としてのガバナンスに限定する。

　↘組みをつくり、基本的なルールと手続を定めるだけである。それゆえこの枠組みはさらなる具体化と操作可能になる基準とその手続を必要とする。この点について REACH は国家的アクターと非国家的アクターを含む協働の執行プロセスを広める（学習・促進メカニズム）。REACH はこれら 4 つのメカニズムから成り立っているという。REACH を定式化する過程は、協働とアリーナと政治化されてしばしば対立するアリーナの混合において行われ、これらアリーナでの妥協を探求することがガバナンスを表す。つまりここにはさまざまな産業界、環境団体、消費者団体からの参加者、構成国代表、専門家が登場し、それらの協働による REACH の定式が試みられる。

　　なお、このような純化されていない「ガバナンス」を、Schuppert (Fn. 156) S. 467 ff. は、理念型としての「ガバナンス」と区別して、広義のガバナンスとし、広く使用可能な概念を提示する。

158)　Vgl. Schuppert (Fn. 156) S. 474.
159)　グッドガバナンスについては Hermann Hill, Good Governance, in : Schuppert (Hrsg.) (Fn. 7) S. 220 ff.

(3) ガバナンスの法的特徴

　ガバナンス構想は、もともとアングロサクソンの文化を背景にして登場した。そこで生まれた政府と行政の上位概念である「ガバメント」に結びつくようにして「統治（Regieren）」という観念が生まれている。たとえば地方、地域、国家、ヨーロッパ、グローバル世界というように、行為のレベルの多様化が現代の「統治」の特徴とされる。このさまざまなレベルで、アクターの利益が多様化し、解決すべき問題が複雑化する。そこでは、ドイツの法的伝統の前提だった公／私の区分が通用しなくなり、多様なアクターの交錯を説明する必要がある、と考えられるようになった。[160]「ガバナンス」が登場してきた背景には、国家任務の変動、行政主体の多様化が認められるのである。すると、ガバナンスについて、従来重視されてこなかった法的特性が強調されることになる。ここでは、法規範、国家、国家による規律の3点について、そのガバナンスの法的特性を見ることにする。

① 法規範

　ホフマン＝リームによると、「法規範」の観点からガバナンスの特性を次のようにまとめることができる。[161] (a)法規範は、元来、許容しうる行為に対して、規範的な前提条件となる「行為規範」と理解されていたが、そこにさらに、裁判所、会計検査院、政府などによる「統制規範」としての理解を加える。それは、裁判所による事後的な審査よりも、社会内での事前の手続による統制を重用することになる。(b)法以外の、価値、経験そして社会的知を積極的に取り込む秩序として、法規範を理解する。(c)法規範といっても単独ではなく、原理、構想、手続、制度などの多様な法規範の文脈においてそれぞれの諸規範を調整するなかで、適用する法規範が発見される。(d)法規範によるアクターの統制は、たんに、法的制御の主体と客体といった一定のアクターに限定されるので

---

160) Gunnar Folke Schuppert, Die öffentliche Verwaltung im Kooperationsspektrum staatlicher und privater Aufgabenerfüllung, Die Verwaltung 31 (1998) S. 415 ff.; Veith Mehde, Kooperatives Regierungshandeln, AöR 127 (2002) S. 655 ff.; Hoffmann-Riem (Fn. 93) S. 197 f.
161) Hoffmann-Riem (Fn. 93) S. 199 ff.

第1部　方　法

はなく、関連する諸アクター間の共同、相互作用のなかで行われる。(e)それら相互作用を調整するためには、たんに成文法や判例などの「ハード・ロー」だけではなく、法外的な価値や文化、経験的世界に由来する「ソフト・ロー」を用いる。(f)このためにも規範タイプが条件プログラムだけではなく、目的プログラム、最適化原理、構想、ルール、手本、計画などのさまざまな規範を利用することになる。

② 国　家

(a)国家内外の関係の多様化（交渉国家、調整国家、コミュニケーション国家、協働国家など）が認められる。(b)フォーマルな行為をインフォーマルな行為によって補完する。(c)PPPのような分業形式によって、国家と私人の境界を横断することで、公法と私法の区別も疑問視され、公法・私法が相互に受けとめ合う法秩序として理解される。[162] (d)ネットワーク化（セクター、地域ネットワーク、専門家ネットワーク）が見られる。(e)規範化の要請が、議会だけではなく、政府による（gubernativ）規範定立と行政による規範定立に対しても行われる。

このように、ガバナンス構想は、(a)法規範から柔軟に対応するためのインフォーマル性、(b)それを民主的に確保するための手続の重視、(c)その行政過程に参加するアクター間の水平的関係への注目、(d)全体構造を見るための全体論的観点、(e)社会の自己制御への信頼、(f)責任の所在の再検討の必要、といった点が特徴として挙げられる。つまり、主体の不明確性、実体法より手続法、規範秩序と組織間関係の水平性志向、国家による規制より社会の自己制御、行為より行為間の構造、責任の所在の不明確性、部分ではなく全体的な観点からの問題対処、といった諸観点の再編成が行われることになる。

③ 国家任務の規律

ガバナンス構想では、国家は後退するのではなく、再規制（Re-Regulierung）が求められる。

---

162) Vgl. Wolfgang Hoffmann-Riem, Öffentliches Recht und Privatrecht als wechselseitige Auffangorndungen, in : ders. / Schmidt-Aßmann, Öffentliches Recht und Privatrecht als wechselseitige Auffangordnungen (1996) S. 271.

「国家の広汎な後退が求められていたところでは、たいていは、国家による特定の措置だけが少なくとも投入され、それ以上に、公益や個人的利益の保障については国家は期待されていない。しかし、国家は、その他に、市場（例、失業問題）、技術発展（例、特許、著作権による商品化保護の必要性）、危殆化状況（例、環境破壊）、または、より一般的な社会変動の過程（たとえばグローバル化と移動によって引き起こされるもの）といった事柄が帰結する問題について、制御任務を果たさなければならない。国家がそのような期待に応えようとするなら、国家は『最小国家』ではありえない」。[163]

そして、国家は自らの任務を「ヒエラルヒッシュな行為モデル」で遂行するのではない。「社会の自己制御」と「国家の責任」との共演によって任務を行う可能性が増える。それゆえ、国家はますます、協働と調整の水平的な制御形式をとるようになる[164]。

このように観察される「国家」は、もはや数多のアクターのうちの1つにすぎない。それでもその国家は、「高権的権能」を持ち続ける[165]。この高権的権能は「垂直的な制御」を行う可能性がある。

「かかる可能性が意味を持つのは、かような高権的権能の担い手が、自身の任務を、その高権的権能の投入によって優先的に行うのではなく、可能なかぎり水平的な相互関係において果たそうと努める場合である[166]。」

高権的権能の担い手が持つ垂直的制御は、社会的な調整が行われなかったり不十分であったりした場合に、それを高権的権能の担い手が引き受けて制御したり、あるいは高権的な制御によって社会的調整を促進させる。

---

163) Hoffmann-Riem (Fn. 93) S. 203.
164) Hoffmann-Riem (Fn. 93) S. 203 f, ここに引用された Arno Scherzberg, Wozu und wie überhaupt noch öffentliches Recht? (2003) S.15 f. によると、「国家は『地方、地域、国家、超国家のレベルでの、きわめて多様なアクターのネットワークのたくさんの結節点』のうちの1つであり、そこでは政治組織、経済的な企業、利益団体、そして自然発生的な市民運動が、自らの、依然として部分的で領域的な決定システムと調整システムを展開する」と描かれる。
165) Hoffmann-Riem (Fn. 93) S. 204.
166) Hoffmann-Riem (Fn. 93) S. 205.

第 1 部 方　　法

　このようなガバナンスの観点が入ることで、公法上の法関係が様変わりする。制御学としてアクターの行為を中心に構成していた主観法的構成も、ガバナンスの全体論的な構造把握の視座が導入されることによって、複雑な法関係を顧慮しなければならなくなるからだ。すると、法的構成は複雑になる。行政の活動は、法適用では当然、法に基づかねばならないし、その活動が法秩序の予定した限界を超えたかどうか、その法的許容性を審査（適法性の審査）しなければならない。しかし、この適法性審査も、帰結や帰結の帰結（アウトカム、インパクト）をどこまで考慮しなければならないのかは一義的ではない。さらには、行政の活動において参照される法が、統制の段階では考慮されない、ということさえありうるという。[167]

　また、国家の地位が、国家任務を遂行する各アクターのうちの 1 つとして平準化されたとしても、国家に残存する高権的な権能については、法的に正当化されねばならない。ここに、高権的権能の保持という「国家性」を、それが平準化されていくなかで、いかに正当化を意識的に確保するかという「正当化問題」が見出されるのだ。

2　規律構造の概念

(1)　規律構造

　「ガバナンス」構想を公法学が受容できるかどうか考えるには、「規律構造（Regelungsstruktur）」の議論が参考になる。

①　トゥルーテ

　トゥルーテ、デンクハウス、キューラースは、その共著論文において、「ガバナンス」を法学に接続可能だと考える。「法学の議論にすでに導入されている規律構造の概念」と明確な類似が示されているから、と述べる。

　ここで、「規律構造」とは、個々の法規に目を向けるのではなく、調整機関、

---

167) Hoffmann-Riem (Fn. 93) S. 212. ここに法関係における行政訴訟、行政手続の問題が生ずる。

調整手法といった諸要素の全体を俯瞰するように観察することで、それらの結びつきと相互作用に関心を向ける概念である[168]。したがって、これは、メタレベルでの視点からさまざまな協働関係を見ることになる。「規律構造の概念は、国家周辺セクターの規律構造と遂行構造という社会学的考察に接続することで、法学の議論に導入されたものである。国家的アクターと私的アクターの共演を記述するには狭すぎる制御概念を、国家による制御と社会の自己制御という、経験的に観察可能な概念に取り換えるために」導入された[169]。この規律構造概念をおそらく最初に法学に採り込んだのがトゥルーテである[170]。インフォーマルな制御形式、協働の制御形式、国家による制御のプロセス化・手続化（Prozeduralisierung）、民営化による国家の負担軽減、行政法総論の改革、行政改革を背景として、国家と非国家アクターの任務分担・責任分担を整序する試みが問われ、この公私の交錯状況を構造的に理解するため、トゥルーテがこの概念を法学に採り入れた[171]。

「規律構造の概念と関係づけることによって、任務遂行の全体的な制御連関を、国家アクターと私的アクターの協働と見るようになる。このパースペクティブによって、

---

168) 肯定的に使おうとするのは Gunnar Folke Schuppert, Verwaltungsorganisation und Verwaltungsorganisationsrecht als Steuerungsfaktoren, in: GVwR, Bd. I (Fn. 79) § 16, Rdnr 26. 批判的には Voßkuhle (Fn. 121) Rn. 70; Hoffmann-Riem, Eigenständigkeit der Verwaltung, in: GVwR, Bd. I (Fn. 79) § 10, Rn, 5.

169) Trute / Denkhaus / Kühlers (Fn. 140) S. 457 f.

170) Hans-Heinrich Trute, Die Verwaltung und das Verwaltungsrecht zwischen gesellschaftlicher Selbstregulierung und staatlicher Steuerung, DVBl (1996) S. 950 ff. もともと「規律構造概念」は経済学及び社会学において使われていた概念であり、超国家化、グローバル化、協働国家といった観念のもとで制御主体と制御客体の区別が曖昧になった、と現実社会を認識し、とりわけ「グローバル」な領域で、国家を中心的な制御主体として見ることにあまり意味がなくなったと認識する。代表的には Mayntz (Fn. 153) S. 11 ff. これに同意する者として Schuppert (Fn. 135) S. 380 f. なおこれによると、規律構造概念を導入する下敷きとして、行政手続と行政組織による制御が議論されており、そこから行政行為を構造的に把握する動きがあった（Schuppert (Fn. 7) S. 384 ff.）。

171) Vgl. Helmuth Schulze-Fielitz, Grundmodi der Aufgabenwahrnemungen, in: GVwR, Bd. I (Fn. 79) § 12, Rn. 118 ff. は規律構造を、民営化の文脈において「私人による任務遂行を可能にするため」のものと見る。

第1部 方 法

……特定の任務領域のなかで、さまざまな行為の合理性と、制御目標達成のための、国家アクターと私的アクターの法秩序（Rechtsregime）を機能的に結びつけることができるようになる。」[172]

この規律構造を法学に導入することで、「国家による制御」と「社会の自己制御」の混合形式を説明できるようになるという。

「この概念は、この観点から規範的な要請を規定するために、国家アクターと私的アクターを包括する任務遂行の連関に応答する機能を持ち、さらにこれを包括的な構造として記述・分析可能なものにする機能を持つ。」[173]

ここでは、「国家による制御」だけではなく、それに「社会の自己制御」を結びつけ、それを法的に捉えるための多元的な法関係論が提示された。つまり国家と、規律構造に参入した私人と、そこで制御される名宛人とのそれぞれの法関係である。この議論の意義は、「規範に整序された実態の全体考察を可能にすること」、「実際の構造とさまざまな利益構造を視覚化すること」、そして「多面的な法関係の秩序枠組みとして使えること」にあるとされる[174]。さらに、この法関係の広い理解によって、実体法・手続法・組織法の各次元を包含できるようになる。トゥルーテは、この多元的法関係論を、「ガバナンス＝規律構造」へと発展させ、アクター間の行為を調整する法的なメカニズムだけではなく、非法的メカニズムをも考察しようとするのである。

「規律構造が主題にするのは、個々の調整の体系的連関にかぎらない。さまざまなアクターの共演を調整し、任務のために具体化された制度的アレンジにも目を向けている。行為アクターが、制度的なアレンジによって規定されても、それによって行為が決定されるわけではないように、行為アクターの独自の論理を承認することになる。

---

172) Trute (Fn. 170) S. 951. なお、ここで使われている「法秩序（Rechtsregime）」とは、公法・私法区分論を克服するために考えられている概念で、「行政の法（das Recht der Verwaltung）」が公法の部分領域とだけ考えられるのではなく、そのつど、公法と私法の該当する法命題を適用するものとして考えるための、公法・私法をともに含んだ法秩序を指す。Vgl. Martin Burgi, Rechtsregime, in : GVwR, Bd. Ⅰ (Fn. 79) §18.
173) Trute / Denkhaus / Kühlers (Fn. 140) S. 458.
174) Trute (Fn. 170) S. 951.

郵便はがき

6038789

料金受取人払郵便

京都北郵便局
承　認
4036

414

差出有効期限

平成30年4月30日
まで〈切手不要〉

京都市北区上賀茂岩ヶ垣内町71

法律文化社
　　読者カード係　行

ご購読ありがとうございます。今後の企画・読者ニーズの参考，および刊行物等のご案内に利用させていただきます。なお，ご記入いただいた情報のうち，個人情報に該当する項目は上記の目的以外には使用いたしません。

お名前（ふりがな）	年　齢

ご住所　〒

ご職業または学校名

ご購読の新聞・雑誌名

関心のある分野（複数回答可）
法律　政治　経済　経営　社会　福祉　歴史　哲学　教育

愛読者カード

◆書　名

◆お買上げの書店名と所在地

◆本書ご購読の動機
□広告をみて（媒体名：　　　　　　　　）　□書評をみて（媒体紙誌：　　　　　　　　）
□小社のホームページをみて　　　　　　　□書店のホームページをみて
□出版案内・チラシをみて　　　　　　　　□教科書として（学校名：　　　　　　　　）
□店頭でみて　　□知人の紹介　　□その他（　　　　　　　　　　　　　　　　　）

◆本書についてのご感想
　内容：□良い　□普通　□悪い　　　　価格：□高い　□普通　□安い
その他ご自由にお書きください。

◆今後どのような書籍をご希望ですか（著者・ジャンル・テーマなど）

＊ご希望の方には図書目録送付や新刊・改訂情報などをお知らせする
　メールニュースの配信を行っています。
　　図書目録（希望する・希望しない）
　　メールニュース配信（希望する・希望しない）
　〔メールアドレス：　　　　　　　　　　　　　　　　　　　　　　　　　　　　〕

そのかぎりで、アクターがたんに法的な要請だけではなく、同時に、行為に影響を与える他の社会的な協調メカニズム（Koordinationsmechanism）に服していることが明らかになる。このことが規範的に重大かどうかは、それが具体的な任務との関係でそのつど決定されるべき別の問題である。それゆえ規律構造に合わせることで、パースペクティブの変更が行われる。つまりこの変更は、行政法学の伝統的な個々の行為を志向したパースペクティブをメゾレベルで補完することになるが、代替することができるわけではないし、そもそも代替させようともしていない」。「このかぎりで、誰が誰をどのような手段で制御するのかという問題から、次の問題へと関心は移行する。つまり、どのような制度的構造の内部でアクターが行為し、それゆえその構造がどのように行為を刻印づけ、それによって、企図された目的が、所与の憲法上の枠組条件に到達できるのかどうか、という問題へと移行する。まさしくシュッパートが診断したように、法の理解のためのパースペクティブの転換であり、法の機能は、制度的なコンテクストのなかで、多かれ少なかれ自律的なアクターの行為を可能にし、構造化し、そして限定するということにも見出すことができる」。[175]

このように、一方で、自律的なアクターが決定することを保障し、他方で規律構造の制度によってアクターの行為が影響を受ける。たんにアクターが他のアクターを制御するだけではなく、それらの相互関係と、それらすべてを構成する構造が重視される。そこで、それら各アクターの多元性を調整するために、組織法や手続法がますます重要になるというわけである。[176]

② フランツィウス

フランツィウスも、国家的なるもの（Staatlichkeit）は今や根本から変容を蒙っている、という認識を前提に、諸アクターを構造的に把握できるガバナンス構想を公法学に導入しようとする。[177]ヨーロッパ法によって私的アクターが流動的になり（超国家的でグローバルな文脈での「脱国家化」（Entstaatlichung））、[178]国家的なるものの領域に私的アクターが登場し、国家による制御オプティミズムは非難の対象となり、構造的に調整を行う発想が必要だと言う。「ガバナンス」

---

175) Trute / Kühlers / Pilniok (Fn. 92) S. 177 f.
176) Trute / Denkhaus / Kühlers (Fn. 140) S. 469.「関心は強烈に構造的レベルへと移行する。すなわち組織法、さまざまな諸アクターの協調の手続へと関心が移る。」
177) Franzius (Fn. 146) S. 186 ff.
178) Franzius (Fn. 146) S. 191.

を「規律構造」の概念として構成することによって、ガバナンス構想を法的に利用できるようにする。フランツィウスによれば、規律構造には制御学のパラダイムでは把握できなかったことを捉えられる、という利点がある。規律構造は「包括的な作用のパースペクティブという観点で諸アクターの相互作用を『可視化』するために、中心的制御（zentrale Steuerung）という観念を相対化したが、国家は公共善の中心的アクターとして引き合いに出され続ける」[179]。フランツィウスによると、「国家による制御」も「社会の自己制御」も相互補完的に作用し、全体として一定の制御作用を獲得することになるが、そのような考え方からは、「その制御の結果を国家に帰責させることが難しくなる」という問題が出てきてしまう。これに対して、「規律構造」の発想を使えば、諸アクターの相互作用の条件、基準、形式を、その全体的観点のもとで主題化できる。制御の構想は、制御主体と制御客体の区分からはじまり、制御行為と制御結果を区別した。これによって、制御主体の制御能力や制御客体の制御可能性を顕在化させ、しばしば環境法などの分野で典型的に見られる「執行の欠缺」（Vollzugsdefizit）の問題が指摘されることとなった。しかし、任務遂行のなかに私的アクターがどんどん含まれるようになると、「いったい誰が誰を制御するのか」という問題に答えるのは難しくなる。

　これに対して、ガバナンス構想では、関係する諸アクターの多元性を許容し、それら各アクター間の調整を行うために、それに見合った法的な制御形式をさまざまに分節化する。つまり、帰責の問題、国家による規制と自己規制の共演の問題、目的・手続・組織を結びつける問題、そして規範的な正当化の構成の展開について取り上げ、加工していく。

> 「法は、現実診断に目を向けることで、たんなる統制志向の決定となるだけではない。行為の観点においては、法的協調形式と非法的協調形式を結びつけるので、これを規律構造の統合的な要素とみなすことができる。そうした規律構造の制度の下で、ガバナンスの法学的な一構想が展開できるだろう」[180]。

---

179)　Franzius (Fn. 146) S. 194.
180)　Franzius (Fn. 146) S. 196.

この「協調形式の統合」を実現するために、法は構造化機能を持たねばならなくなる。

　「規律構造の分析は、特定の協調手法を代替したり排除するものではなく、ヒエラルヒーと協働、命令と契約の手法が並存することや、競争、交渉志向、ネットワーク関係、社会との結びつきという性質が並存するために、構造問題に目を向けたのである」[181]。

　フランツィウスは、これを法学的に基礎づけようとする。

　「法学を、単一因果の導出を示す制御学としてだけではなく、制御の観点を構造に転換するところまで広げ、自省的な規律学として理解する」[182]。

　これによって、組織の制御と組織法の制御だけでなく、私人が公共善に寄与するよう仕向ける仕組みを議論の俎上に載せる[183]。そして、行為をベースに思考する法学の理解に規律構造という構造志向の理解がそぐわないのではないか、という制御学の論者から問われる問題について、3つの回答を提示する。
　(a)制御学の論者は、ガバナンス構想における制御の観念を過度に高く見積もっており、それによって、法適用のレベルが、アクターの自己プログラム化の多様な形式によって脅かされているふりをしている。(b)制御学は、(事実の認識に流されず)規範的な思考方法を軸とするので、法学のために制御学に固執するというが、規律構造の理解は法学と整合しており、ガバナンスは重要な認識を法学に与えられている。(c)制御学だと中心的なアクターに凝り固まって、多様なレベルの作用を十分に把握できないが、規律構造は構成的に法を展開できる[184]。
　以上のように、トゥルーテらの規律構造の議論もフランツィウスの議論も、同じ方向を向いている。規律構造が、国家アクターと非国家アクターの関係性を観察する、という全体論的観点の導入によって、国家任務遂行主体の交錯状

---

181) Franzius (Fn. 146) S. 200.
182) Franzius (Fn. 146) S. 201.
183) Franzius (Fn. 146) S. 201 f.
184) Franzius (Fn. 146) S. 202 f.

況を構造的に把握しようとする。とくにフランツィウスによって、明確に対照化されたが、「制御学」では、制御主体が制御客体を制御している、という見方にとらわれていたのに対して、「規律構造」では、それぞれの「自己制御」と「相互調整」に焦点が当てられる。というように、前者が主体に着目するのに対して、後者は主体間の構造に目を向ける。ただ、その場合に、構造への視座転換が、主体の特性を見失わせることにならないのか、という疑問が生じる。とりわけ、前者の場合に強く意識されていた国家独自の役割が、どうしても相対化・平準化されてしまうのではないか、と思われるのである。たしかに、フランツィウスは「国家は公共善の中心的アクターとして引き合いに出され続ける」と述べていても、国家の高権的性格は相対化されてしまうはずだろう。

そこで、もし規律構造のこの構造主義的観点を公法学として受け継ぐのであれば、どうしても国家の役割（任務）を明確化しておく必要がある。[185]規律構造としてのガバナンス構想は、調整の中心的役割を国家が担う、という法的な与件が求められねばならない。[186]国家が高権的権能を持つからこそ、調整の中心的役割を担うことができるはずだと考えられる。ここに規律構造の構想の課題が残される。これについては、第3部第3章で再び取り上げる。

(2) 方法論

「ガバナンス」構想を法学にとり入れようとするドイツの学説動向は、法学が行政に関する多様なアクターとその関係性を認識するための「現実」を十分に把捉できていないことに起因する。それゆえ、諸主体間のネットワーク形成とその調整を行うガバナンス構想を法学にとりこむ努力はある程度は首肯できる。しかし、同時に、ガバナンス構想を法学が受けとめようとすると、従来と異なる方法論を考えなければならない。

ここでは、①学際性を法学がどのように扱えばよいのかという学問方法論

[185) ここに、国家の責任の担い方として、保障国家論が議論される。参照、前掲注136。
[186) たとえば多元的法関係論でも、法関係が多元的であるという認識だけでなく、それらの関係性を調整する原理を導かなければ、多元的法関係論は意味をなさない。参照、原田大樹『自主規制の公法学的研究』（有斐閣、2007年）280頁以下。

と、②行政決定において現実をどのように認識すべきか、という法学方法論から、ガバナンスの方法論の問題設定を行う。

① 学問方法論

フォスクーレは、超国家的な問題や国家間の国際的な問題に関して、社会学・政治学におけるガバナンスの概念は、もはやそれなしには十分に考えられなくなった、と述べている。しかしそれでも、法学において「ガバナンス」を使うことについては消極的である。

> 「それでも、(行政)法学については、ガバナンスはその曖昧な意味内容ゆえ、そしてその概念使用の任意性ゆえにほとんど受け止められていない。」[187]

制御概念の方が行政法学にとって依然として優れているという。それゆえ、フォスクーレは、「制御からガバナンスへという一般的な視点の転換も規律構造も、あまり実りあるものとはいえないだろう」と言う。

> 「法の機能というのは、その核心において、明確な権限分配と規範的な帰責に基づいている。それゆえ、法学の考察の中心には、個々のアクターとその具体的(法的)行為能力及び義務がなければならない。これは決して、行為をとり巻く環境の構造分析を排除するものではない。しかし、法学の考察は、少なくとも新しい法概念が発見されないうちは、従来の法的基本カテゴリーに接続し続けることができなければならない。」[188]

フォスクーレは方法論上、経験的・分析的認識と規範的言明とを区別し、前者を後者に還元させる自省的手法を採り、実務に適合できる法学形成を目指す。[189]

この方法論上の問題については、ガバナンス構想の論者も理解しており、それでもなお、ガバナンス構想を前提とした規律構造の構想が優れていると考えている。

---

187) Voßkuhle (Fn. 121) Rn. 70.
188) Voßkuhle (Fn. 121) Rn. 70.
189) Voßkuhle (Fn. 121). ただしこれが具体的にどのように展開されるのかは今のところ未知である。

第 1 部 方　法

「法学はたしかに、原理的に、その規範への方向づけに関心を持つ規律構造への限定された視角を持っている。しかし、こうした観点は、部分的に受けとられてきたような狭いものではない。法秩序は行為形式だけではなく、構造も、とくに組織形式と手続様式も準備している。それは、決定を確定するものではなく、可能性の余地を作り、行為の回廊を開放するものである[190]。」

行為だけではなく構造も把握できる構想として、ガバナンス＝規律構造が考えられる。

「〔法は〕近年ではますます強く、構造的な行為の前提に目を向け、構造的なレベルに関心を移している。そこでの法の機能は、たんに制約をするだけではなく、多様な行為の合理性を含んだ決定の諸前提を可能にするものでもある。これにともなって、非法的な制御の要素に視点が拡がり、その要素の投入は法によって指揮され、飼いならされる[191]。」

ガバナンス論者によると「ヨーロッパ化」・「国際化」・「超国家化」・「民営化」というキーワードに表される現象を法学が捉えるためには、制御学では行為を中心にしか構成できないため、「政治の制御は、さまざまな国家及び非国家のアクターを通じて克服されるべき任務の社会的多元性、動態性、複雑性へのリアクションにおいて、そして分野に応じたさまざまな形式と手段によって行われるが、もはや必ずしも中心的な制御主体にはその能力があるとはみなされない」と認識される[192]。

一方で、帰責連関と法効果の連関に着目することで、制御概念が法学の道具立てとして使われやすくなるという考え方がある[193]。他方で、国家性の変動に適合する形式として、構造と行為の関係を主題化する規律構造＝ガバナンスの構想は、法学にも十分接続可能だという主張が立てられ、両者が対立する。

---

190)　Franzius (Fn. 146) S. 194 f.
191)　Franzius (Fn. 146) S. 194 f.
192)　Trute / Kühlers / Pilniok (Fn. 92) S. 173.
193)　Voßkuhle (Fn. 121) ; Hoffmann-Riem (Fn. 168) ; Christian Bumke, Die Entwicklung der verwaltungsrechtswissenschaftlichen Methodik in der Bundesrepublik Deutschland, in : Hoffmann-Riem / Schmidt-Aßmann (Hrsg.), Methoden der Verwaltungsrechtswissenschaft (2004) S. 73-130.

ここに現れた問題は、社会学的には、一方で、行政の機能的に分化した合理的な政策の企画・遂行というシステム合理性と、他方で、行為理論をベースにして合意形成を目指すコミュニケーション的理性の緊張関係である、といわれることもあるが、この分析は必ずしも正しくない。むしろシステム論的には、機能的に分化されて異なるコードを背景にしているはずの政治システムと経済システムの混合が分析されうるだろう。[194]

もっとも、経済的効率性を追求すること自体は、純粋にはとり除かれるべきことがらではないため、かかる実践的要請を法学がいかに受けとめるかを考えねばならず、この関係をたんなる対立・競合と捉えず、協調・融和として形成することが求められている、といえよう。このことを、法学的にどのように試みられるべきかが問われているが、法学の培ってきた、主体・客体といった意思主義的な行為理論ベースの思惟様式を簡単に捨て去るのではなく、できるだけそれを基点にして、議論を構成することが求められなければならない。したがって、法学は他の学問との関係において、開放性と閉鎖性とを冷静に捉えていなければならない。

この点、シュミット゠アスマンの整理がこの問題の理解を促してくれる。[195] 法の実務家にも、学説にも共通した理解として、他の学問の認識は、本来的な区切り方では1度も法に組み込まれたことはない、というものだ。実務家にとって、たとえば騒音防止法におけるイミシオンが何を意味するかを決定するのは、行政官吏か裁判官であり、科学者ではない、と。そして、それは学説の場合も同様に考える。学説の場合は、さらに、非法的な学問認識について、法システムの基点を確認したうえで、そこから受容されうる議論を構築する。隣接学問への規範に与える影響を求めるのだという。したがって、それぞれの学問的なアイデンティティを放棄せずに、異なる観点をまとめあげる。このために、その受容メカニズムと受容のバリアーとしてのフィルターを画定しなければならない。そこで使われるのが「キー概念」や「架橋概念」などと呼ばれる

---

[194] Niklas Luhmann, Das Recht der Gesellschaft (1993).
[195] Schmidt-Aßmann (Fn. 120).

第1部　方　法

諸概念である[196]。これは「責任配分」、「保障国家」「規制された自己規制」、「情報化社会」といった概念である。これらは現実の諸条件が変動するなかで、規律モデルや法制度を、新たに受容するよう考えるために必要だとされる[197]。「よき行政（good governance）」という概念は、実務家には、怪しげな概念ではあるが、EU 基本権憲章41条で「よき行政への権利」が規定されると、これを法的に取り扱わなければならなくなるのだ。すると、法学方法論として、どう考えなければならなくなるのだろうか。

② **法学方法論**

　行政決定の前提として、行政が法ないし法律に拘束され、適法な決定がなされなければならない、という法治国家的観念が存在する。それゆえ行政は、法適用に際して、実体法上の与件に従わねばならない。したがって、従来の法学方法論では、法的な包摂が前提とされていた。しかし、近年では、行政決定に至る過程に、実体法上の問題と並んで、行政決定の内容に影響を与えるさまざまな諸要素のあることが指摘され、それをどのように参照すべきかが方法論上の課題となってくる[198]。

　まず、法の解釈・適用の段階での方法についての課題がある。ここでは、古典的な方法と、ここで求められる方法とを区別して考えてみる。古典的な法適用については、ルーマンによる定式がわかりやすい。古典的な方法では、法を〈要件—効果〉という条件としてプログラム化された規範と捉える。これを「条件プログラム」という。法律化にとっては最も基本的な、事実の規範への包摂の方法である。この一方で、現代的な法現象には、法において要件を予め規定できない問題がある。すると、法に目的を規定し、それを実現させるための「目的プログラム」としての規範が通用することになる。単純な法解釈だけ

---

[196]　Vgl. Gunnar Folke Schuppert, Schlüsselbegriffe der Perspektivenverklammerung von Verwaltungsrecht und Verwaltungswissenschaft, Die Verwaltung Beiheft2 (1999) S. 103-125.

[197]　Voßkuhle (Fn. 121) Rn. 40.

[198]　Vgl. Walter Krebs, Die Juristische Methode im Verwaltungsrecht, in : Hoffmann-Riem / Schmidt-Aßmann (Hrsg.) (Fn. 193) S. 209 ff. 解釈とドグマーティクと理論の関係については、第1部第1章3参照。

で、直ちに問題解決に導けない現象については、法概念の確定的な内容で複雑な社会的現実を捉えきれなくなる。すると、法律適用が段階化し、まず文理解釈、次に、歴史的・体系的・目的論的解釈そして、制度的・社会学的知が解釈で利用される。ここから、学際性を帯びたドグマーティク（ルーマンのいうセカンドオーダー）[199]とそれを自省的に観察できる理論（サードオーダー）が期待される[200]。

そこで、ガバナンスに関する行政の法学方法論にとって重要なのは、決定に至る過程での「法適用の立法要素」と「規範の現実領域への適用」だけではなく、決定に至る過程に関する諸要素の使用というドグマーティクの方法である[201]。

「規範内容と現実データに関する客観的確実性などは存在せず、ただ認識の相対的な正しさが存在するだけである[202]。」

この考え方は「構成主義法学」と呼ばれるもので、客観的真実の存在を認めず、経験的データに基づいて、「現実」を「仮定」として捉える[203]。この考え方に基づく論者は、法適用において、経験的データを「構成」する際に、調査、衡量などのさまざまなルールを持ち、それらのデータを選択して問題解決・決定に役立てる[204]。これまでの法学が法解釈に拘泥していたことを乗り越え、法適

---

199) 参照、本書第 1 部第 1 章 3 。
200) Schmidt-Aßmann (Fn. 120) S. 145. なお、この考え方について、林知更『現代憲法学の位相』（岩波書店、2016年）とくに同書所収の「国家理論からデモクラシー理論へ？」141-155頁は、ドイツ公法学の学説の任務が「解釈の基礎となる体系的枠組みを構築すること」と捉えていく「ドグマーティク」として展開していることを指摘する。そのうえで、ドグマーティクと区別された憲法理論の重要性が近年有力に主張されているとし、憲法解釈が判例や解釈論の自律的領域として性格を強めるのに対して、憲法理論がそこから距離をとった自省的考察をする別の視座を確保しようとしていると分析する。
201) Wolfgang Hoffmann-Riem, Methoden einer anwendungsorientierten Verwaltungs-rechtswissenschaft, in: Schmidt-Aßmann / ders. (Hrsg.) (Fn. 193) S. 22 ff.
202) Hoffmann-Riem (Fn. 93) S. 208.
203) Hoffmann-Riem (Fn. 201) S. 30 f.
204) Hoffmann-Riem (Fn. 201) S. 30 ff.; Hoffmann-Riem (Fn. 93) S. 208 ff.

用において現実認識を更新する学習機能をとり入れようとしている。これは、法規範が条件プログラムだけではなく、目的プログラムなどの、法効果の曖昧な文言をますます採り入れることに由来する[205]。法の要件・効果が比較的予測しにくい規範プログラムだからこそ、法適用における法の学習機能が重視されるようになるというわけだ[206]。

(3) 民主的正当化

民主的国家では、国家機関の活動は拘束力ある規範に留保されていなければならない。ドイツ基本法は同20条2項において「あらゆる国家権力は国民に由来する」と規定し、国家の決定が国民の意思に還元されることを予定している。ここから産み出される法律は、法益を創出し、国家の執行に実質的な正当化を媒介する。そして、国家行為及び決定過程を認める秩序・構造化・準備の機能を持つ[207]。この機能において法律は、国家行政の中心的な制御道具として、正当化の使命を引き受ける。

しかし、このように法律を理解することは、国家的制御が統一的になされるという「フィクション」を前提としている[208]。さらに、複雑で多様な主体の交錯を分析的に描出するガバナンスの構想がこの理解の上に重ねられれば、この法律の説明は困難となる。

第2部第1章で詳しく述べるが、民主的正当化の法解釈及びドグマーティクは、基本法20条と28条1項を基点として、学説と判例によって展開された民主主義理論である。国家任務を担う機関と職務者には、国民を基点とする不断の正当化連鎖が必要とされ[209]、民主的正当化が十分になされているかどうかは、制度的機能的、事項的内容的、人的組織的な形式に従って審査される。そして、

---

205) Hoffmann-Riem (Fn. 93) S. 209.
206) Hoffmann-Riem (Fn. 201) S. 31 ff.
207) Gunnar Folke Schuppert, Verwaltungswissenschaft (2000) S. 464 ff.
208) Matthias Kötter, Die Legitimation von Normen in Räumen begrenzter Staatlichkeit, in : Botzem, u.a. (Hrsg.) (Fn. 9) S. 653 ff. (とくに 659 ff.).
209) BverfGE 83, 60 (71) ; 93, 37 (66) ; 107, 59 (87).

国家行為の実効的な正当化という意味で、一定の正当化水準に到達しているかが重要とされる。これが従来の通説的な民主的正当化のドグマーティクであった[210]。これに対して、国民から法律という形式を経由して伝達される正当化とは異なる正当化も認められており、それが機能的自治の領域とされる[211]。そこでは「関係人の参加」（Betroffenenpartizipation）によって正当化が補充される、という新たな見解が判例によっても認められた[212]。この意味での民主的正当化が認められる限り、民主主義原理は非国家アクターの任務遂行にも留保されることになる[213]。

2000年代に入ってからの連邦憲法裁判所の新たな判例動向を基点にして、た

---

210) 代表的には Ernst-Wolfgang Böckenförde, Demokratie als Verfassungsprinzip, in : Josef Isensee / Paul Kirchhof (Hrsg.), Handbuch des Staatsrechts der Bundesrepublik Deutschland, Bd. 1 (1987) S. 887-950. 参照、本書第 2 部第 2 章 1 。

211) たとえば水法、森林法、狩猟法における団体や、社会保障にかかる自治団体で、加入は資格性であり、利害関係を有する者に認められる。

212) BverfGE 107, 59 (91 f.). エムス社団が水域の維持管理を担う任務を連邦水資源管理法によって与えられていたことに対して、連邦行政裁判所が、水の維持管理は、民主的に正当化された国家固有の事務であるとして、かかる任務を自治団体に与えることを許さなかった。これに対してこの連邦憲法裁判所の判例では、民主主義原理からはこの事務が国家固有のものであるとは言えない、とした。

「直接的な国家行政と、その事項的な対象となる任務領域に制限されない地方自治のほかには、民主主義の要請は他の領域にも開かれている。とくに決定権限を付与されたあらゆる者の欠缺のない人的民主的正当化の要請から外れた国家権力組織と国家権力行使の形式にも開かれている。そのような基本法20条 2 項の解釈が可能になるのは、民主主義原理に根ざした自治と自律の諸原則（BVerfGE 33, 125 (159)）が相応するように妥当するためである。代表制による国民支配の枠内では、基本法は公的任務の遂行に際して、関係人の参加という特別な形式も許容している。」

213) BverfGE 107, 59 (93).「いかなる任務が国家に、狭義での国家任務として留保されねばならないのかは、基本法20条 2 項の民主主義原理からはもたらされない。とりわけ、生存配慮の領域の任務ないしその他の任務が、本質的な意味で一般利益のためだからといって、それだけで必然的に直接国家によって処理される、などということを基本法20条 2 項から引き出すことはできない。このことはすでに、広範な領域で私法形式において受け入れられている廃棄物処理業とエネルギー供給といったこれに類似の重要な任務との比較で示されており、これに対して基本法20条 2 項の観点から憲法上の疑いは申し立てられていないだろう。」

第 1 部 方　　法

とえばルッファートはガバナンスを「民主主義原理の継続的発展のはずみ」と理解できるという。[214]

> 「ガバナンスの観点は、民主主義に役立つかどうかの観点によって規律構造の分析をやりやすくするだけでなく、民主主義原理の取扱いの弱点を回避するための潜在的能力を持つ。純粋に形式的な原理として理解される民主主義原理は、つねに規律構造の部分的な観点を評価することしかできない。そのような構造の扱い方だけでは、民主的正当化連関の個別要素が失われたときに、いわば『頓挫』する。（中略）これに対して、ガバナンスの観点によって、インプット正当化とアウトプット正統化の厳しい対抗関係を分析的に克服し、相対的に欠けているインプット正当化と、いわば超過するアウトプットの成果との間の具体的な補整メカニズムを、規律構造の内部で明確にすることができる。」[215]

ガバナンス構想は、そもそも任務遂行の最適化をはかるために選択された構想であるため、インプットだけではなくアウトプット正統化の側面を重視している。[216]そして、インプットとアウトプットの補整メカニズムを明確にすることがガバナンスの利点だとルッファートはいう。すると、民主主義原理を「最適化原理」として開放性を持った原理と捉える近年の学説判例の傾向は、この見解と相応すると思われる。[217]

しかし、これには次のような疑問を抱かずにはいられない。まず、判例において確認されたのは、①人的民主的正当化連鎖の要請は機能的自治には該当しないこと、②議会によって制定された法律によって任務と組織が与件されてい

---

214) 同様の指摘として Kötter (Fn. 208) S. 656. これによると、ガバナンスには「構造の次元」と「過程の次元」とあり、前者は集合的に結びついた調整の定立を示し、後者はその構造の実現と政策の実行を示し、調整過程と相互作用の過程を表している。一般的な意味での規範は秩序の安定性と予期の安定性を可能にするもので、構造的な諸条件を形成する規律構造そのものを変動させる。これに対して法律や法規範は、国家からヒエラルヒッシュに貫徹されることが前提とされていて、このような規範の統一性という「フィクションは説得力がない」という。

215) Ruffert (Fn. 9) S. 67 f.

216) 「正当性」（正当化）と「正統性」（正統化）の本書の語法の区別については、本書第1部第2章3を参照。

217) 参照、本書第2部第1章。

ること、③民主的正当化がなされた公務員によって当該活動が監督されていること、であって、これらの条件が充足されれば機能的自治は第三者に影響力を有する。ところが、このことによって、団体構成員と一般国民とに利益の格差が生じないのか、第三者への影響に対する法的救済の措置の可能性が確保されるのか、という問題が発生するはずである。

この点、国家性をあえて諸アクターと同等に平準化させると（「国家の彼岸」(jenseits des Staates)）、国家の機能的等価が社会秩序においてどの程度正当化を形成できるのか、という問題が議論されている。[218]

ガバナンスの観点から、ガバナンスの任務遂行過程に参与するアクターは、そもそも正当化に寄与するのか[219]、という問いが立てられ、アクター間の調整の制度を検討しなければならない、という。近年議論されているガバナンス論者の場合、たとえばホフマン＝リーム、トゥルーテ、フランツィウスは、正当化の次元で、インプットの側面だけではなく、アウトプットとアウトカムの側面を強調する。それによって、高権的行為の成果や国民の満足度が十分に得られたかどうかを正当化の１つの判断基準としている。[220]これに対しては、「アウトプットだけではまだ正当化に至らない」と診断する。「正当化の規定と具体化については、行為の実際の承認が経験的にはかられるわけではなく、行為に企図されたアウトカムの発生の適性を算出する」にすぎない。[221]

「ガバナンスの観念が重要な機能を果たすのは、その概念が集団の利益の調達と秩序の役割の描写のために、現代国家の特性とその諸制度の背後に引き返して、政治学と国家学の概念性の国家のバイアスを可能なかぎり回避しようとする、関連した観念領域を作り出す場合である」。「集団に結びついた行為と規範の正当化は国家の此岸と彼

---

218) Kötter (Fn. 208) S. 658 ff.
219) この論者にとって正当化過程は２側面あり、一方は決定の担い手が正当化過程に参加すること、他方は決定を承認しその決定に従うこと、とされる。Kötter (Fn. 208) S. 657.
220) Wolfgang Hoffmann-Riem, Organisationsrecht als Steuerungsressource, in : Schmidt-Aßmann / ders. (Hrsg.), Verwaltungsorganisationsrecht als Steuerungsressource (1997) S. 355 ff.; Claudio Franzius, Modalitäten und Wirkungsfaktoren der Steuerung durch Recht, in : GVwR, Bd. I (Fn. 79) Rn. 70 ff.
221) Kötter (Fn. 208) S. 660.

第 1 部 方　　法

岸のガバナンス過程である。民主的正当化の概念の使用が、これを可能にする制度的前提の向こう側でだめになったときに初めて、ガバナンスの観点がその特別な描写の価値を獲得する」。

　「民主的正当化」に関して、従来は国民意思の政治的決定へのインプットの側面ばかりに焦点があてられていたところ、NPMやガバナンス構想では、アウトプットやアウトカムにまで目が向けられている。この発想は、従来、高権的権限の担い手が正当化されている（インプット）ことを前提として、行為決定していたのに比して、その意味が希薄化されかねない。インプットが十分でなくても、結果が出ればそれでよい、という発想につながりやすい。思考方法自体が「条件的思考」から「目的的思考」へと変化していることが見てとれる。そうであればなおさら、ガバナンスの観点がもたらす正当化問題への効果も慎重に検討しなければならないのである。

　公共サービスを私的アクターに委託することで任務遂行を行う、という公共的活動を正当化する場合、その活動の結果を見て、アウトプット正統化だけで正当化が十分だと判断することはできない。規律構造のためには、高権的権能を持つ国家が調整役を担ったうえで、民間委託、公私協働の諸形式における公共的活動の正当化を考えねばならないからだ。

　このように、インプット正当化を確保したうえで、ガバナンスの過程とその結果において、関係人の参加に基づく補充的な正当化手法が用いられるように制度構成しておく必要がある。それゆえ、ガバナンスの場合は、インプット正当化の新たな役割として、法律による手続・組織の制御がますます重要になってくるのである。

---

222)　Kötter (Fn. 208) S. 677.
223)　それゆえ、ここに適合するよう、法律の留保論を検討する必要がますます高まる。ヒントとなる制度的留保理論については、Arnold Köttgen, Die Organisationsgewalt, VVDStRL16 (1958) S. 154 ff. をはじめとして、邦語文献としては参照、間田穆「ドイツにおける伝統的行政組織権論の確立」名古屋大学法政論集60号（1973年）52頁、大橋洋一「制度的留保理論の構造分析」碓井光明・水野忠恒・小早川光郎・中里実編『金子宏先生古稀祝賀・公法学の法と政策　下』（有斐閣、2000年）239-263頁。

第 2 部

理　　論

第 1 章

民主的正当化論

　行政任務の多様性とそれに相応した行政組織の多元化は、民主主義原理をどのように整合的に適用できるのか、という法解釈とドグマーティクの問題を生じさせている。

　議会及び内閣によって設置された行政組織において、上級機関が下級機関をヒエラルヒッシュにコントロールすることが、民主主義原理の行政組織上の課題と見える。その一方で、さまざまな形態を持った行政機関のなかには、むしろヒエラルヒッシュに観念してはならない内部組織を持つ機関もあれば、ヒエラルヒーからそもそも独立して設立された機関もある[224]。

　この問題を主題としたのが、ドイツの公法学で「行政の民主的正当化」と呼ばれている議論である。ドイツでは、基本法20条2項1文に規定された「あらゆる国家権力は国民に由来する」という文言の解釈と、そこに端を発する「民主的正当化」に関する判例と学説における理解が議論を形成している。とくに、ヒエラルヒッシュに正当化できない組織構造は、個別の問題領域によって

---

224) 山本隆司「独立行政法人」ジュリ1161号（1999年）127-135頁。ヒエラルヒッシュな指揮監督のシステムを厳格に採用しているかぎり、上級機関には過度の負担や責任が負わされ、また、個別の利害から距離をとって広い視野から意思決定をすることが困難になるし、他方で、下級機関がルールの変更などを上級機関に提案すると大きなコストがかかることから「現状維持的・硬直的に行動しがち」になる。また、「ヒエラルヒッシュに観念し構築すべきでない」機関としては、大学組織（日本では旧国立大学）が挙げられる。というのも大学の自治が憲法上の自由権（学問の自由）を基礎にしているため、その自由と組織とを「相乗的ないし相補的」に機能させる目的の制度と見なければならないとされる。

多様であり、議論は複雑である。

ここでは「行政の民主的正当化」の近年のドイツの取組みについて検討し、憲法上の問題点を指摘する。

ここで「正当化」というのは、憲法理論及び行政法理論上構成されたものであり、それゆえ国家権力行使の法的承認のメカニズムを意味する。ところで、この「正当化」は、事実の上に承認される社会学的な関心や哲学的な承認とは区別されなければならない。つまり、法的な意味での「民主的正当化」は、国家権力行使に対して法的に権限を与えることを意味する。すなわち権力は、民主的に正当化されてはじめて「正当」な権限を有し、その行使を容認されることになる。

---

225)　「行政の民主的正当化論」について、邦語文献でもすでに多くの紹介や議論がなされている。角松生史『民間化』の法律学」国家学会雑誌102巻11・12号（1989年）750-753頁、栗城壽夫「ドイツにおける『国民』の理解のしかたについて」樋口陽一・高橋和之編『現代立憲主義の展開　下』（有斐閣、1993年）661-686頁、山本隆司「行政組織における法人」小早川・宇賀編・前掲注141、870頁、同「日本における公私協働」・前掲注25、171-232頁、同「行政の主体」磯部力・小早川光郎・芝池義一編『行政法の新構想Ⅰ行政法の基礎理論』（有斐閣、2011年）94頁。毛利透『統治構造の憲法論』（岩波書店、2014年）所収の諸論文、とくに同「行政法学における『距離』についての覚書」281-311頁（初出2001年）、同「民主主義と行政組織のヒエラルヒー」313-338頁（2002年）、同「行政権民主化論の諸相」355-375頁（2012年）、赤坂正浩「法治国家と民主制・覚書き」樋口陽一・上村貞美・戸波江二編集代表『栗城壽夫先生古稀記念　日独憲法学の創造力　下巻』（信山社、2003年）99-130頁、同「憲法の規範力と国家活動に対する専門家の助言」ドイツ憲法判例研究会編『講座憲法の規範力　規範力と観念の条件　第1巻』（信山社、2013年）180頁、太田匡彦「ドイツ連邦憲法裁判所における民主的正統化」藤田宙靖・高橋和之編『憲法論集』（創文社、2004年）315-368頁、高田・前掲注33、日野田浩行「民主制原理と機能的自治」曽我部真裕・赤坂幸一編『大石眞先生還暦記念　憲法改革の理念と展開　上』（信山社、2012年）、門脇美恵「ドイツ疾病保険における保険者自治の民主的正統化（一）―（四・完）」名古屋大学法政論集242号（2011年）、247号（2012年）、251号（2013年）、252号（2013年）、松本和彦「統治と専門性」公法研究（2014年）112-124頁、高橋雅人「ドイツにおける行政の民主的正当化論の一断面」早稲田法学会誌59巻1号（2008年）295-344頁。

226)　Max Weber, Wirtschaft und Gesellschaft, 5. Aufl. 1972, S. 16 f. 法的意味での区別はたとえば Möllers (Fn. 76) S. 11.

227)　なおドイツ憲法において国家権力の組織に対して規定された基本的原理は、基本法

第 1 章　民主的正当化論

1　一元型モデル

(1) 国民主権原理

「『あらゆる国家権力は国民に由来する』という命題以上に国民主権概念を美しくかつ簡潔に表すことはできない[228]」。

それはドイツ基本法20条2項1文に規定された命題である。国民主権原理は正当化原理と責任原理を示すとされ、国家による支配を正当化する基本的な構成要素とされている[229]。「行政の民主的正当化論」はこの条文から解釈論とドグマーティクの議論をはじめる。「正当化」原理が国民主権概念に由来するからである。

そもそも、「行政の民主的正当化論」は、ベッケンフェルデが連邦憲法裁判所裁判官在任中に、自らの学説を判例に反映したことから展開したものだとされる。実際、判例中にもベッケンフェルデの論文が参照されており[230]、「行政の民主的正当化論」とベッケンフェルデ学説と不可分の関連があることに疑いはない。ここではまず、判例中に参照されたベッケンフェルデの論文を基に国民[231]

↘20条1項と同条3項における法治国家と民主主義である。Eberhard Schmidt-Aßmann, Verwaltungslegitimation als Rechtsbegriff, AöR 116 (1991) S. 331-337 の体系的で明快な整理に従うと、民主主義はドグマーティクとしては選挙、理念としては支配と被支配の一致を指し、原理としては政治過程の意思形成を指す。法治国家は、ドグマーティクとしては裁判、理念としては正義を指し、原理としては法を媒介にした自己決定の保障、すなわち主観法とその保障が主題となる。それゆえ法治国家は個人の自律を保障するために「距離」を堅固しなければならないし、民主主義原理からは特殊利益との「距離」が要請される。それゆえ「正当化の問題は比較的はっきりと民主主義原理に、法拘束の問題は比較的強固に法治国家原理に分類されうる」(S. 332)。

228) Hans Meyer, Repräsentation und Demokratie, in : Horst Dreier (Hrsg.), Rechts- und staatstheoretische Schlüsselbegriffe (2005) S. 104.
229) Eberhard Schmidt-Aßmann, Das allgemeine Verwaltungsrecht als Ordnungsidee, 2. Aufl. (2004) S. 89.
230) たとえば BVerfGE 83, 60 (72) ; 93, 37 (72).
231) ベッケンフェルデの民主政理解については、林知更「憲法原理としての民主政」同・↗

第 2 部　理　論

主権概念と民主主義との関係について見る[232]。

　ベッケンフェルデは、基本法20条 1 項及び同条 2 項に規定された民主主義が、国民主権原理と結びつくとする。そして、その民主主義の意味するところは、国家権力の創設とその行使が、つねに国民の意思に由来し、国民の意思に還元できることだと考える。この国民主権原理は「二重の思想」によって下支えされている。つまり、政治的な統治権力を正当化すること、そして、正当化が国民それ自体にのみ由来するという思想である。すなわち、ベッケンフェルデは国民主権の主体に着目する。

> 「基本法20条 2 項 1 文において国民主権原理が宣言され、2 文が規定しているのは、国民に由来する国家権力を国民自身で行使することと、どのように行使するかということである」。「民主主義は国民主権原理の帰結と具体化と考えられ、国民主権原理と結びついてそこに自らの基礎と正当化（Rechtfertigung）を見出すのである」[233]。

　なお、この国民主権原理は、国家権力行使にのみ当てはまるのであって、いわゆる「社会の民主化」[234]とは関係がない[235]。

(2)　正当化主体

　このように、国民主権原理は国家権力と国民との帰責の相互連関として解釈される。したがって、国家権力行使に対しては、実効的な民主的正当化を確保

　↘前掲注36、215-242頁に詳しい。
232)　Böckenförde (Fn. 210) S. 887-950.
233)　Böckenförde (Fn. 210) Rn. 8. なお、ベッケンフェルデは、「正当化」のドイツ語の表現について、"Rechtfertigung" と "Legitimation" を同義として使っているようである。「政治支配権力（人による人の支配）は、たんなる所与でも付与でもなく、むしろ支配権力を正当化する導出（rechtfertigenden Herleitung）（正当化（Legitimation））を必要としている」と表現していることから、それを窺い知ることができる。Böckenförde (Fn. 210) Rn. 3.
234)　「社会の民主化」とは、一般生活上で使われている「民主主義」を指し、ここで意味するのは基本法に予定された「国家・統治形式としての民主主義」であり、それは構造的にいうと、国家権力の所持と行使が平等に権限付与されたあらゆる市民に帰属されたところの組織原理だとされる。
235)　Böckenförde (Fn. 210) Rn. 8.

しなければならない。それゆえ「正当化」の観点からすると、支配を正当化する主体と支配に服する者は広く一致していることが望ましいのである。連邦憲法裁判所が1978年の段階ですでに示していたように、「憲法上必要不可欠な民主的正当化は、国家任務を委任された機関と官職者（Amtswalter）への国民との間の不断の正当化連鎖を必要とする[236]」。

　ベッケンフェルデは、民主主義の根本概念である正当化主体を、「政治的行為体及び作用体としての国家においてつなぎ合わされ、国家を担う人の全体」と措定し、「その全体は国家の支配組織を担う団体に地位相応に帰属した国籍という法的な結びつきを通じて規定され限定される」と考える[237]。この場合の「人」は、１人の市民であって、市民集団ではない。そうすると市民集団や市民組織は民主的正当化の主体とはなりえない。たとえ現代の民主主義が、給付国家などの目標設定を必要としていても、そして、それによって団体の力や集団の力が政治的にますます力を持ったとしても、その団体内部において内的に民主化することは、たんなる「外見的正当化」にすぎない。団体内部を構成する個人の権利の地位を強化し、団体の内部構造を寡頭制にしないことに意味はあるが、それが民主的な憲法構造にくるまれることを意味するわけではない[238]。

　正当化主体が１人の市民として構成されるという意味は、自己決定と自己統治の原理を前提としている。すなわち、具体的には、民主的参加の自由を前提とする。それは、「民主主義に関する基本権」としての選挙権、公務就任権、そして意見表明の自由（プレス、情報の自由）、集会、結社の自由といったコミュニケーション的基本権を内容とする民主的な権利によって、政治的意思形成としての民主主義が形作られる、ということである。１人１人の「民主主義に関する基本権」から発せられた意思が、代表者を通じて、「国民」という集合的概念に身を包んで正当化の淵源となる。この民主的意思形成の手続が民主的正当化の法的拘束力となる。そして、それが、「民主的支配行使の内容を新たに決定するか、あるいは、すでに存在している内容を保持するか、という選

---

[236]　BVerfGE 47, 253 (275).
[237]　Böckenförde (Fn. 210) Rn. 26.
[238]　Böckenförde (Fn. 210) Rn. 29.

択を可能にする」。この限りで、民主主義の内容は市民とその代表者の同意によって形成されるという、開かれたものとなっている。[239]

また、民主主義が参加の自由を前提としていることは、すなわち、政治的に平等な自由を前提とするということである。つまり、政治的参加の機会の法的平等である。[240]

総じて正当化主体というのは、国籍保持者である政治的国民が平等に民主的参加権を有することを前提としていることになる。こうして、連邦制によって構成された国家レベルでは統一的に正当化の基礎が構想される。

これに対して、「自己行政（Selbstverwaltung）」においては、地方自治（kommunale Selbstverwaltung）と機能的自治（funktionale Selbstverwaltung）が区別される。まず、地方自治における民主的正当化の主体は、特定のメルクマールで「市民」を構成するのではなく、ゲマインデそしてクライスへの帰属と結びついた不確定の一般性を有している。[241]ここでの民主的正当化の主体である市民は、国民に類似する正当化構造を持ち、市民という地域的な一般性を有している。そして、地域的な作用圏内で公行政に積極的に参加するという「行政の民主化」の一翼を担っている。[242]

---

239) Böckenförde (Fn. 210) Rn. 35-40.
240) Böckenförde (Fn. 210) Rn. 41-51.
241) 地方自治においては、特定の場所に固有の案件を扱う任務を持ち、国家の指揮から自由に履行できる。したがって、地方自治体は民主的に選挙された機関を持たなければならならず、このことは基本法28条1項2文に規定されている。それは市町村においては市町村評議会（Gemeinderat）であり、それは執行権の一部となるので、「市町村議会（Gemeindeparlament）」という言い方は不明確である。Vgl. Antje von Ungern-Sternberg, Gemeinderat als Kommunalparlament? Jura 2007, S. 256.
242) 連邦憲法裁判所も地方自治のレベルにおいて正当化主体を「国民」として承認している。BVerfGE 83, 37 (55) は「基本法28条1項2文は正当化主体としての国民をラントだけではなく市町村及び郡にも分類している。つまりそれは自治の本来的な担い手であり、その担い手に応じた代理を有す」としていて、引き続き次のように述べる。「基本法28条1項2文はそれゆえ「社会を構成する参加」という内容を、すなわちあらゆる自治、機能的自治も固有のものとしている内容を憲法上、付加的に強化しているわけではなく、民主的な正当化根拠の統一性を国家構造において確保しようとしているのである。」なお後でより詳細に検討するが、近年の連邦憲法裁判所は民主主義原理に機能↗

第 1 章　民主的正当化論

「ここには国家という政治的結合体に構造上類似した1つの構成要素がある。その要素は、ゲマインデ市民ないしクライス市民を、望む場合には『部分国民』（Teilvölker）とみなすことができるのである。部分国民によって分けられた正当化は、たしかに国民それ自身に由来するものではないが、国民の内部で平等な基準に基づいて形成された全体に由来するのである」[243]。

それでは、機能的自治に関して、正当化主体はどのように考えられているのだろうか。そもそも機能的自治とは、地方自治のように領域に基づいて区分される自治とは異なり、公共の任務に応じて、機能に応じて形成される自治をいう。制度的に独立しており、典型的には構成員を有していて、少なくとも部分的な法律行為を持つ行政体とされる[244]。たとえば職能団体（手工業会、弁護士会、医師会、商工業会）、社会保障主体、大学などである。それらの機関は、通常、構成員とされる関係人（Betroffene）から成り立つ自治の一部である。ここでは「自治」とされているものの、「この関係人に媒介された正当化というのは、それ自体、国民に由来する民主主義ではないし、国民に由来する民主主義に構造上類似するものを示しているわけでもない」。機能的自治における正当化は「自律的正当化」（autonome Legitimation）と呼ばれ、その正当化の担い手は、人的、機能的、利益特定的なメルクマールに従って画定されたグループである。それゆえここには、地方自治に見られた「市民の一般性」というメルクマールが欠けていて、行政の民主的な拘束といったことや民主的参加（demokratische Partizipation）ということはできないとされる。これはたんに自分たちが関係する行政任務処理への利害関係者の関与であって、いわゆる社会領域の紀律化である。自律的正当化形式は、国家による法律、法律に含まれる規則、そして国家的監督を通じて、事項的・内容的な正当化としてのみ伝えられる。それゆえ民主的正当化はいかに工夫しても欠損したままだとされる[245]。

　　↘的自治を接続させており、この段階での民主的正当化構想から離れている。BVerfGE 107, 59 (87 ff.).
[243]　Böckenförde (Fn. 210) Rn. 31.
[244]　Matthias Jestaedt, Demokratische Legitimation – quo vadis? JuS (2004) S. 649.
[245]　Böckenförde (Fn. 210) S. 908 f. ベッケンフェルデと違って、Ernst Thomas Emde, Die demokratische Legitimation der funktionalen Selbstverwaltung (1991) S. 382-425 は、↗

(3) 正当化客体

　正当化を要するのは、原則として、基本法20条2項2文の意味での国家機関に帰責できる行為である。しかし、この正当化を要する国家機関とは、具体的に何を指しているのか、どの範囲の国家機関まで含まれるのかが問題となる。ベッケンフェルデは、学説としては、正当化客体を詳細には規定しなかった。せいぜいのところ「国家任務の遂行と国家権限の行使は、国民自身に帰責されるか、国民に由来するところの正当化を必要とする」として正当化の対象を定め、具体的には「国家行為の全範囲」として、国家任務を遂行するあらゆる行為を正当化客体に含めたにすぎなかった[246]。これに対して、連邦憲法裁判所でベッケンフェルデが携わった判例では、それがより細かく規定される。

　連邦憲法裁判所は、1990年の決定で「民主的正当化を要する国家権力行使と考えられるのは、少なくとも、決定の性質を持つあらゆる職務上の行為である。決定は国家支配を制御するために国民から導出されなければならない」と規定し、「決定の性質をもつあらゆる行為」という正当化客体を構成する基準を刻印づけた[247]。この定義によると、審議会と専門家委員会は正当化の帰責連関から排除されることになる[248]。もっとも「決定の性質をもつあらゆる行為」という基準を立てても、正当化の水準という観点からは、正当化を要求する密度は段階的になる。たとえば、判例のなかでは、政治的な影響力、わずかな決定内[249]

　↘「自律的正当化」を、補充的な民主的正当化と見ている。
246) Böckenförde (Fn. 210) Rn. 11-13.
247) BVerfGE 83, 60 (73); 93, 37 (68); 107, 59 (87). また、これに私人の関与という観点を含めた BVerwGE 106, 64 (75 f.) も挙げられる。「共同決定権限の遂行も決定の性質をもっている。つまり提案権の行使がこれに当たる。」
248) BVerfGE 83, 60 (74)「共同決定権限をもたないで助言を行う任務に携わる諮問委員会ないしその他の専門家委員会の活動は、それゆえ必ずしも国民に帰される必要はない。この領域では社会的利益の代表者が行政任務遂行に参加できる。」
249) BVerfGE 9, 268 (282) では、「政府は執行権の最高機関である。それによって、行政の領域において、いかなる「大臣から自由な領域」も存在してはならないということや、すべての事案において決められた行政任務の、政府から独立した委員会が許容されないということを表しているわけではない。しかし、政府任務が存在し、その政治的射程ゆえに一般的に政府責任から取りあげたり、政府と議会から独立している地位に移され↗

容、という段階が提示されていて、正当化客体も「正当化の水準」という観点から段階づけされることになる。

(4) 正当化手法

　国家権力の国民への帰責がいかに作用されるか、という問題に答えるのが正当化手法である。正当化手法は民主的正当化の実効的な確保のために①機能的・制度的（funktionelle und institutionelle）、②組織的・人的（organisatorisch-personelle）、③事項的・内容的（sachlich-inhaltliche）民主的正当化という3つの形式に分類される。もっとも、3形式といっても、①機能的・制度的正当化は国家権力の分立を指し、行政が他の権力から独立した固有性を持つといっているにすぎない。これに対して、②組織的・人的正当化と③事項的・内容的正当化は、権力一元的な構想によって、行政権内部のヒエラルヒー的正当化を内容とするため、民主的正当化の内容的な密度を③事項的・内容的正当化が担い、その内容の伝達を②組織的・人的正当化が担うという論理連関になっている。それゆえ3つの形式のうち前者（①機能的・制度的正当化）と後2者（②組織的・人的、③事項的・内容的正当化）は異なるレベルの正当化手法である。

　①機能的・制度的民主的正当化というのは、憲法が立法権、執行権、裁判権をそれぞれ固有の機能と機関として構成していることを念頭に置く。権力が分立され、それぞれの権力がそれぞれの民主的正当化を要する。

　②組織的・人的民主的正当化は、国民に遡及的に帰される不断の正当化連鎖

　　てはならない政府任務というのは存在している。さもなければ政府は自らに要請された責任を担うことはできないだろう」（傍点は引用者）。
250) 　BVerfGE 83, 60 (74) は「官職にある者の任務がとくにわずかな決定内容しかもたない場合、これについては個々の正当化要素が後退する民主的正当化で十分であるといえる」とする（傍点は引用者）。また、これを受けて BVerfGE 93, 37 (70) では「市民に対する国家支配の行使は―とくにわずかな決定内容という任務における起こりうる条件はともかくとして（参照 BVerfGE 83, 60 (74)）―つねに民主的に正当化された官職者にゆだねられる」としており、「わずかな決定内容」という基準に従った国家権力行使が異なる処理になることを示唆する。
251) 　Böckenförde (Fn. 210) Rn. 14-25.

を意味する。もっとも、この「連鎖」は必ずしも直接的に国民に帰される
わけではなく、間接的な場合も認められる。代表機関としての議会という
統治システムを採用しているためであり、議会は正当化の媒介として関与
するだけである。たとえば、官吏は、民主的な議会によって正当化され、
責任を負った大臣によって指名されるのである。

③事項的・内容的正当化は、国家権力を国民ないしその代表者に内容的に拘
束することと関係している。これは一方で、基本法20条3項に規定された
行政の法律への拘束によって、他方で、政府の対議会責任そしてそれに付
随する措置としての指揮、監督、統制、解任という2つの構成要素からな
る。ここでは、財政法も重要な役割を果たしている。

正当化手法はそれぞれが相互に関連し合い、国家権力行使と国民の間の帰責
連関が十分に効力を持って実効性があることを必要としている。事項的・内容
的な正当性を伝達していく組織的・人的正当化を組み合わせることで、国民か
ら国家権力行使につながる帰責連関が実効的に構成される仕組みになってい
る。連邦憲法裁判所によると

「民主的正当化に十分な内容が達せられているかどうかの判断について、連邦憲法裁
判所の判例（参照 BVerfGE 49, 89 (125)）と学説（E.-W. Böckenförde, Demokratie als
Verfassungsprinzip）において分けられた制度的、機能的、事項的・内容的そして人
的正当化という定式は、それ自体で意味を持つのではなく、それらの相互作用のなか
でのみ意味を持つ。憲法上の観点から重要なのは、国家行為の民主的正当化の定式で
はなく、その実効性である。すなわち、必要なのは一定の正当化水準である。この水
準は、一般的には国家権力のさまざまな現象形態において、個別的には執行権におい
て、それぞれに形成される。つまり、その際、執行権内部では、政治形成に権限を持
ち議会に責任を負う政府と法律の執行に義務づけられた行政との間の機能分化をも考
慮しなければならない」。

(5) 判　例

このような民主的正当化論の整理を基に、連邦憲法裁判所の判例を読み直す

---

252) BVerfGE 47, 253 (275)；52, 95 (130)；77, 2 (40)；83, 60 (72 f.)；93, 37 (66)；107, 59 (87).
253) BVerfGE 83, 60 (72)；93, 37 (66 f.), BVerwGE 106, 64 (74).

第 1 章　民主的正当化論

と、その論理展開が明快になる。ここではベッケンフェルデが関わった決定として代表的な 3 決定を見ておこう。

① 　シュレスヴィッヒ＝ホルシュタイン州の外国人地方選挙権[254]

基本法33条 1 項、前文と結びついた同16条 1 項そして同116条の国籍の制度保障に反しているか、外国人の選挙権の導入が国家に不可避的に拘束されるものとそうでないものという不平等な選挙人グループを生じさせるため基本法 3 条 1 項の平等違反ではないか、そしてシュレスヴィッヒ＝ホルシュタイン州において、デンマーク、アイルランド、オランダ、ノルウェー、スウェーデン、スイスのいずれか 1 つの国籍を有する外国人に対して選挙権を認めた地方（市町村及び郡）選挙法改正が基本法20条 1 項、 2 項ならびに同28条 1 項の民主主義原理に反しているか、が問題となった。連邦憲法裁判所は、当該改正法律が基本法28条 1 項 2 文に反して無効とした。このときの論理は次のように構成される。「国民のモデルは政治的運命共同体である国籍に基礎をおく」のであって、必然的にドイツに結びつけられているが、外国人はいつでも母国に帰ることができる。この限りで、正当化主体を画定する。そのうえで、外国人の地方選挙権は連邦国家の同質性条項（基本法28条 1 項 1 文及び 2 文）に介入している、とする。外国人には外国国籍に基づく選挙権とドイツでの選挙権が与えられうるため、平等原則は侵害されている。

② 　ハンブルク区議会の外国人選挙権[255]

ハンブルク区[256]議会において外国人の選挙権を認めた選挙法改正が違憲か否かを争ったこの事件では、次のような論理が展開され、改正選挙法は違憲となった。区議会はきわめて重大な決定権限を有しており、決定権限の行使は国家権力行使に当たる。正当化客体たりえているがゆえに、区議会は民主的正当化を

---

[254]　BVerfGE 83, 37. 参照、古野豊秋「地方自治体における外国人の選挙権」ドイツ憲法判例研究会編『ドイツの憲法判例Ⅱ〔第 2 版〕』（信山社、2006年）372-377頁。

[255]　BVerfGE 83, 60. 参照、彼谷環「ハンブルク区議会における外国人の選挙権」ドイツ憲法判例研究会編・前掲注254、328-333頁。

[256]　ハンブルク区はハンブルク市の下位の行政区分であり基本法28条 1 項にいう地方自治体に当たらない。

必要とする。しかし、正当化主体たりえない外国人が有権者に含まれていると正当化は達成されえなくなる。区議会の決定が国家権力行使に当たるため十分な正当化の内容を必要とするが、ドイツ人のみによって決定が行われた場合には民主主義原理を満たすものの、外国人が有権者となる場合には民主的正当化は内容的にも獲得できない。

③　シュレスヴィッヒ＝ホルシュタイン州共同決定法[257]

シュレスヴィッヒ＝ホルシュタイン州共同決定法が基本法20条2項と結びついた同28条1項1文の民主主義要請に一致するか否かが争われた事件である。職員代表の共同決定が民主主義原理として憲法上許容されるかが争点となった。先述のとおり、裁判所は「民主的正当化に十分な内容が達せられているかどうかの判断にとって、機能的・制度的、事項的・内容的そして人的正当化という連邦憲法裁判所の判例と学説におけるそれぞれの定式は、それ自体で意味を持つのではなく、それらの相互作用のなかでのみ意味を持つ」という前提を置き、正当化主体と正当化客体がその正当化手法において連関づけられる条件をつくる。「政府と行政の内部領域における決定は市民との関係において国家権力行使となる」。つまり公勤務の決定がそれに当たるが、そこでの従事者は、国家機関に奉仕する者であり、勤務者、労働者としての特別な利益として関係する。この職員の参加は、国家権力に服す市民として権限ある参加ではない。この意味で、この従事者は、民主的正当化をもたらす主体たりえない。

> 「そのような参加権が民主主義原理に一致するのは、参加権が国家権力のあらゆる服従者が国家権力行使に等しく影響力を持たなければならず、それゆえ、一定の国家権力行使に個人的に関係する市民が特別な共同決定権限を認められてはならない、という原則に抵触しない場合である」(69)。

こうして共同決定権はその範囲を制約され、正当化客体は先の2つの判例よりも制限的に画定される。

---

[257] BVerfGE 93, 37. 参照、森保憲「共同決定に要請される民主的正当性」ドイツ憲法判例研究会編・前掲注254、323-327頁。以下、判例の引用文横の（数字）は、判例集の頁数。

第 1 章　民主的正当化論

「職務遂行が典型的に些細なものだけではない従事関係の内部領域における措置は、さまざまなあり方で作用しうるかなり高次の民主的正当化を必要とする」。「いずれにせよ拘束力ある最終決定の可能性はつねに国民と議会に対して責任を負う職務担当者に留保されていなければならない」(72)。

しかし、問題となっている州法における調停委員会では、政府から正当化連鎖として選任された委員以外は正当化主体とはなりえないし、調停委員会の作用も、議会に責任を負った行動ではないため、内容的正当化を有していない。このため違憲となった。

(6)　小　　括

近年の民主的正当化モデルとの対比をはっきりさせるために、再度、民主的正当化の一元型モデルを確認しておく。まず、正当化主体は一貫して一元的に理解された国民（Staatsvolk）であり、関係人の総体や、国民主権という一般的原理の再現（Repräsentation）ではなかった。それは、国籍保持者として構成され、国家と不可分に結びついていた。正当化客体は、個々の国家行為に限定されない包括的に規定された国家権力であり、「決定の性質を持つあらゆる行為」とされた。正当化手法は「十分な正当化」と「十分な実効性」といった概念によってその質が確保されようとしていた。

2　多元型モデル

従来のベッケンフェルデ・モデルでは、「国民」から正当化の連鎖が途切れることなく末端の行政の行為にまで及ぶという統一的な民主主義原理が考えられていた。しかし、実際のドイツ行政組織は多元的で、このヒエラルヒー構造から外れる機関がかなりの数ある。そこで、正当化主体の意思と正当化客体の行為が正当化手法によって接続されるという、このシンプルなモデルが見直されている。ベッケンフェルデ・モデルのように、抽象的で硬直的な国家組織編成によって民主的正当化が確保されるとすると、立法者によって独立の行政組織を設置する自由が失われ、それこそ「民主主義」に反するというパラドック

第 2 部 理　論

スに陥ってしまうのである。[258]

　ベッケンフェルデ・モデルに痛烈に異議を唱えたのは、同じく連邦憲法裁判所の判事になったブリュデだった。[259]

(1)　Brun-Otto Bryde（最適化原理）

　ブリュデは、まず民主的正当化主体としての国民（①）、第 2 に民主的正当化客体としての行政組織（②）の観点からベッケンフェルデの一元型モデルを痛烈に非難し、正当化主体も客体も一元的で、民主主義理解が閉鎖的であるベッケンフェルデ理論とは対照的に、正当化主体も客体も多元的で、民主主義原理を最適化要請と捉えた開放的な理論を構成している。

①　民主的正当化主体

　ベッケンフェルデと連邦憲法裁判所の理論を、イデオロギー的観点から「『隠れ君主制的（krypto-monarchisch）』支配主体である『ドイツ国民』が君主にとってかわることを許容した」理論だと見て、「君主制時代の国法のカテゴリーのなかで民主主義を考えている」とする。ブリュデは、ベッケンフェルデ・モデルが民主主義理論を概念法学的に扱い、国民の法的定義を「国籍を持つ者の総体」と考えているとし、この点で、ベッケンフェルデ理論を、「一元的に」閉じられた理論という意味で「単一体理論」と称している。[260]

　ブリュデは、一面的でおよそ概念法学的な民主主義理論に抵抗して、民主主義原理の開放性を再定礎しようとし、民主主義原理を、個人の尊厳に由来した開放的な原理（「最適化原理」）として捉える。

「国家権力が国民に由来するという文言は完全なルール（Vollregel）などではなく、伝統的定式を借りた民主主義原理への 1 つの支持表明である。この文言が当てはまる

---

258)　毛利「民主主義と行政組織のヒエラルヒー」・前掲注33、14頁。
259)　ベッケンフェルデは連邦憲法裁判所第 2 法廷の裁判官（1983-1996年在職）であり、ブリュデは2001年から2011年まで第 1 法廷の裁判官である。参照、ドイツ憲法判例研究会編・前掲注254、482-487頁。
260)　Brun-Otto Bryde, Das Demokratieprinzip des Grundgesetzes als Optimierungsaufgabe, in: Redaktion Kritische Justiz (Hrsg.), Demokratie und Grundgesetz (2000) S. 59 f.

第 1 章　民主的正当化論

のは正当化一元論などではない。非ドイツ人の国家権力にも開かれた憲法秩序にこそ当てはまるのである。すなわち、連邦国家における国家権力がさまざまな「諸国民」に由来するのであり、憲法価値秩序の頂点には、国民ではなく個人の尊厳が置かれるのである」。

　この最適化原理の出発点は、連邦憲法裁判所の「あらゆるものの自由な自己決定」の定式である。このように、かつての連邦憲法裁判所の判例を再定礎し、民主主義の核を自己決定と平等とする。ブリュデは、ベッケンフェルデのような「『ドイツ国民』という前実定的概念」から離れて、行政の個別的な決定単位を想定し、それぞれの決定に市民を関与させる多元型の民主主義理論を提案する。そのためにこの自己決定思想と結びつき、実効性を有した「参加（Partizipation)」という規準を持ち出す。個（人）と人だけが論理的基点となり、あらゆる決定は、さまざまな基準を考慮した実践的整合性に従って行わねばならず、そのためにも基本法上の民主主義原理は最適化原理として見なければならない。

　「基本法は、その基点に国民主権を置いたのではなく、人間の尊厳を置いている。民主主義は、最大限可能な自己決定に依存した国家形式であるがゆえ、最高度に厳粛な人間の尊厳の（menschenwürdigste）国家形式なのである」。「民主主義原理を人間の尊厳と自己決定との関係のなかで見るならば、基本法における民主主義原理の定式化のなかで、国家権力を『国民』という名の集団的な国家元首（kollektives Staatsoberhaupt）に委譲すると考えることは禁止される。国民というのは、むしろ、たんなる人間の簡単な言い回しにすぎない」。

---

261)　Bryde (Fn. 260) S. 61.
262)　BVerfGE 44, 125 (142).
263)　「しかしドイツの行政構造は、領土的な団体機関（Gebietskörperschaft）を超えて、多くの自律体と独立した行政制度によっても特徴づけられている。とりわけ、立法者による正当化の伝達が十分とはみなされないために、国民民主主義の理論はほぼ解決不能な困難に陥っている。」Brun-Otto Bryde, Die bundesrepublikanische Volksdemokratie als Irrweg der Demokratietheorie, Staatswissenschaft und Staatspraxis (1994) S. 305-330 (319).
264)　Bryde (Fn. 260) S.63-66.
265)　Bryde (Fn. 263) S. 322.

第 2 部　理　論

　このようにブリュデは、基本法20条 2 項 1 文の「国民」概念を、開かれた概念として解釈し、「人間の尊厳」「自己決定」と結びつけて、「参加」を導き出している。[266]

② 民主的正当化客体

　もう 1 つの論点として、多元的行政組織に対して民主主義原理がどのような規準を与えるのか、という点が挙げられる。民主主義原理は、一方で、「あらゆる者の自由な自己決定」としての民主主義を強調して、関係人の参加を主題としており、他方で、国家、行政組織のさまざまな構成を立法者にゆだねようとしている。ドイツ行政は、多様な担い手を通じて、分節化された行政内部の構造を有した多元化した行政となっており、専門に従って分化されていくため、ヒエラルヒッシュな省庁行政では民主主義原理は適合しないのである。[267]

　立法者には民主主義原理の枠内で、国家組織及び行政組織による形成の余地を認めるべきだという。ブリュデによれば、一元的な民主主義理解では、「議会―政府―行政という素朴な正当化連鎖から逸脱するような行政構造の違憲性を立証するために、議会の役割が徹底的に呼び起こされているにもかかわらず、同時に、議会には自ら政治的な表明を行うことが禁止されてもいる」。民主的正当化という観点で論争になっているヒエラルヒッシュな省庁行政のモデルからの逸脱は、立法に基づく組織を通じて事項的、内容的な規準を保障することで、立法者の意思がヒエラルヒッシュな省庁行政モデルよりうまく実現できる、と彼は言う。[268]

　つまり、ブリュデ理論では、国家組織、行政組織を立法によって内容的にも一定の枠組みを設けたうえで、「あらゆる者の自由な自己決定」に基づいた個

---

[266]　批判的には Horst Dreier, Art. 1 I, in : ders. (Hrsg.), Grundgesetz Kommentar, Bd. I 2. Aufl. (2004) Rn. 167.「個人の自律の思想が、民主主義の人間の尊厳との関連を推論しているが、とくに理由もないのに、具体的な民主的な配分参加権（Teilhaberechte）が基本法 1 条 1 項から引き出されてもない。」

[267]　Brun-Otto Bryde, Die Einheit der Verwaltung als Rechtsproblem, in : VVDStRL 46 (1988) S. 182-186.

[268]　なお、Schmidt-Aßmann (Fn. 227) S. 388 f. も同旨。

別的な決定を、各行政単位のなかで行うことが求められている。これによって、現実的な多元的行政組織を「民主的正当化」しようと考えている。

この議論に相応するように、グロースが、より具体的に実例を用いながら、より進歩的な多元的行政の正当化構造について理論構成を行っている。

(2) Thomas Groß（分化する行政組織）

グロースは現実の行政組織に目を向けて、行政の構造は、たんにピラミッドの頂点から正当化を下ろすような厳格な垂直型（ヒエラルヒー）の構造だけではなく、「意思形成の水平的な形式を持ったあらゆる種類の合議制機関」を行政組織として認識し、地方自治だけではなく、機能的自治の諸現象を憲法適合的に位置づける試みを行っている。彼によると、「一元型モデルを直接に基本法20条で定めると、あらゆる例外に対して、特別な単一の憲法上の固定化が立証されなければならなくなる」。つまり、一元型モデルをとると、ピラミッド型のヒエラルヒーから外れる例外的な組織が多数排出されてしまうが、一元型モデルを貫徹するならば、その狭いモデルを自ら正当化する必要がある。「単一に固定された構想は、連邦国家構造もヨーロッパ連合も、そのモデルの決壊なしには統合できない」。

一元型モデルを批判する際に、グロースはまず、一元型モデルがとる民主主義理解を批判する。

> 「もし、民主主義について、国民が国家権力行使へ実効的に影響力を持たねばならない、ということを本気で議論の出発点とするのなら、概括的な正当化手段としての議会の選挙で満足することはできない。さまざまな政党を選ぶことは、たんに、非常に大まかな指針の決定を意味するにすぎないし、政党のために選ばれた代表者に

---

269) Thomas Groß, Grundlinien einer pluralistischen Interpretation des Demokratieprinzips, in : Redaktion Kritische Justiz (Hrsg.) (Fn. 260) S. 93-101.
270) Thomas Groß, Gremienwesen und demokratische Legitimation, in : K-P. Sommermann, Gremienwesen und staatliche Gemeinwohlverantwortung, Berlin (2001) S. 17-33 (20).
271) Thomas Groß, Das Kollegialprinzip in der Verwaltungsorganisation (1999).
272) Groß (Fn. 270) S. 20-22.

よる綱領への忠誠（Programmtreue）をあてにすることもできないのだとなおさらである」。

　公的な意思形成を行政の日常業務と橋渡しすることや、議会による監視を包括的に行うことは、今日の実務ではおよそ不可能だとされる。さらに、政党政治の下では、統制の意思は野党によって担われることになる。そこで民主的正当化の実効性を改良するためには、「補完的な正当化メカニズムが必要」となる。現代国家では、各問題に関係づけられた（＝脱中心的な）市民による参加を可能とし、中央集権国家の負担が軽減されねばならない。

　それでも、政府が各個別行政単位を包括的に監視または制御することは現実的にはできないので、「厳格にヒエラルヒッシュに構成された組織は、単純で型どおりに処理できる任務にのみ適合するのであり、より複雑な問題については、通常、過大要求となる」。そこで「より複雑な」任務については、「チームを作り、ネットワーク構造において外的な協働を通じ、そして、内的な水平的協働を必要とする」。こうして「現代国家は多中心的に構成される」。

　このように、現実の多様化している行政組織を統制するために、グロースは、とりわけ合議制機関に焦点を当てて考察している。

　内容上、必ずしも直接に省庁行政によって統制ができない機関を、どのように正当化秩序に適合させるのかが問題となる。グロースは、一方で、国家権力を国民に実効的に結びつける民主主義原理を重視しつつ、他方で、権力分立による機能的分担に基づいた国家権力の構成と限定との均衡を、組織構成によって形成する法治国家原理をも重視する。

　まず、「国家組織の形成によって作られる本質的な責任構造は、立法者自身

---

273)　Groß (Fn. 270) S. 22.
274)　Groß (Fn. 270) S. 23.
275)　「合議制行政」とは２つの要素から成る。「多人数によって構成された、すなわち少なくとも３人のメンバーから構成された機関であり、法規範を通じて、決議する権限を備えた機関である」。Groß (Fn. 271) S. 45-49. 合議制機関の本質的な特質は、「構成員の多数性から生じる決定の水平的形式」である。たくさんの人々が一緒に１つの決議を行うのであり、官僚構造の垂直的な調整や、指示ヒエラルヒーとは対照をなす、とされる。(S. 48)

によって規定されねばならない」とする。機関の権限、構成については立法者によって規定されねばならない、とした。本来は法律と監督によって、執行におけるすべての決定の余地が取り除かれなければならない。

> 「しかし、実際には、こうした他者制御の外的形式は、ヒエラルヒー行政のなかで一貫して実現されることはない。というのも、規範的な規準は、日常の行政のなかで生じるありとあらゆる状況を決して先取りできないのであり、組織のトップの有限の情報処理能力は、自由な決定余地を排除できないのだから」。

また、不確定法概念の運用のように、詳細な規範化が明らかにできない任務については、しばしば合議機関が設置され、それによって機関内部の討議を通じて、外的統制が内的な統制に代わる。グロースは、「結局のところ、十分、実効的な形式で国民に拘束されねばならない」すべての行政単位が、任務にふさわしいさまざまな実体的及び手続的メカニズムを必要としている、といって、その正当化手法を合議機関について敷衍している。

さまざまなタイプの合議機関が現存するが、グロースはそれを整理し分類する際に、実体的なプログラム化の密度が小さいことから、「合議機関の内容的ではなく人的正当化」の観点を持ち出している。①多元的タイプ、②専門タイプ、③協働タイプという3つに分類し、実例を用いて合議機関の正当化構造と任務が分析されている。①多元的タイプは、社会の影響に対して行政を開いておくモデルであり、このなかにさらに(a)参加型、(b)団体型とある。(a)参加型は、議会の代表制を手本として、関係人のグループが自らの代表者を選挙で決めて代表者を参加させるモデルである。(b)団体型は、メンバーの選定を、労働

---

276) Groß (Fn. 270) S. 28.
277) Groß (Fn. 270) S. 29 f. は「委員会の場合は、通常、個別事例に関係した監督による内容的な影響力の行使は不可能なので、委員会の人事割当がますます重要な意味を持つ。実際に、メンバーの選定によって、たとえ間接的でしかなくても、決定を事前に形作ることができる」としており、たとえば原子炉・放射線保護委員会の人事割当について、たとえメンバーが独立して決定していたとしても、彼らは所属するグループや学派によって見解を形成しているので、一定の内容的な統制が全体として生じると考えてよい、とする。
278) Groß (Fn. 271) S. 51-105.
279) 地方自治の代表機関（§24 I GemO BW）、社会保障の代表機関（§§29 ff. SGB IV）、↗

第 2 部 理　論

組合や環境団体といった自律的に形成された社会団体に委譲し、利益対立における妥協の形式をとるモデルである。②専門タイプとは、さまざまな社会的利益を持ち込むのではなく、特別な専門知識を取り入れるための機関である。ここでは当面の専門的任務に適合する人事によって専門家を選定し、専門に即した一定の任務を遂行する「専門家委員会」、複雑な評価や紛争調停の決定を行う「準司法機関」、委員が他の機関から選ばれて期限付きで就き、管理を行う「管理委員会」（Leitungsgremien）がある。③協働型は、さまざまな独立した行政単位間での行政内部の共同業務を行うモデルであり、そのメンバーは他の行政組織を代表しており、「協働の合議機関」と呼ばれている。

　こうした合議機関の民主的正当化は、一元型モデルに見られる厳格なヒエラルヒー原理の意義を軽減させている。法律によるプログラム化や、上級機関からの指示では、行政が必要とされた決定を行えない任務について、「行政の自己制御」という補充的な形式が必要だとグロースはいう。参加タイプとコーポレイティヴなタイプの機関がこの種の独自の正当化を行っているのであり、そこでは社会的利益を任務に即して統合させることによって、代表制の補充を行うとされる。また協働タイプにおいては、より密度の低い、間接的な正当化を行うとされる。

　以上のように、民主主義原理に基づく行政組織を検討したグロースは、法治

　　　＼水利・土壌団体などが挙げられている。Groß (Fn. 271) S. 63-75.
280)　具体的には、放送メディア委員会（Rundfunk- und Medienräte）、大学理事会（Hochschulkuratorium）、労働行政における組合参加（Sozialpartnerschaft in der Arbeitsverwaltung）、少年保護補導における団体関与（Verbandsbeteiligung in der Jugendhilfe）、連邦審査庁（Bundesprüfstelle）、環境監査委員会（Umweltgutachterausschuß）、核技術委員会（Kerntechnische Ausschuß）がある。Groß (Fn. 271) S. 75-87.
281)　Groß (Fn. 271) S. 87-93.
282)　Groß (Fn. 271) S. 93-98.
283)　実例としては、連邦銀行の幹部、地方自治のレベルでの貯蓄銀行理事、株式会社役員、大学の学長が挙げられる。Groß (Fn. 271) S. 98-102.
284)　実例は、地方自治における目的連合の団体会議（Die Verbandsversammlungen der Zweckverbände）、大学設置計画委員会（Der Planungsausschuß für den Hochschulbau）などが挙げられている。Groß (Fn. 271) S. 102-105.

第 1 章　民主的正当化論

国家原理の合理化機能についても、その重要性を強調する。

> 「民主主義は、憲法機関にのみ限定するのではなく、国家行為のすべての機構と行政組織を含む法的ルールの体系を必要とする。それゆえ、組織法の形成に対しては、合理的な任務遂行と各局面における関係人の自由保障も重要なのである」。

　この合理化機能は、法治国家原理から導かれる原則であり、行政の機能に適合的な組織構造を要請する。つまり、立法者には「合理的な組織形成」という、一定の行政任務の遂行にふさわしい組織形式を選定する義務が課される。そして、多元的利益の調整や、高度に専門的な事務など、複雑な任務は、合議制機関が適していると見ている。以上のように、グロースによれば、多様な任務を持つ現代行政にとって、十分に実効的に国民に結びつけられねばならないという民主的正当化の要請を真摯に受け止めるのに「必要なのは、多様な要請に柔軟に応ずることのできる、分化され、変化可能な組織なのである」。

---

285)　Groß (Fn. 271) S. 199.
286)　Groß (Fn. 270) S. 32.
287)　Groß (Fn. 271) S. 199-209.
288)　Groß (Fn. 270) S. 33. なお、グロースは行政組織と行政組織法の機能を「構成化機能」と「制御機能」の二重機能と考えている。Thomas Groß, (Fn. 271) S. 10-25. これに対して Gunnar Folke Schuppert, Verwaltungsorganisation und Verwaltungsorganisationsrecht als Steuerungsfaktoren, in: GVwR (Fn. 79), § 16, S. 995-1081 (998 ff.). はこの 2 つに「民主的機能」を付加して、民主主義原理を実現するための行政組織の意味に光を当てる。もっともグロースの理論には、「制御機能」のうちに「民主的正当化」の意味が含まれている。制御機能は「制御態様と密接に結びついた民主的正当化の問題がとくに重要である」としている (Groß (Fn. 271) S. 20)。ここでいう構成化機能とは「組織を規範によって創設すること」であり、制御機能とは「組織が自己目的ではなく、任務履行に影響を与えることができるようにすること」とされる。ここで意味する「制御」は、「目標に向けられた行態の影響 (zielgerichtete Verhaltensbeeinflussung)」と理解され、「制御機能」をもった組織法は任務履行を可能にし、同時に一定の方向に導くものとされる。制御の類型としては、「外部関係において直接的に行政行為を響導する、内容に関する制御」と「たんに行政行為の個別の前提を規制し、それによってただ間接的にのみアウトプットに影響を与える、文脈に関する制御」との区別を重視する。「内容に関する制御」は、行政行為によって一定の与えられた目標を達成されるだろうという仮説を基礎づける因果分析が立法者によるプログラム (とくに条件プログラム) のなかに反映される。このプログラムによる制御は議会の立法者が優位に置かれているが、↗

第2部 理　論

　こうした組織法上の議論の展開は、多様な行政の現実の任務に相応した理論モデルとして評価することができる。これらは主に現実の「行政」の側に着眼点を置き、そこから理論を構築しているように見受けられる。これに対してトゥルーテは、正当化主体としての「個人」にも目を向け、それと正当化客体の多元的な行政組織との相互関係性を捉えながら「行政の民主的正当化」について体系的に叙述している。

(3)　**Hans-Heinrich Trute**[289]（補充的な正当化）

　まず、トゥルーテによると行政の正当化とは、「国家支配の正当化についての規範的な形式」を指しているのであって、法学における民主主義の規範とは、国家権力行使が国民に拘束されるべきということを指すという。つまり、国家権力と国民の帰責連関が自省的に形成されるのが、ここで対象とする法的な規範としての「民主的正当化」である。そのうえで彼は、ベッケンフェルデの民主主義モデルを古典的な民主的正当化モデルと称し、乗り越えるべき対象としている。「行政の固有性の高い程度こそが重要だということが正しいならば、行政は、法律による拘束と政府の指揮権という単純なモデルによって、議会やさらには国民にさかのぼって拘束されえない。そのかぎりで、行政の独立性、その分化と多元化を受け止める必要がある」という。

　したがって、彼は「民主主義原理」を「古典的モデル」が考える「直接包摂可能な準則」としてではなく、多元型モデルにふさわしい開かれた原理としての「最適化原理」として理解する。つまり、発展に開かれている国家目標規定、憲法原理として理解している。[290] この理解から、ドグマーティクも変容をこ

　　政府ないし行政に権限を委譲する場合も認められており、行政規則による場合や慣習法によるものもあるし、さらには財政による制御も考えられている。これに対して「文脈に関する制御」は、行政行為の結果について直接的に関与するものではなく、たんに影響力を行使するだけである。すなわち、現存する文脈のなかで自己責任によって引き受けられる自己制御の余地を残すことである。

289)　Hans-Heinrich Trute, Die demokratische Legitimation der Verwaltung, in: GVwR (Fn. 79) § 6.
290)　Trute (Fn. 289) Rn. 16.

うむる。古典的モデルは正当化主体としての国民を国籍保持者として、それゆえ「国家と不可分に結びついた運命共同体」という集合的統一体として理解していたのに対して、彼は人間の尊厳を出発点として、一方で、平等かつ自由な自己統治、他方で、個々人の自己決定を基点にして民主主義の主体を考える[291]。

> 「民主的正当化の出発点は個（Individuum）である。民主主義の基点となるのは、個人（der Einzelne）である。個人は、自身の人間の尊厳と、そこから導かれる自己決定の保障に基づき、個人に対して行使される支配権力を正当化することができる。人間の尊厳は国民主権の最初で最後の根拠となる[292]。」

このように考えるため、民主主義は「人間の尊厳の最終的な帰結[293]」となる。それゆえ、多元的に志向された構想では、国民代表は「所与の統一体」ではなく「社会的差異性（soziale Heterogenität）と理解される。これによって、自由な秩序において自己決定する人の像を想定し、機能的自治をも民主主義原理に係留できる。そして、連邦国家の構成員、ラント構成員、地方自治体の市民、EU市民など、帰責主体をそのつどの人に結びつけることができるという意義が強調される[294]。

古典的モデルでは国家権力を行使する正当化客体が、包括的に規定された国家権力として把握され、職務を正当化の基点とする人的正当化が強調されていたが、多元型モデルにおいては、正当化客体の内容は、ドイツの国家権力の行為と決定に関する帰責を指す。すると、公共的任務が国家と私人の協働によって遂行される場合、国家の領域、協働の領域、そして私人の行為の領域が正当化を要するのかという問題に答えねばならなくなっているが、それは各問題状況によるという[295]。

トゥルーテは、行政の独立性という観点を重視しており、それに相応する行政の組織的な多元性を認める。そして古典的モデルには「議会を中心とした制

---

291) Trute (Fn. 289) Rn. 18-20.
292) Trute (Fn. 289) Rn. 18.
293) Trute (Fn. 289) Rn. 19.
294) Trute (Fn. 289) Rn. 17-26.
295) Trute (Fn. 289) Rn. 27-29.

第 2 部 理　論

御オプティミズム」[296]があるが、立法者である議会による中心的な地位を揺るがすべきではなくとも、行政はたんなる立法者の精神の体現者にはとどまらない、と指摘する[297]。たとえば、環境法、経済行政法、規制行政法などでしばしば見られるように、立法から独立した行政を想定しなければならず、行政による規範の自己プログラム化とその実行（＝行政の法産出機能）を過小評価しないように注意を喚起している。もっとも、こうしたことがあらゆる行政法領域にあてはまるわけではなく、議会法を中心とする静態的な安定した領域も認めている。現代行政においては、立法者を中心に置きつつも、行政が自発的な執行を行うことと構想すべきであり、法律による他者制御と行政による自己制御、さらに外部の専門知識や名宛人の知識を組み合わせることを構想する。ここから、行政組織の多元性を前提とした多元的行政の民主的正当化を構想しようとし、一方で議会の側で行政の自己制御を観察するというメカニズムと、他方で政府に対する責任だけではなく、国民にも還元していく責任というメカニズムを構想する。この自己制御と他者制御の関係は、規律構造に適合するような正当化秩序を求める。つまり、古典的モデルでは対政府責任によって、正当化ヒエラルヒーが保障されていたが、実際にはトップダウン方式に意思を伝えるためには、そもそも組織のトップに情報を集中させねばならない。情報の流れを効率的にする条件整備が必要であり、任務を分担し、フラクタルな組織形式をとりつつネットワーク構造によってつなぎ、水平的な情報調整を行うことが考えられている[298]。

---

296) Trute (Fn. 289) Rn. 32.
297) 「行政組織の分節とその多元化は、社会的権力に対する開放性によって、ヒエラルヒッシュな省庁行政の理論とドグマーティクに前提とされているような議会中心の行政のヒエラルヒッシュなモデルを不十分と考える。行政の分節化は行政の独立性を強調することになる」。「行政の独立性とその多元化が増大するほど、行政のヒエラルヒッシュなモデルとそれに結びついた行政制御の諸形式のモデルの模範機能が低下していく。同時に、多元化された行政を制御する組織の意義がかなりはっきりと際立ってくる」。Hans-Heinrich Trute, Funktionen der Organisation und ihre Abbildung im Recht, in : Schmidt-Aßmann / Hoffmann-Riem (Hrsg.) (Fn. 220) S. 251 f.
298) もっとも Trute (Fn. 297) S. 250 f. も、ヒエラルヒッシュな省庁行政のモデルを完全に捨て去っているわけではないが、ヒエラルヒー制御では不十分であると考える。「政↗

第 1 章　民主的正当化論

　トゥルーテは、正当化を実現する手段として、組織上の正当化と手続上の正当化という 2 つに分類し、議会の意思を実務上貫徹できる構造を考察する。

> 「組織は、多元化された行政を制御する媒体であり、組織法とは、憲法の枠組条件と法律による制御基準を埋め合わせる規範秩序である[299]」。「実質的なプログラムによって、相当程度の裁量が委ねられている領域や、立法者が実質的なプログラムに関して全く手の出しようがないか、自制しなければならない、少なくとも、その程度しかできないような領域では、組織の設置と形成は、公共善を実現する本質的な形成手段なのである[300]」。

　組織法は、責任構造と決定構造の調整において、正当化を補充する形式となっている、という。つまり、「組織法によって制御する際に重要なのは、とくに、組織内部の予期構造を、直接ないし間接的に形成することにある[301]」。具体的には、任務の配分、人事の選任、参加の形式形成、責任関係の規則化、情報の普及と再分配に関する規則制定、距離保障といった要素が念頭に置かれる。

　他方で、民主的正当化は、法律と行政によって形作られる手続によって伝えられる。手続は、その法律による形成を通じて、民主的正当化の作用を持つ。複雑な行政手続のなかで法律を具体化する政策形成が行われ、行政は包括的な情報を広め、利益の明確化と均衡化、受容の確保などが手続によって作用するよう維持される。こうして、法はプロセス化し、手続そのものにも注目が集まる。

> 「参加、公共性そして受容が手近にあることで、手続による正当化という言い回しは、

策形成、政策遂行の現実は、一貫して 1 つのヒエラルヒッシュな制御モデルに順応することはもはやない、ということは争いがないといっていいだろう。たしかに、引き続き、ヒエラルヒッシュな省庁行政のモデルに相応する行政の領域というのも存在している。たとえば広汎な税法の領域がそれである。この分野で注目されるインフォーマル化や交渉取決めの過程（Aushandlungsprozesse）について、法適用において裁量の余地がないような純粋な執行行政のモデルを、ここでも若干の修正がなされている」。

299)　Trute (Fn. 297) S. 252.
300)　Trute (Fn. 289) Rn. 43.
301)　Trute (Fn. 297) S. 256.

第 2 部　理　　論

関係人との近さによって負荷がかかる。国民（Staatsvolk）という不確定的一般性との関係が、関係人には欠けているので、正当化が伝達されない。にもかかわらず、明らかなのは、この関係人を法律で形成する手続は、民主的正当化を伝える効果を持つのである。[302]」

　行政の独立性に関する正当化もここに由来する。手続によって決定権限を与えられた特殊利益である参加者の自己決定によって「自律的正当化」が行われるからである。

　この自律的正当化という形式は、憲法上明らかに承認されているのであれば事項的・内容的・人的正当化の欠如に苦しむことはない。しかし、正当化主体が国籍保持者としての国民という単一体に制限されてしまうなら、関係人によって構成される参加の形式はグレイゾーンに入ることになる。そこで彼は、民主主義の開かれた「最適化原理」を承認し、個人の自己決定を出発点として、正当化の自律的形式を民主主義原理に分類することを提案する。そこでは議会を媒介とした一般的な正当化と個別利益から導かれる自律的な正当化という二元的秩序が特徴となっているが、分類の基準として、どの程度個別利益が制度的に画定できているか、あるいは他者利益を分散して引き受けるようにできているか、ということを挙げる。

　また彼は、正当化手段を補充する形式としてアウトプット正統化を挙げている。[303] 事実上の実証、受容、あるいは政治的行動の成果に注目し、法秩序を社会的に承認するリアルな条件を見ることがアウトプット正統化の前提とされる。「決定の望まれる品質」を問題にしたアウトプット正統化は、それゆえ、国家権力の行動の目標を促進させることに向いている。「しかし、これは行政の正当化の規範的構想に対して直接的にはわずかにしか寄与しない」。そもそもトゥルーテは、行政の正当化を規範的にのみ用いると限定しており、事実的なアウトプット正統化は補助的にのみ参照されることになる。

　行政に対する基本法の正当化秩序は、本質的に、立法による形成の余地を認

---

[302]　Trute (Fn. 289) Rn. 47 f.
[303]　「正当性」（正当化）と「正統性」（正統化）の本書の語法の区別については、本書第1部第2章3を参照。

めている、と解釈している。したがって、「当然、立法者には、すでに強調してきた民主的正当化の要請を遵守するための正当化責任がある」。つまり、立法者は、民主的意思形成を伝達する一般的な正当化と、同じく、民主主義原理に根づいた自律的正当化の分類に取組まねばならない。このとき、たんなる規範上のフィクションとしてだけではなく、国家権力行使を実際に十分に国民に結びつけておかねばならず、そのために立法者は制度的な枠組み条件を策定しておく必要がある。つまり、国家の決定が私人によって影響を与えられている場合や私人が国家の力を使うときには、憲法上、立法者には「正当化責任」が課されている、というのである。この「正当化責任」の構想は、「国家による内容的な決定の欠缺を補完するために、正当化を行う事前または事後の作用を通じて、私的アクターの地位を、その機能に適合させ、私的アクターに特定の拘束を課す」というものである。ここからさらに、類型的に、事項に適した任務遂行、平等な利益顧慮、十分な制度的な中立性確保が要請される。このように、国家と私的アクターとの協働を実現し、公共善の実現をはかるよう、十分な正当化の水準を確保するよう求めることを「派生的正当化責任」という。本来、国家の領域だったところから越えて「派生」した正当化責任、ということである。これは、立法者にも、行政にも課せられる。

　こうして、トゥルーテは、人間の尊厳に由来した個人の自己決定を正当化の基点として、多元的な行政組織の決定を正当化するために、従来の立法中心の発想だけではなく、自律的正当化、アウトプット正統化という補充的な正当化手段を挙げて、多様な行政任務に相応する正当化構造を構成しようと試みる。

---

304) Trute (Fn. 289) Rn. 58.
305) Trute (Fn. 289) Rn. 48.
306) Trute (Fn. 289) Rn. 58.
307) Hans-Heinrich Trute, Verantwortungsteilung als Schlüsselbegriff eines sich ändernden Verhältnis von öffentlichem und privatem Sektor, in : Schuppert (Hrsg.), Jenseits von Privatisierung und „schlankem" Staat (1999) S. 34.
308) Trute (Fn. 307) S. 34 f.

第 2 部 理　論

(4)　Christoph Möllers（自己決定と民主主義）

　正当化の出発点を「個人」として構成することに主眼を置いたのがメラースである。上記の多元型の民主的正当化論では、正当化の出発点を人間の尊厳に基づいた自己決定においてはいたものの、自己決定と民主主義原理との関係については、具体的に論じられていなかった。この課題にメラースは取り組む。

　メラースは国家権力行使の正当化構造について、個人の自己決定と民主的自己決定の相互補完的で、ときに衝突しあう2要素から分析している。

　「正当化構造は、法秩序によって形作られるところの、行使された高権的権力を法的に根拠づける（Rechtfertigung）形式である」。「正当化構造は、法主体の意思形成と結びついた法秩序の構成要素と理解されねばならない」。

　このようにしてメラースは、正当化概念を憲法理論上の概念として持ち出す。それをドイツ基本法から実定的に基礎づけるために、「自己決定」とその保障を正当化の基点におく。さらに、自律的な「個人の自己決定」と「民主的自己決定」という規範上同価値の2つの自己決定を認める。

　「この2つの自己決定形式の基礎となるのが基本法1条1項によって要請された人間の人格性（Personalität）であり、そこには規範的に、自律的意思形成といったものがおかれている」。

　基本法2条1項で人格権が保障されることで、個人の自己決定が規定され、他方、民主的正当化主体の一部としての集合的（kollektiv）自己決定が20条2項1文にて求められている。こうして、人間の尊厳から規範的な個人主義が求められる。自律的自己決定は民主的自己決定を基礎づけ、民主的自己決定が国家権力に結びつけられる。2つの自己決定の間には優劣関係はなく、2つの自己決定は並置される。このように解釈することで、ドイツ基本法には高権的支

---

309)　Möllers (Fn. 76) S. 27-63.
310)　Möllers (Fn. 76) S. 11 f.
311)　Möllers (Fn. 76) S. 29-32.
312)　Christoph Möllers, Dogmatik der grundgesetzlichen Gewaltengliederung, AöR. 132 (2007) S. 493-538 (504).

配の正当化要請がはっきりと規定されている、と考える。基本法1条3項と20条2項1文において2つの自己決定の連関が規定されているという。

> 「あらゆる国家権力は国民に由来し、基本権に拘束される。これによって、すべてではないが、高権の担い手への憲法上の要請が満たされる」。こうして基本権と民主主義原理が結び付けられ、「自己決定の2つの形式に拘束することは、たとえ国家的高権を正当化する十分条件ではなくても、必要条件となる」〔傍点は原文イタリック〕。

この憲法上の理解を基礎にして、自己決定と高権的支配の基礎づけ（Rechtfertigung）との関係を捉えるために、「正当化（Legitimation）」の概念を見る。高権的行為の正当化は、一方で、民主的に構成された制度が法を産出し、他方で、法的な制度を通じて個人の自己決定が保障されるということを表している。この正当化の概念が説得力を持つのは、法主体が意思形成と結びついた場合である。

> 「主観的自由によって正当化を行う中味は、個人の意思活動からもたらされ、民主的制度によって正当化を行う中味は、集合的な意思、たとえば国民（Staatsvolk）や団体構成員（Verbandsvolk）の意思への還元可能性からもたらされている」。

以上を前提としたメラースは、「正当化は、正当化されるべき支配秩序の法的側面にのみ適用されるのであり、法外的前提に適用されるのではない」と「正当化」の論ずる場面を限定する。この場合の法的な正当化とは、上記のように憲法上構成された正当化を指しており、2つの自己決定を前提としたものである。そこで、法学の文献でも近年見られるようになった「アウトプット民主主義」という政治学の観念も、ここで使われている正当化概念からは捉えられないことになる。しかし、高権的行為が一定の目標に達したかどうかの評価基準は、法学にとっても意義があるため、法学上、直接、自由に使える道具で

---

313) 「あらゆる国家権力は国民に由来」（基本法20条2項1文）し、「基本権に拘束される」（同1条3項）という両規定から正当化要請を導いている。(S. 32)
314) Möllers (Fn. 76) S. 32.
315) Möllers (Fn. 76) S. 34 f.

第 2 部 理　　論

はないが、「いかなる機関がそのような基準を発展させ適用するのに最も適しているのか」を問うことが、正当化に関連した権力分立の理論にとって重要となる。こうしてメラースは、国家機関への適正な任務配分や、任務に適合した組織編成の基礎を形成しようとする。

　自己決定による憲法上の正当化要請というのは、国家権力行使の内容を開かれたものにする。つまり、高権的権力行使を一定の内容と目標に結びつけるものではなく、結果を未決状態にして、個人の意思形成と民主的意思形成を通じた手続構造と組織構造によって内容を形成する。この手続態様には 2 種類あり、主観法の制度及び保障に基づく個（人）による正当化と、民主的手続の制度に基づく民主的正当化である。

　個人による自由の享受は、権利と支配関係を承認した法秩序を通じて行われる。それゆえ個（人）の自己決定は法命題に依存している、とされる。ここから個（人）の正当化主体は必ずしも人である必要はなく、法秩序が権利の担い手としての組織を承認するのであれば、その自己決定行為は法的に効力を持つことになる。これによって正当化主体が基礎づけられるが、その正当化は、主体の具体的な行為請求権を意味する主観法の保障に基づく。

　他方で、民主的正当化の手続態様がある。ここでは民主的正当化の組織法上の条件に限定して語られる。規定された関与権（Beteiligungsrechte）に限定したところの正当化形式を見ると、民主的正当化は最終的には個人の意思表示に関係するものの、民主主義の性質は、選挙法のような法化された手続によって初めて生成される。つまり、民主的意思形成は法によって保障されるのではなく、作り出されるものである。こうして法秩序と意思形成が結びついて民主的意思が実現されるという。

　「民主的正当化の要求は、正当化主体である個々のメンバーが民主的な共同決定の主

---

316)　このように、法外的に、国家権力の行使を正当なものとする概念として「正統性（Legitimität）」がある。Möllers (Fn. 76) S. 34.
317)　Möllers (Fn. 76) S. 35-39.
318)　Möllers (Fn. 76) S. 40-43.
319)　Möllers (Fn. 76) S. 46-48.

第 1 章 民主的正当化論

観法を持っているかぎり高められうる。逆に、個人の自由を保護する射程は、民主的決定を必要とする。というのも、ある者の個人の自由行使によって他の者に負担をかけられないからである」。

このように、個（人）による正当化と民主的正当化は相互依存しているし、相互に影響を与えあっている。この２つの正当化態様の連関は、正当化を要するあらゆる高権行為に必要である。この連関は３つの次元で対照をなしている。①主観法は個（人）の法主体に該当し、排他的な文脈に置かれている。

「個人には、政治的な要求である意見表明の権利が重要なのではなく、一定の状況における一定の見解を表明する個人の権利が重要である。」

他方で、民主的決定は潜在的に開かれており、多数の法主体が対象となる。②個人の自由が法的な効力を発生させるのは、自己決定の実現が妨害されたあとで行われるため、過去志向的である。他方、民主的意思表明は、法形式が形成されてから実現されるので、未来志向である。③個人が自由を行使する射程は最終的に法によって規定される。高権の担い手は個人の自己決定権を保障するために、正当化される。他方、法によって初めて作り出される民主的自己決定の射程は、法秩序によって開かれていなければならない。さもなければ、本当の意思形成は実現できない[320]。

個人の自己決定と民主的自己決定に基礎をおく正当化作用は、高権的権能の担い手の透明性ある情報供給とその決定の合理的説明可能性及び根拠づけ能力において表れる、とされる[321]。インフォーマルな情報の伝達経路や情報への主観法の意味が高まり、しばしば組織の内的な情報加工が分析の対象になっているにもかかわらず、正当化と情報加工の関係は、学説上、十分に論じられていないという。メラースは、個人の意思形成と民主的な意思形成の過程を結びつけることで、この問題に取り組む。つまり、選挙の結果をたんに正当化の淵源としてだけ捉えるのではなく、情報の淵源とも考えられるという。そして、情報

---

320) Möllers (Fn. 76) S. 56-58.
321) Möllers (Fn. 76) S. 59.

提供と情報処理を透明に行う正当化構造も、ロビイングや政党の業務などのインフォーマルな情報伝達経路と結びつかねばならないという。これらはもはや、限定して用いられてきた法的な「正当化（Legitimation）」概念ではなく、変動する社会状況に開かれた法外的「正統性（Legitimität）」である。それゆえ、自己決定に基づく正当化秩序は、情報過程に基づく「正統性」を法秩序に組み込むためにも、法的に形成するという自己決定が行うところの手続によって、情報伝達経路を形式化して透明性を確保しなければならない。[322]

(5) 小　括

ここに挙げた「多元型モデル」の学説は、共通して、「国民」という条件づけられた正当化主体ではなく、「あらゆる者の自由な自己決定」という「個人」を正当化の基点においている。さらに、正当化客体を自治団体や独立性を特性とする合議機関にまで及ぼすのである。そして、正当化主体と客体の多元性を認識することによって、いかに正当化の水準を確保するのか、という課題に取組んでいる。もっとも、これら「多元型モデル」は、正当化主体及び客体の多元性を認識することでこそ、「一元型モデル」から離れるが、「事項的・内容的正当化」、「組織的・人的正当化」といった「正当化手法」については、否定をすることもないし、継承したとしても論理的に矛盾しないため、基本的には継承していると思われる。

それでも、これらの学説は、それぞれ論じる対象や議論の次元を異にしている。トゥルーテこそ、「多元的行政の民主的正当化」を直接的に扱っているが、グロースは正当化客体の多元性について、とくに合議機関の法的位置づけを中心的に論じているのである。メラースは、実定法上の事案を見ながら、高い抽象性を保っているために、議論の方法が他とまったく異なっているのである。したがって、これらの「多元型モデル」は、総じて「一元型モデル」の批判の上に成り立っているという点でこそ共通しているものの、同じ議論立てや同じ主張を繰り返しているわけではないことに注意を要する。ただ、正当化主体に

---

322) Möllers (Fn. 76) S. 59 f.

ついて、基本権上の自己決定から構成しようとする点と、正当化客体の多元性を認識する点で、同根といえるのである。

ここに挙げた学説は、代表的列挙というよりも、例示的列挙にすぎず、以下で見ていくとわかるように、ドイツの近年の学説は、基本的に「多元型モデル」に依拠しつつ、そのあり方をいかに構想するのか、について個別的な論点で論究していっているといえる。

3 「機能的自治」──リッペ団体判決

以上の「多元型モデル」の学説は、実は、判例の強力なバックアップを受けている。いや、精確には、民主的正当化論について、学説と判例は、「一元型モデル」のときから、相互に影響を与え合っている。「一元型モデル」の枠組みから、今や理論と実務がともに抜けだしている。さて、その先駆けとなった判例が、2002年12月5日の連邦憲法裁判所第2法廷の判決（いわゆる「リッペ団体判決」）である。

本件で審査の対象となっている機関（「リッペ団体」と「エムス社団」という水利団体）は、「機能的自治」と呼ばれる自治体である。「自治体」といっても、地方自治体のように一定の「領域」に着目したものではなく、法律によって任務を与えられた団体、すなわち「機能的」あるいは「作用上」与えられた団体である。ドイツ公法ではたとえば、大学、医師会、弁護士会、商工会議所、社会保障組合、保険医協会などが挙げられる。本件の2つの水利団体も「機能的自治（funktionale Selbstverwaltung）」である[323]。基本法では、「機能的自治」の概念は使われず、たんに「自治」の概念が、基本法90条2項の遠距離交通の連邦道路行政との関係で使われ、そして基本法28条2項2文で言及されているだけである。しかし、連邦憲法裁判所によれば、憲法制定者は、「歴史的に発展した機能的自治の組織形態を基本法の前提として認識していた」のである[324]。機能

---

323) BVerfGE 107, 59 (89).「ここで判断されるべき種類の水利団体というのは、歴史的に成長し、憲法によって原則的に承認された、地方自治ではない自治の分野に帰属している」。
324) BVerfGE 107, 59 (89).

的自治は、その沿革としては、もともと社会の自己制御であった活動を制度化したものだったが、今では原則的に、社会の自己制御ではなく、国家が法律によって制御をはかることが前提となっている。それゆえドイツ公法学では、機能的自治は、民間団体とも異なり、国家行政組織とも異なる特殊な位置づけを与えていたが、本判決は機能的自治を、「私的利益を代表する活動」と捉えた。

ところで、自治体としての水利団体は、1959年7月25日の連邦憲法裁判所第1法廷の判決ですでに承認されている[325]。褐炭鉱山稼動者のエアフト団体への強制加入について問題となった事件で、裁判所は、自治の形式での公共的任務遂行を自明のものとして、憲法上問題なしとした。正当な公共的任務遂行のための公法上の自治団体が承認されたわけである。とりわけ、公法上の団体による水利経済の任務遂行は「慣習的」なものであって[326]、整序された水利経済という生活にとっての「必要性」と、住民経済にとっての「卓越性」の点で憲法上許容されるとしている[327]。

連邦行政裁判所はエムス社団の任務を国家任務と判断して、民主的正当性をもつ国家が、自治体に任せることは、団体に参加しない一般市民が決定に関与できなくなるので許されず違憲とした。これに対して、連邦憲法裁判所は、民主主義原理からは、かかる事務が国家固有のものであるとは読み取れず、それが国家固有のものか否かは、立法裁量の下にある、とした。

(1) 事　案

リッペ団体とエムス社団は、20世紀初頭に、ノルトライン・ヴェストファーレンの地域で形成された、エムス川とリッペ川及びそれぞれの支流域における、汚水浄化と洪水防止を目的とした強制加入団体である。1990年に制定されたリッペ法によって、リッペ団体は、ほぼあらゆる水利経済上の任務をリッペ川流域に対して負っている。自治を行う団体の機関は、総会、評議会、理事会である。

---

325) BVerfGE 10, 89.
326) BVerfGE 10, 89 (103).
327) BVerfGE 10, 89 (107).

この総会とは、構成員から委任された者と、ヴェストファーレン・リッペの農業会議所から委任された者によって構成される。団体総会は定款とその改正、会費を定め、さらに理事会の構成員を選ぶ。団体総会は自らの意思を、有効投票数の多数によって決める。

　評議会は15人から成る。1人の評議会構成員はノルトライン・ヴェストファーレン州の権限ある専門省庁から派遣される。他の14人の構成員は団体総会から選ばれる。その際、（会費とは関係なく）1議席は企業とその他の公的給水の担い手に、3議席は都市、市町村、郡に、2議席は鉱山業、商工業の企業、土地所有者、交通施設とその他の施設に割り当てられる。他の3議席はドント式の会費支払手続に応じて参加グループに割り当てられる。評議会における残りの5議席は団体の労働者代表に割り当てられ、団体の職員委員会の提案に応じて選ばれる。そのうち、団体職員3人の労働者が選ばれねばならず、ほかの2人は非職員がなる。職員委員会の選定案は少なくとも選ばれるべき構成員の2倍の数（10人）なければならない。定款に応じて規定されるのは、評議会のあらゆる構成員に対して同じ方法で代表する構成員が召喚されるか選ばれる、ということである。

　評議会は理事を選任し、1人の理事会員をその理事長におく。理事長は計画以上の支出又は計画外の支出の許可に関する決定と団体行政の職務規定に関する決定を行う。

　エムス社団についても同様にエムス社団法が同日制定され、同種の構造を持つ団体となっている。

　1990年に法改正によって作られたリッペ団体総会は、都市、市町村、郡、ラントの代表者、農業会議所の代表者から委任された66人と、私企業と所有権者から委任された74人から構成されていた。そして、この団体総会は、都市、市町村、郡、鉱山業の構成員、その他の「事業所企業」からの6人の構成員と5人の労働者代表から成る団体理事会を構成した。最初の定款では5人の理事が選ばれ、そこでは理事長と3人の構成員ならびに人的社会的な職務領域に権限ある構成員から成る。

　エムス社団も、同年、法改正に基づいて、都市、市町村、郡から委任された

第 2 部 理　　論

50人、鉱山業から委任された67人、営業企業及び私的所有者からの31人から社団総会を構成した。そこでは、評議会が郡、都市、市町村の5人の代表者、鉱山業及び私的所有者の5人の代表者、そして5人の労働者によって選ばれる。その評議会では、社団理事会が、理事長と3人の構成員と人的社会的な職務領域に権限ある構成員によって選定された。

　事業所と鉱山業者から選出されたリッペ団体2名とエムス社団4名は、労働者代表の選出方法と評議会議事の決定方法に関わる法規定について、1990年に憲法異議を行ったが、1991年6月26日の連邦憲法裁判所は、出訴の道を尽くしていないとして、これを却下した。

　ここでは、労働者の共同決定が彼らの基本法2条1項上の基本権を侵害しているとして、団体理事会ないし社団理事会選挙の不平等を確認する訴えが提起された。つまり、形式的には水利団体法の連邦権限及び人的代表法が遵守されておらず、実質的には労働者の共同決定がとりわけ民主主義原理と衝突していて、行政の法律適合性の原則としての法治国家原理と過剰介入の禁止という法治国家原理にも反している、という訴えだった。なぜなら、水利経済という公共の利益に関わる重要な任務について、民主主義原理が要請されるにもかかわらず、評議会の選定には十分な民主的正当化が欠けている、と考えられたからだった。

　これについて、1992年9月11日、ゲルゼンキルヒェン行政裁判所は、申立適格がないとして却下し、さらに、1995年6月9日、ノルトライン・ヴェストファーレン州の上級行政裁判所は控訴を棄却した。基本法2条1項に対する侵害は存在しない、と。労働者の共同決定に関する苦情の規定は、形式的・実質的観点において基本法と合致する。問題となっている共同決定規則は、民主主義の要請や行政の法律適合性の原則を形作る法治国家原理に反していない。基本法33条に従った公務に関する諸原理も、または行政組織の諸原則も2つの法律にある労働者の共同決定に関する諸規則に矛盾するものではない、という。

　連邦行政裁判所は1997年12月17日の決定によって、基本法100条1項により手続を停止し、連邦憲法裁判所に問題を移送した。

第 1 章　民主的正当化論

「その問題は、団体総会及び社団総会の機関、団体評議会及び社団評議会ならびに理事会が、（全体ないし多数が）不断に国民に帰される正当化を欠く官職者から成り立つ限り、リッペ団体法 6 条、12条、14条 1 項 2 文、15条 6 項、16条 1 項 2 項 4 項、17条 2 項、18条 5 項及びエムス社団法 5 条、11条、13条 1 項 2 文、14条 6 項、15条 1 、2 、 4 項、16条 2 項、17条 5 項が基本法20条 2 項と28条 1 項 1 文で保障された公共善に関する任務遂行のために不可避である組織的・人的民主的正当化の要請という諸原則と一致するのかどうかである。[328]」

きわめて重大な公共財である水について、巨大な流域と全住民に対して重大な保護任務と規制任務を負う自治体の場合、民主主義原理の要請は、組織的・人的民主的正当化を通じることで満たされるのだという。

上告によって明白に労働者の共同決定の構想だけが争点とされているにもかかわらず、団体と社団の決定構造に対して決定的な要素となるあらゆる規定が連邦憲法裁判所に移送されるべきとされた。労働者の共同決定の民主主義違反の疑いが、国家権力を行使する機関の正当化水準に影響するからである。

ここで注目したいのは、リッペ団体とエムス社団の組織の本質的な部分が、これまでの判例の民主主義理解と一致していないことである。

「基本法20条 2 項 2 文は、国家機関の人的連関と行為に対する国民の効果的な影響を要求している。その行為は国民の意思に帰されなければならなかったし、国民に対して責任を負わなければならなかった。こうした国民と国家権力との帰責連関は議会選挙、行政行為の規準としての議会法律、政府の議会に対する責任、そして行政の原則的な指示拘束性によって確立される。民主的正当化に十分な内容があるかどうかの判断にとって、判例と学説において展開されたさまざまな正当化の形式はそれ自体意味をもたず、たんにその相互作用のなかに意味がある。重要なのは、その相互作用の効果と一定の正当化水準の到達である。その際に、一方では機関職務者の人的正当化と、他方でその者の法律によって制御された行為の事項的・内容的正当化が決して相互に十分に代替できないのであり、しかしある一定程度において代用することができる。機関と官職者はしたがって、公民の全体、国民に帰されるべき正当化を必要とするし、その際には普段の正当化連鎖を通じた無制限の人的正当化が作用される。」

連邦憲法裁判所の従来の判例の構想する民主的正当化が、機能的自治の団体

---

328)　BVerfGE 107, 59 (75).

に適用されるのは、「これらがその構成員の要件だけではなく、最重要の公共善事項と広範な住民地域の生存に関する事前配慮という生活に重要な任務といった第三者の要件を負わねばならない場合」であって、「そのような自治体の構成員は、『部分国民』として正当化を媒介できるわけではない」という[329]。

> 「たんに機能特定的、利益特定的なメルクマールに従って画定される社会集団は、自治体が構成員の固有の専管事項を規制するのではなく、この場合のように、その本質的な目的を、関与者の利益圏をその範囲と重要性に従って一義的に超える公共善事項を保持することであるとする場合には、少なくとも正当化主体の意味での『部分国民』ではない。」[330]

リッペ団体とエムス社団について問題になっているのはたんに水利経済上の個々の任務遂行だけでなく、「地域全体についての水の保護と維持という重大な公共善事項の保持であり、それゆえ生活に必要で最終的には『民営化可能』ではない国家任務が問題となっている」のである。

> 「民主的に正当化された国家は、自己のオリジナルで本質的な国家任務に対する責任から（部分的にも）免れられない。」
> 「専門家の共同作用も意味あるように思われるかもしれないが、しかし国家権力行使がもはや議会によってではなく利益団体が責任を負うことになるため、最低限の民主的正当性が保持されねばならない。」[331]

したがって、この両水利団体についても民主主義原理が要請される。

にもかかわらず、リッペ団体について、総会の決定は民主的に正当化された代表者の「過半数」とならないので、評議会の民主的正当化と、選任された理事会の民主的正当化がそもそも確保できていない。他方で、エムス社団の社団総会では、地方からの委任を受けた者が約3分の1だけいて、その者だけは民主的に正当化されている。すると、社団の総会は人的民主的に正当化されないために、総会は評議会と理事会に民主的正当化を媒介することができていな

---

329) BVerfGE 107, 59 (77).
330) BVerfGE 107, 59 (78).
331) BVerfGE 107, 59 (78).

い。

　この人的正当化の赤字は事項的・内容的正当化で調整することはできない。たしかにリッペ団体法とエムス社団法は、詳細かつ包括的に整序された国家監督を規定していたし、そこでは法的監督と並んで専門監督のアプローチも含んでいた。しかし、正当性を調達する立法者の意思が、十分具体的ないし明確に、機関の行為計画に表れているわけではない。

> 「たしかに、法律を通じた事項的・内容的正当化は、作用が構成員の固有の案件に限定された自治体の場合には、人的正当化の赤字を十分に補充できるだろう。しかし、これはリッペ団体とエムス社団には妥当しない。なぜなら、これは一般社会にとって生存に必要な公共財である『水』の保存によって事前配慮の真の任務を負うからである。」[332]

　裁判所は、人的・組織的正当化の赤字を、任務によっては、事項的・内容的正当化によって補充できるという。立法の規定によって事項的・内容的正当化を充当しさえすれば、民主主義の赤字を埋めることができる。しかし、水利経済という生存に関わる公共的任務について、それを認めることはなかった。さらに、申立人の強制加入団体とそれと結びついた負担金の義務も、国家権力行使に必要な正当化を獲得するわけではないという。機能的自治を原則的に承認するといっても、私人による構成員の義務引受が増大すれば、公共善の包括的な影響を認めることはできない。公共的任務についてその責任を国家が一定程度以下に引き下げないように裁判所は考えている。

(2) 機能的自治と自律的正当化

　それでも、連邦憲法裁判所は、連邦行政裁判所の移送決定については支持して、受け入れたが、機能的自治の民主的正当化の問題については、これまでの判例の理解を変更して、両法律を憲法適合的だと判断した。

　連邦憲法裁判所は、機能的自治を歴史的に成長してきた組織形式として憲法と一致する、として承認する。しかし、水利経済の任務遂行を機能的自治が行うことに対する違憲性をどのように考えるのかが問題となる。裁判所は、ま

---

332)　BVerfGE 107, 59 (79).

ず、民主主義の「原理」としての性質を強調し、そこで民主主義の要請は厳格に閉じた内容を持つものではなく、「原理」として開かれた形式を持っている、という「開放的」民主主義原理の解釈を展開した。これによって、「関係人の参加」という発想を憲法上承認することになる[333]〔傍点、筆者〕。そして、これを支えるものとして、「あらゆる者の自由な自己決定」を前提する[334]。そのうえで、自治の任務の決定を、広い立法裁量と見るために、裁判所は判断できないとする。しかし、同時に、機能的自治の担い手が国家権力行使を行う根拠として、法律が諸機関の任務と権限を十分に規定し、人的民主的に正当化された職務者の監督に服することを挙げている[335]。

また、労働者の共同決定は基本法20条2項に違反しないとして、自治体で活動する労働者は、たしかに自治体任務を通じた関係人ではないが、職務関係に基づいて、自治体任務の遂行に共同して参加すると説く[336]。

このようにして、機能的自治の分野において学説で説かれてきた「自律的正当化（autonome Legitimation）」について、連邦憲法裁判所はその意味を限定していく。学説はこれまで、機能的自治については、特定の社会集団内部での自律的正当化によるため、人的正当化連鎖が不十分で、そのうえ、法律拘束と国家の監督権によって不十分な事項的・内容的正当化が確保されるだけで、民主的正当化が赤字となるため、機能的自治は限定的にのみ認められるとしてきた[337]。限定的かつ消極的にのみ認めてきた機能的自治に、この判決は、積極的に憲法上の承認を与える。「あらゆる者の自己決定」によって、固定化された「国民」という正当化主体の範囲を拡張し、事項的・内容的正当化のために立法裁量を広汎に認めて、社会集団への公的任務の委譲を確保する。もっとも、委譲の範囲については「自治の組織統一体による許可が歴史的に受け継がれていて、伝統的に保持されていたもの」で、「国家自身が自己の官庁を通じて狭

---

333) BVerfGE 107, 59 (91).
334) BVerfGE 107, 59 (91).
335) BVerfGE 107, 59 (94).
336) BVerfGE 107, 59 (98 f.).
337) Böckendörde (Fn. 210) Rn. 1-34.

義の国家任務として遂行しなければならない公共的任務」はその範囲外へと排除する、と規定している。[338]

　リッペ団体もエムス社団もともに、法律が詳細にその任務・権限・組織を規定し、「自治」の性質をぎりぎりにまで限定する。そのような詳細かつ包括的な規定ゆえに（十分な事項的・内容的正当化）、両法は民主主義原理に違反しないという。また労働者の共同決定も、関係人の参加という基本思想に合致しており、民主主義原理に違反しない。ゆえに、連邦憲法裁判所は、機能的自治の民主主義原理に関する憲法適合性を導いたのである。

　このように、「多元型モデル」へと民主主義理解を転換していった裁判所は、「アウトプット」ということばこそ用いていないものの、実質的に同じ議論を導いている。[339]

　「自治の形式において公的任務の遂行を委譲することによって、立法者は他方で、事項に相応した利益衡量を容易にする目標を追求することができ、そして立法者によって決められた目的と目標を実効的に達成することに寄与する」[340]

　たしかに、目的を効率的に追求することが容易になるかもしれないが、第三者の利益という観点から見れば、失われる利益に気づくはずである。ところが裁判所は、組織的人的民主的正当化の不断の連鎖という要請を機能的自治から除外してしまい、代わりに、議会で制定された法律による任務と組織の詳細な決定、そして、その活動を、民主的正当化のなされた公務員が監督すること、という2点から補充できると考える。そして、この条件がそろえば、限定的な範囲で、自治団体が第三者に対して影響を与える決定をすることも可能だとしている。しかし、この発想は、自治体の決定が第三者に及ぼす影響力を過小評価して

---

338) BVerfGE 107, 59 (93).
339) この解釈は Trute (Fn. 289) Rn. 53 による。「ほかにも立法者には、たしかに（利益代表という集団の形式によって労働者の権利を確保することとして）自律的正当化に帰責できる公勤務の共同決定もつかうことができる。しかし、その点で、決定の関係者の組み込みが問題となるのではなく、むしろ、労働条件を適切に形成することで、共同決定は、任務遂行を最適化することに資する。」
340) BVerfGE 107, 59 (92 f.).

いる、という批判があるように、機能的自治の限界が引き出されることになる。

(3) 問題点と射程

「自律」、「自由な自己決定」、「自由な秩序における自己決定する人という観念」といったことばが判例にあふれている。従来の民主的正当化が、議会制民主主義を中核に据えた代表制論を前提としていたことと対照的に、この判例では、独自に民意を獲得する道が開かれている。しかし、このようなことばや理念といったものは、本来、民主主義と自治のためだけに追求されるものではない。イェシュテットが指摘するように、これらの規定は、自由な憲法国家としての信条（credo）にほかならないのであり、国家は人のためにあり、人のために国家があるのではない、ということにすぎない。これによって民主的なつながりが失われてしまうのである。

民主主義の「質」をめぐっても、疑念が提示されている。というのも、判例では、労働者の共同決定について判断する際に、法律によって任された任務遂行を実効的になすことが民主主義原理を強化する、としているが、労働者代表の関与が実際に任務処理の実効性を高めるのだろうか。

民主的正当化について、この判例は、民主主義原理を開放するにもかかわらず、それが具体的にどのような民主主義ドグマーティクとして、機能的自治と労働者の共同決定において展開されたのかが明らかではなかった。なお、これに関連して、直接的国家行政における民主主義原理と直接的国家行政外の事務における民主主義原理の基準の分化についても、説明が不十分だった。それゆ

---

341) Andreas Musil, Das Bundesverfassungsgericht und die demokratische Legitimation der funktionalen Selbstverwaltung, DÖV 2004, S. 120.

342) Matthias Jestaedt, Demokratische Legitimation, JuS 2004, S. 651 f.

343) BVerfGE 107, 59 (98 f.).

344) Peter Unruh, Zur verfassungsrechtlichen Zulässigkeit und der demokratischen Legitimation der funktionalen Selbstverwaltung, JZ (2003) S. 1063.

345) Unruh (Fn. 344) S. 1063.; Jestaedt (Fn. 342)S. 652.

346) Joachim Becker, Das Demokratieprinzip und die Mitwirkung Privater an der Erfüllung öffentlicher Aufgaben, DÖV 2004, S. 912.

え決定の根拠も薄弱で、機能的自治の民主的正当化の問題について、（基本法1条1項を除けば）憲法規定をまったくといっていいほど挙げていなかった[347]。その代わりに、「展開の開放性[348]」や「原理の性質[349]」や「実効性[350]」といった原則や格率が挙げられているにすぎない。結局、具体的なドグマーティクを展開するというよりも、一定の原則を掲げることで、方向性を示すにとどまってしまったのである。ならば、この判例の射程は、将来の裁判所に期待を託したと読むのか、あるいは、結局、法律論として十分でなかったから生かされないということになるのだろうか。

　判例の射程について、「民主的正当化」の観点から4つのポイントが挙げられる。まずは、「正当化主体の拡大」である。従来の判例と異なり、正当化主体は「ドイツ国民」にとどまらない。その代わりに、「あらゆる者の自己決定」の「あらゆる者」が提示されているが、その「あらゆる者」がどのように民主的正当化の主体として「正当化」するのか、という法的構成が具体化されていないのである。

　また、「民主主義原理の内容の拡張」という点である。「民主主義」を「原理」として解釈するといい、民主主義概念を開かれた性質として構想している。しかし、これだけでは、どのような民主主義ドグマーティクを展開するのかが不明確なままである。

　そして「正当化の補充」についてである[351]。民主的正当化が不足するとき、そ

---

347) Jestaedt (Fn. 342) S. 652.
348) BVerfGE 107, 59 (91) は「基本法20条2項は国家目標であり憲法原理である。その原理の性質上、基本法20条2項は発展に開かれている。国民からの『国家権力の由来』が、国家機関と同じように国民にとっても、そのつど具体的に経験可能で実務上効力をもたねばならない。条件が変われば順応する必要がある」と述べている。
349) BVerfGE 107, 59 (91).
350) BVerfGE 107, 59 (91).
351) すでに昔から、民主的正当化の欠缺に対する対策は理論的に講じられている。たとえば、Winfried Brohm, Strukturen der Wirtschaftsverwaltung (1969) S. 249 ff. は、「組織によって媒介された独自の正当化は、自主的な意思形成からのみ生ずる」(S. 253) が、いかなる自主的な意思形成も十分ではなく、関係する圏域での「民主的共同」という形式で、つまり「団体国民」（Verbandsvolk）として行われねばならない、とする。しか↗

第2部 理　論

れを「補充」することが提案されているが、それは「実効性」というアウトプット正統化の側面を付加しているのである[352]。これは「補充的」にのみ使えることに注意がなされねばならない。

最後に「任務・権限・組織の法律による制御」についてである。法律によって、任務・権限・組織について詳細に規定することで、民主的正当化の内容的正当化と組織的・人的正当化を確保しようとする傾向が見られる。代表制論だけではなく、自律的に正当化を獲得することが認められるこの判例では、不足する正当化を法律の規定に事前に盛り込むことで正当化を拡充しようとする。これは、立法者の裁量の拡大と、詳細な規律を立法者が求められる点で、立法者に負担の拡大をもたらすことになる。

4　ヨーロッパにおける民主的正当化

民主的正当化の多元型モデルの例の最後として、本来非常に多岐の問題に亙って議論されている EU 行政の民主的正当化について、個別テーマごとに扱うことはここでは到底できないが、問題点を概観しておく。まずは EU に特徴的な構造的問題を把握し、そのうえで、民主的正当化の問題を整理する。

↘し、それも結局は、同質的社会の関係人共同体においてのみ語れることにすぎず、彼は、個々の組織の独自の正当化を認めるために、一方で、基本法28条2項、同40条1項、同52条3項、同65条4文、同77条2項、同87条そして同88条を、他方で、「伝統的な憲法理解」(S. 256) を引き合いに出す。そして、このブロームの発想を引き継いだ Emde (Fn. 245) S. 382 ff. は、「正当化補償」(Legitimationskompensation) として、機能的自治の「自律的正当化」を、「議会を媒介した正当化の切りつめの基本法によって要請された補償」という。(S. 382) 民主主義原理はたしかに国家権力の由来が国民意思にある、という要請だが、それは「それ以上戻ることのできない公理」などではない、として、「民主主義の目標は（そしてその具体的な憲法上の諸要素も）支配の必要性と自己決定原理との宥和にあり、それは支配者の決定と被支配者の意思との一致をつくりだすことである」(S. 384 f.) という。ここから、支配の正当化を関係人の同意から正当化することと考えて、自治体内部構造を民主主義原理の特別な現実的態様と捉える。こうした発想のなかに、「自己決定」によって民主的正当化の「多元型モデル」を導く扉がすでに開かれていたのである。

352)　本書第1部第2章3参照。

(1) 構造的問題

　ヨーロッパでは、マーストリヒト条約以来、明示されているように、構成国と同様、民主主義原理が義務づけられている。EU 条約2条で、民主主義は、EU の基礎となる価値の1つと規定される。もっとも、EU で要請される民主的正当化は、構成国の民主主義概念とは区別される。EU を国家連合と捉えると、ヨーロッパの憲法秩序と構成国の憲法秩序が相互に影響し合い、補完し合うと考えられる。すると、民主主義原理は、一方ではヨーロッパ議会から、他方では構成国議会を媒介とした閣僚理事会（Ministerrat）から由来する。この二元的正当化を同時に見なければならないのが EU における民主主義の特徴とされる[353]。国内議会によって代表された国民の政治的立場が閣僚理事会に伝達され、ヨーロッパの立法過程にそのつど供給される。その一方で、ヨーロッパ議会には、直接的にEU市民の政治的立場が反映される。両者の関係は、一方の民主的正当化が弱まれば、他方の民主的正当化がより強く作用するというように捉えられている[354]。

　しかし、そもそも EU レベルでは民主主義が実現できていないという主張はかねてからある。民主主義原理における正当化主体は、基本権による自由なコミュニケーションを保障された国民が、集合体として選挙を行うと想定されている。しかし、EU では、集合的なアイデンティティは弱く、ヨーロッパの民主主義の赤字は構造上、条件づけられている[355]。さらに、構造上の問題としても、構成国の高権委譲で、本質的決定権は国内議会にないばかりか、そもそも構成国の「国民」からヨーロッパまでの「正統化連鎖」は長すぎて、ヨーロッパ政治を市民が満足できないという受容問題がますます増大する[356]。

---

353) Trute (Fn. 289) Rn. 102 ff.; Eberhard Schmidt-Aßmann, Verfassungsprinzipien für den Europäischen Verwaltungsverbund, in: GVwR, Bd. I (Fn. 79) § 5, Rn. 55 ff.
354) Christian Calliess, Staatsrecht III (2014) 3. Teil C. Rn. 12-14.
355) Dieter Grimm, Braucht Europa eine Verfassung?, in: ders., Die Verfassung und die Politik (2001) S. 215-254. また、EU の民主政論については、参照、林知更「EU と憲法理論」同・前掲注36、275-306頁。
356) Gunnar Folke Schuppert, Überlegungen zur demokratischen Legitimation des europäischen Regierungssystems, in: Jörn Ipsen / Edzard Schmidt-Jortzig (Hrsg.), ↗

第 2 部 理　論

　二元的正当化ゆえに、正当化主体が二重となって統一的に正当化を思考できないうえに、正当化客体も、EU の行政制度が多様かつ独立していることも EU における民主主義の問題を複雑化させている[357]。

　このような EU 行政の複合的な構造は、「ヨーロッパ行政複合体（Europäischer Verwaltungsverbund）」と呼ばれる[358]。

> 「この複合体は、EU の行政官庁の数の増加、脱中心的ないし中心的に組織されたネットワーク、多様に形成されたヨーロッパの委員会制度、そして国内と EU の行政担当者の実務的な協働を指している。[359]」

　EU 行政は、構成国と EU との間の情報・決定・統制の複合体のなかで執行を行うのである。では、この複合体に対する民主的正当化は、どのように構想されるのだろうか。

(2) EU 行政の民主的正当化

　すでに見たように、行政の民主的正当化論の伝統的な構想（一元型モデル）は、一元的に国民から行政までの単一の「鎖」でつなぐものだった。そして、その人的・事項的正当化要素は、他に完全に代替することを許さない。しかし、ヨーロッパについて考察する近年の論者たちは、この構想を乗り越えようとすることで議論を共通にしている。正当化は単一の鎖ではなく、ヨーロッパには正当化の特殊の鎖がある、というわけである。それは、「問題に適した正当化水準」の確保であるという。正当化獲得のために議会中心から離れて、ヨーロッパに特殊な決定構造・組織構造に目を向けることで、そこに内在する正当化の潜在力を引き出そうとする[360]。

　↘Recht − Staat − Gemeinwohl (FS für Dietrich Rauschning) (2001) S. 206.

357)　ここから、Thomas Groß, Die Legitimation der polyzentralen EU-Verwaltung (2015) S. 100 f. は、「多極中心的行政（polyzentrale Verwaltung）」と呼ぶ。

358)　Eberhard Schmidt-Aßmann, Verfassungsprinzipien für den Europäischen Verwaltungsverbund, in : GVwR, Bd. I (Fn. 79) § 5, Rn. 16 ff.

359)　Schmidt-Aßmann (Fn. 358) Rn. 16.

360)　Wolfgang Hoffmann-Riem, Strukturen des Europäischen Verwaltungsrechts, in : ↗

第 1 章　民主的正当化論

　実定法上、EU 行政の正当化は EU 条約10条に基づいて、二元的に構想されている。一方で欧州議会の独立した民主的正当化（同条 2 項 1 文）と、他方で、理事会（Rat）に集まった構成国政府から導かれる正当化に基づいている。EU の主要行政機関である委員会（Kommission）は、欧州議会と欧州理事会との協働の任命手続（EU 条約17条 7 項）、そしてその統制（同条 8 項）によって、この二元的正当化が与えられる。これに、参加の要素が EU 条約11条に従って補完する。したがって、「総じて、ヨーロッパ行政の多元的正当化のモデルが生じている」といわれるのである。

　さらに、EU 運営条約で、独立した行政が言及されている（AEUV 298条）。EU の諸機関は、包括的な行政法の規律を行う法定立権限を持つ。したがって、立法（委任された法定立）権限と実施権限を併せ持つことになる。

　この下で、独立した行政庁が、規制法の領域や、メディア監督、データ保護の領域で活動している。その民主的正当化は、もちろん、一元型民主的正当化では十分ではない。そこで、代替的な、または補充的な正当化手法がさまざまに考えられている。

　たとえば、グロースは、事後的な統制の措置としての責任を挙げる。民主的正当化モデルでの事項的・内容的正当化の補充手段であり、これまでの言い回しでは、「アウトプット正統化」に当たる観念である。これは、代表民主制を修正または補完する限りで利用されるメカニズムとされる。ただ、これは統一的なモデルとして呈示できるものではなく、そのつど、民主的な責任構造の創設を、立法者の形成任務として、行われるものとされる。ただ、EU の特殊性として、EU の法定立は、条約の変更または廃止が、すべての構成国の同意を

　　　Eberhard Schmidt-Aßmann / ders. (Hrsg.), Strukturen des Europäischen Verwaltungsrechts (1999) S. 377.

361)　Schmidt-Aßmann (Fn. 358) Rn. 60.
362)　Klaus Ferdinand Gärditz, Europäisches Regulierungsverwaltungsrecht auf Abwegen, AöR 135 (2010) S. 251-288 (275).
363)　Gärditz (Fn. 362) S. 277.
364)　Groß (Fn. 357) S. 102 f.
365)　Schmidt-Aßmann (Fn. 358) Rn. 59；Trute (Fn. 289) Rn. 16.

得なければ行われえない、ということがある。実務上は、したがって、かなり厳しいハードルがある、とグロースは指摘する[366]。

この責任として、グロースは「政治的統制」、「財政統制」、「法的統制」を挙げる[367]。政治的統制は、立法と財政権限に次ぐ議会の「第三の任務」とされる（EU条約14条1項）[368]。たとえば、委員会に対する質問権（EU運営条約230条2項）、行政行為を活性化させるために市民が議会に提出する請願（EU運営条約227条、EU基本権憲章44条）、調査委員会の設置（EU運営条約226条）がある。ほかにも委員会の年間報告を議会で議論すること（EU運営条約233条）も重要で、コミトロジー、欧州中央銀行、エージェンシーの各種報告が挙げられる。また、司法及び行政の不正の場合に、オンブズマンに委任する基本的権利も、権利保護のためではなく、政治的行政統制に資する（EU基本権憲章43条）。

財政統制は、欧州会計検査院、議会、欧州不正対策局（OLAF）が挙げられる。会計検査院は、連合のすべての収入と支出を監査する。委員会の決算報告が議会と理事会に対して行われ（運営条約318条）、欧州委員会の提出した会計簿、財務諸表、会計検査院の年次報告書などすべての関係書類を、欧州議会と理事会が検査する。さらに、欧州議会は、欧州委員会に対して必要な情報の提出を求めることができる。（EU運営条約319）。

法的統制は、裁判所によるが、それとともに、欧州委員会による一種の法的監督もある。一般的に、欧州の裁判所は、立法行為ならびに理事会、委員会そして欧州中央銀行、また、欧州の諸機関の行為の合法性を監視する（EU運営条約263条1項）。自然人や法人の訴えは、特別な関係性が前提とされる（同条4項）。

シュミット＝アスマンの場合は、正当化が十分なのかどうかについて、単純

---

366) Groß (Fn. 357) S. 104. また、Gärditz (Fn. 362) S. 278 f. も、「正しい」アウトプットが存在するということには疑問を呈する。
367) グロースは、ほかにも、専門家による合理性の確保、代表民主制を補完する「参加」、討議（Deliberation）を挙げる。Groß (Fn. 357) S. 110-114.
368) 欧州議会による行政統制については、植月献二「欧州議会による行政監視」外国の立法255（2013年）23-38頁が詳しい。

な包摂の推論ではなく、行為調整の方法を組み込んだ広い観察枠組みから判断すべきとする。[369]ヨーロッパの民主的正当化の問題としては、この広い観察枠組みとしての、規範や制度の複合体から、正当化が確保できると彼は考えている。責任の明確化をはかったうえで、国内官庁を国内のヒエラルヒー行政から外して、ヨーロッパのネットワークに組み込む「官庁ネットワーク」を考える。たとえば、エネルギー法の分野では、エージェンシーが権利保護と責任を負う帰責主体となり、「派生的正当化責任」を負った組織として規律される。組織が分離されて、作用の点でさまざまに分業と協働が行われるヨーロッパの独立行政体は、その行為、手続、規律のネットワークをはかり（ヨーロッパ行政複合体）、その行為の統一体として、行政の統一性を理解する。[370]ここから、行政組織法の手続としての側面が強調され、行政内部・行政相互間での協働作用が、行政手続の対象とされ、組織の継続的な発展がそのガバナンスのなかで構想されることになる。

　ただ、このような楽観的な見方は、現実が規範よりも進んでしまっているヨーロッパ、そしてドイツだからこそ、現れるのだろう。ここから距離のある日本では、このような理論的な展開については、現状追認的ではなく、冷静に考える必要があるだろう。

5　多元型モデルの問題点と利点

　民主的正当化論は、一元型から多元型へと移行するなかで、まず正当化客体として、より複雑な組織を正当化論の対象とするようになった。それぞれ割り当てられた任務を実効的に遂行できるよう編成された「行政」機関は、行政手続を通じて、豊富な知識、情報と多様な利益を吸い上げ、加工しなければならない。今や基本法20条2項の意味での国家権力には、たんに、連邦、ラント、地方自治体だけでなく、そのほかのあらゆる公法上の法人が含まれてくる。そ

---

369)　Schmidt-Aßmann (Fn. 120) S. 151.
370)　Schmidt-Aßmann (Fn. 120) S. 169.

こには高権的作用を持つアクターが含まれる[371]。そして、実体的な点では、「決定の性質を持つあらゆる職務上の行為」が民主的正当化を要するが、それは、共同決定権や公行政外の者の決定も含まれる。なお、官庁内部の職務遂行の前提となる行為も含まれるが、純粋な相談、準備、技術の活動は除外される[372]。

　正当化主体も、国民を淵源として組織の決定を正当化するという発想だけでは、限定的な効果しか生み出さないとされ、むしろ、より一般的に人間の尊厳に結びついた個人の自己決定を正当化主体の端緒とする発想が目立つ。このことは、一方で、組織とその構成員の基本権とを関係づけるポテンシャルを持つ点で優れているが、他方で、再び古い問題を蒸し返してしまう。ここでは正当化主体に焦点を当てて、解釈論としての問題と、理論的問題の2点から、正当化手法の点で、正当化を補充する手法について、多元型モデルの問題点を指摘する。

(1)　**解釈論としての問題**

　多元型モデルの民主的正当化論は、人間の尊厳（基本法1条）に基づいた「個人」の自己決定を基点にして構成されているといえる。このことは、ベッケンフェルデの一元型モデルとの比較において、法解釈論として、「人間の尊厳」と結びついた個人の自己決定は、具体的にどのように解釈論として展開されるのか、という問題がある。

　まず、「自己決定」を「人間の尊厳」からどのように導くのか、という問題である。この問いについて、ブリュデ、グロース、トゥルーテも十分に答えているとはいえない。グロースは、正当化主体を個人の自由権から出発する理論を基礎としており、他方で正当化客体は、事実上の国家組織、行政組織の多元性を前提として多層的で多元的な構造として捉えている。それゆえそうした多元的組織を正当化するために単純なヒエラルヒー要請だけではなく、あらゆる

---

371)　たとえば国家権力そのものと本来考えにくい教会も、公法上の社団として、墓地管理や教会税徴収から礼拝の鐘の音まで、高権的活動となる。Horst Dreier, Art. 20 (Demokratie), in : ders. (Hrsg.), GG Kommentar Bd. II, (2006) 2. Aufl. Rn. 90.

372)　Dreier (Fn. 371) Rn. 92.; Emde (Fn. 245) S. 214 f.

組織形態において個人の自己決定から出発して正当化を補充的に獲得するルートを築く。他方でブリュデも、個人の尊厳を憲法秩序の頂点に置き、「あらゆるものの自由な自己決定」という憲法裁判所の判例を引用しつつ、自己決定と平等を核とした正当化主体を念頭に置いている。そして、その自己決定に基づく参加民主主義を民主主義原理の「最適化原理」と考える。トゥルーテも同様に、個人の自己決定を正当化主体の基点としており、行政権行使の帰責を、そのときどきの国民、市民に結びつける可能性を開いている。

彼らは基本法1条1項の人間の尊厳条項と、せいぜいのところ同2条1項の人格権保障から、自己決定権を引き出している。しかし、民主主義を構成する自己決定は、人格権だけから構成される権利ではなく、選挙権、意見表明の自由、公務就任権、または自治権などの諸権利に基づかねばならないだろう。

これに対してメラースは、人間の尊厳から、自律的意思を表明する自己決定を基礎づけ、さらに基本法2条1項の人格権と結びつけて個人の自己決定を導く。そして同20条2項1文から民主的自己決定を引き出し、個人の自己決定を基礎に据えた民主的自己決定を形作る。そして同1条3項と同20条2項1文においてこの2つの自己決定の関係を形成させている。これによって初めて、人間の尊厳を出発点にして、「個人の自己決定」に基づく民主的正当化を解釈論として構成させる具体的な可能性が出てきたと見ることができる。

(2) 民主的正当化と代表制

多元型モデルは一元型モデルから離反したが、だからこそ、一元型モデルにはなかった問題が発生してしまっている。多元型の民主的正当化モデルは、現実の複雑な行政実態を取り込んだ理論構成がなされているが、問題も新たに発生させているのである。

「多元型」民主的正当化論によって、「あらゆる者の自由な自己決定」を基礎とした正当化が認められている。これは、「一定の正当化水準」を議論の出発点とした民主的正当化論である。すなわちそれは、民主主義原理の「開放」を意味する。そのうえ、アウトプット正統化も補充的に作用することを認めることとなると、これらの「開放性」をどの程度認めてよいのか、という問題に答

えねばならなくなる。

　この問題は、直接民主制的な要素を持っているため、代表制との関係で考えねばならない。いいかえれば、もともとは、「一元型」の議論を見ればわかるように、国民主権原理と直接に結びつくことが「民主的正当化」だったわけで、これを関係人の意思や利害によって個別化することが可能なのか、という問題となる。「一元型」は、国民主権原理の代表制的運用から、「機能的・制度的正当化」、「組織的・人的正当化」、「事項的・内容的正当化」という正当化手段によって、民主主義原理が構成されると解釈する。しかし、「多元型」は、議会＝代表機関を媒介としない直接的な民主主義を考えるからである。したがって、ここで、代表制での一般意思の問題となる。

　「自律的正当化」概念を承認している論者においては、民主的正当化には「議会を媒介した一般的正当化」という意味での正当化と、「個別利益から導かれる自律的な正当化」とが並存している。この区別は、国民一般に基づく一般意思と、個別意思という区別に対応する。ここに多元型モデルにおいてとくに注意しなければならない、一般意思と個別（特殊）利益の問題がある。

　一元型モデルでは、ドイツ国民＝議会によって制定された規範（法律）は、「ドイツ国民」の意思という「一般意思」の発現として制定される。そこで制定された立法は、一般的な規範として法律の名を持って承認される。「国民主権」原理によって、主権を具体的個人と切り離された抽象的観念的総体としての「国民」に帰属させ、「国民」から直接委任を受けた議会の優位を確立し、その議会の意思＝法律だけが「一般意思」を独占するようにしていた。「一般意思」として体現されたもの以外の諸利益はすべて「特殊利益」として排除される。[373] この構成だからこそ一元型モデルでは、「特殊利益」との問題は生じにくかった。

　これに対して、多元型モデルの論者たちは、民主的正当化の出発点を、国民という「一般意思」のみならず、広く「人間の尊厳」に基づいた「個人」の

---

373) 参照、只野雅人「「国民主権」「一般意思」と「特殊利益」」樋口陽一ほか編『国家と自由—憲法学の可能性』（日本評論社、2004年）143頁。

「自由な自己決定」に置いている。これにより、さらに「一般意思」と「特殊利益」の衝突がはっきりと顕在化する。つまり、正当化主体として具体的な「個（人）」を、抽象化された一般性を有した「国民」に代替させることによって、そこから発せられた意思表示は必ずしも「一般意思」ではなくなり、個別意思の集まりになる。

合議制機関において発せられたメンバーの意思は、グロースの分析に見るように、ときに個人の意思であり、ときに利益代表の意思である。これらの意思から吸い上げられた規範は、一般性を持った規範と見ることができるのだろうか[374]。これが民主的正当化の現代的問題として現れる。個別利益ではなく、一般意思の表明としての規範を、今日においてもあえて強調するのか、それとも、さまざまな利益を代表した「中間団体」に積極的な位置づけを与えて、それらの個別意思のための規範を形成するのか、という対照がなされうる。「一般的規範は法律でなければならない」として、一般的規範は形式的意味での法律としてのみ定立でき、それによって恣意的支配に対する防壁をつくる、と同時に、「法律は一般的規範でなければならぬ」として、議会といえども、一般的規範しか定立できないとした[375]。ここに、一方で個別利益と一般意思の問題がある。正当化客体の権力行使と正当化主体の帰責連関が十分に実効的でなければならないため、正当化客体が複雑に分節化すればするほど、正当化主体も個別化し個人化することは理にかなっている。しかし、この個（人）である関係人の参加を通じて、個別（特殊）利益の主張が行われることによって、社会の諸利益の中立化の課題が持ち上がるのである。ここに再び、民主的自己決定に基[376]

---

374) たとえば、有名な例がドイツ工業規格の規格委員会である。この委員会は実質的には私的組織であるが、その委員会の決定は国家によって受け入れられ、事実上、一般的な拘束力をもった規定となる。Groß (Fn. 270) S. 24.

375) 樋口陽一『憲法 改訂版』（創文社、2001年）330、335頁。

376) 日本でも検察審査会の民主的正当化のために、無作為抽出の「一般国民」が「民意」として呼び出されているが、これも、ここでいう法的な意味での「正当化」には何ら十分でない。参照、今関源成「検察審査会による強制起訴」法時83巻4号（2011年）1-3頁。国の活動、組織を権威づけるために、しばしば持ち出される「国民主権」を客観視するためにも、ここでいう法的「民主的正当化」と法外の「正統化」を区別し、補↗

づいた基本権解釈のあり方を問い直す必要が出てくるのである。

　そうであれば、正当化主体として具体的な「個（人）」による「個別意思」のたんなる集まりを、「自治」の領域において、法的に構成できなければ、個人の自己決定に基づく「自律的正当化」は成り立たない。民主的正当化の客体のより現実的な認識に基づけば、いよいよ多元的行政を承認することとなり、それに適合するように、正当化主体と正当化手法も、より多元的な様相を呈することとなる。民主主義と個人の自己決定の連関の問題は、行政の多元性を背景に、ますます複雑な難題を突きつけている。

6　修正型多元的モデルへ

(1)　自律的正当化

　本章の最後に、「自律的正当化」について、もう少し詳しく見ておく。トゥルーテやメラースの議論、そしてリッペ判決に見られるように、多元型モデルにおいては、一元型モデルの方法を基礎にしながらも、それを補充する正当化手法が検討されている。隠喩的に、多元型モデルでは、もはや「正当化連鎖」ではなく、「正当化の積み木[377]」や「正当化モザイク[378]」と呼ばれる手法が展開されている。つまり、従来の正当化手法だけではなく、他の手法を通じて、従来の正当化手法の代替可能性を探るのである。「人的民主的正当化」や「事項的・内容的正当化」が不可避的に不足する場合に、代替手法や補充する手法が求められるからだ。

　この手法は、連邦憲法裁判所が、水利団体決定で民主主義原理の発展可能性に言及・展開したこと[379]で、立場をより確たるものにしている。ここで、民主主義原理は「とくに、あらゆる決定権限保持者の欠缺のない人的民主的正当化の[380]

　↘充的にのみ作用する「正統化」を限定的に考えなければならない。
377)　Thomas Groß, VVDStRL 66 (2006) S. 172.
378)　Schmidt-Aßmann (Fn. 229) S. 406.
379)　BverfGE 107, 59.
380)　先駆的な学説としては、Emde (Fn. 245) S. 382 ff.

要請を逸脱する国家権力組織・行使の形式に開かれている」という[381]。「代表制によって構成される国民支配の枠内」で自治や自律の諸原則を民主的に基礎づけることが承認されている[382]。

　民主主義原理は開放され、さまざまな民意による権力の正当化が承認されることになる。しかし、この「民主主義原理の開放」と呼ばれる「自律的正当化」や「アウトプット正統化」は、必ずしも上記の代表制原理を前提とした民主主義を意味しない[383]。むしろ、直接的に民意を調達することで独自に行政を正統化する。この独自に調達する民意を「自律的正当化」として法的にどこまで承認できるのだろうか。

　これについて、トゥルーテが議論の素材を提供している[384]。

　まず、正当化の自律的形式を承認するために、民主主義原理が、領域または作用に応じて区域化された空間で、「部分国民」（Teilvölker）を承認するか[385]、関係人の厳格な民主的平等原理の下に自律的正当化を服させるか[386]、関係人の自己統治という特別な形式を基本権によって受けとめて民主主義原理の理念と結びつけるか、といった考え方がこれまで提供されている[387]。ここから、結局、自律的正当化のために民主主義原理を開放するには、一方で民主主義の段階づけを行い、他方で基本権の密度に応じて構想することを考えるのが望まれる[388]。

　さらに「自律的正当化」は、「民主的平等」の観点から問題となっている。自律的正当化を承認することで、特殊利益に対する影響を認めることとなり、平等違反となりうるからである[389]。

---

381) BverfGE 107, 59 (91).
382) BverfGE 107, 59 (91 f.).
383) 本書第1部第2章3参照。
384) Trute (Fn. 289).
385) Roman Herzog / Bernd Grzeszick Art. 20, in : Theoder Maunz / Günter Düring (Hrsg.), Grundgesetz (2013) 69. Aufl., Rn. 56 ff, 98 ff.
386) Emde (Fn. 245) S. 382 ff.
387) Schmidt-Aßmann (Fn. 227) S. 329, 331 ff., 376 ff.
388) Trute (Fn. 289) Rn. 54.
389) すでに Böckenförde (Fn. 210) Rn. 27.

「しかし、関係人の圏域を構成し、国家権力行使に対する影響を開いておくことは、それが事項によって理由づけられることで平等違反の影響を与えるのではなく、その案件のなかで関係性の基準に向かうかぎりで、開かれた国民概念に基づいて、立法者の事項である。[390]」

関係人によって構成される圏域については、「開かれた国民」概念から関係人が構成できるよう、立法裁量によって決定でき、これは形式的平等の違反とはならないという[391]。したがって、これは一般的法律に基づく正当化の問題ではなく、行政決定に協働権を与えることの問題となっている、と問題の視座を転換させる。これは、必然的に地方自治以外にも、領域的な利益や作用に応じた利益に結びついた配分権（Teilhaberechte）の問題となっていて、その意味で特別利益の問題である。ただ、これは個別案件での自己決定の帰結なのだという。

こうした自律的正当化は、結局、「特殊利益」の問題ではあっても、国家の組織または手続のなかで自己決定権を与えられることで、法律が一般性を調達するために承認できるようになるという。立法者は民主的意思形成を媒介した一般的な正当化を提供し、民主主義原理に根づいた「自律的正当化」を取り扱うことになる。[392]

以上のように、トゥルーテによれば、「自律的正当化」は、基本権上の自己決定権と関係人の自己統治の形式のために、民主主義原理を開放することによって承認することができ、民主的平等の問題は、立法者の規律があるために、そもそも生じないとされる。しかし、果たして本当にこれで問題ないのだろうか。関係人の参加権や自己決定権によって自己統治の形式を導いたとしても、そのことによって生じた第三者への影響の問題、あるいはその作用上区分けされた「自治」（たとえば大学の自治）と国家の責任関係、当該団体が公共的任務を遂行するにあたっての責任の所在といった課題を検討するまでは、いわば「立法による専制」の脅威はぬぐえない。このトゥルーテの構想は、立法裁

---

390) Trute (Fn. 289) Rn. 25.
391) Trute (Fn. 289) Rn. 25.
392) Trute (Fn. 289) Rn. 48. これを彼は「立法者の正当化責任」と呼んでいる。

量によって、関係性という目安で区切ったあとは、その圏域内部では、もはや一般性はなく、特殊利益を問題とする「自律的正当化」を調達する。したがって、この場面で「立法の専制」とは誇張のように聞こえるかもしれないが、立法によって承認された「自治」のあり方次第で、関係人や第三者の基本権や利益が侵害されることを想像すれば、それはあながち言い過ぎではない。

(2) 求めるべき民主的正当化モデル

ここで見てきたように、民主的正当化の多元型モデルは、一元型モデルにはなかった根本的な問題を抱え込んでいる。それは、一元型モデルの限界を超えようとした結果、生じた副作用であって、多元型モデルの論者は、必ずしもそれに無自覚ではない。それでも、今のところ決定的な解決策は見つからないのである。

以上の問題は、憲法解釈の問題としては、ドイツでは「代表制」と「直接民主制」という相容れない両要素を基本法の予定した「民主主義」において、考えられてきたことにつながる。直接民主制は、混じりけのない国民意思の集積というオーラを備えているわけではない。[393]

> 「現代の領域国家では、直接民主主義はつねにたんなる瞬間的な補足にすぎないし、代表制の代わりと考えられたことは1度もない。」[394]

それでも、基本法には直接民主制の契機が含まれてはいる。しかし、やはり直接選挙ゆえに、議会は正当化の中心的な機関であり、正当化の点で他の国家機関に優位するのである。それは、法律による制御やプログラム化に基づく。議会の立法者は、古典的な、自由や財産への介入に向けられた法律の留保を超えて、本質的なことがらについて本質的に決定しなければならない（いわゆる「本質性留保」）。[395]

---

393) Dreier (Fn. 371) Rn. 107.
394) Dreier (Fn. 371) Rn. 108.
395) もっとも、基本権の本質性理論は、近年、ドイツでは疑問が呈されている。たしかに、連邦憲法裁判所の判例では、初期の頃から「本質的」、「特定の根本的な領域」に↗

第 2 部　理　論

　したがって、たとえば法律に具体的な内容のない「動態的」な指示しかない立法は、本来許されない。とくに問題なのは、外部効果を持つ法律が、「科学技術の水準」を参照することで、私人の規律した規範を引照している場合である(396)。これでは、立法者による内容的なプログラム制御を不可避的に失うことになり、「専門家委員会」を代表制に基づいて構成することには注意を要する。

　また、他方で、事項的内容的正当化を確保するための「法律拘束」の原則は、ヒエラルヒッシュな省庁行政では、法律の優位や留保あるいは上級官庁から下級官庁への「指揮権」・「監督権」に基づいて妥当した。しかし、裁判官選任委員会、連邦人事委員会、国家試験委員会などの独立行政機関や専門家委員会のように、特別な理由から指揮権が欠ける場合や、電気通信、鉄道、エネルギーのような「生存配慮」（Daseinsvorsorge）の民営化・規制緩和によって、独立性を承認された規制官庁の場合には、各組織の「指揮からの自由」に関する憲法上の有効性が問題となる。

　内閣の責任を解除して、独立した機関の「自律」を認める場合には、当該組織内部での自己決定と自己責任の表裏一体性が自覚されねばならない(397)。しかし、その「自律的構成」では、国民・市民に対する権利侵害の救済制度はかならずしも十分に準備されていないことを考えれば、権利保障の観点から有効とはいえず、いまのところ地方自治の領域で活用される発想でしかないように思われる。それでも、地方自治のような領域的自治とはべつに、「大学の自治」などの作用に応じた自治（機能的自治）が承認されていて、その「正当化」や国家の責任との距離を検証することが、やはり必要になってくるのである。

　その際に、「行政をいかに民主的に正当化するか」という単純な問いではな

　　ついて、法律の留保が認められる、としてきた。ただ、その「本質性」は、画定された領域とはいえない。したがって、近年、その修正や再構成が行われている。Franz Reimer, Das Parlamentsgesetz als Steuerungsmittel und Kontrollmaßstab, in : GVwR, Bd. I (Fn. 79) Rn. 50-60.

396)　Dietrich Murswiek, Dynamik der Technik und Anpassung des Rechts, in : FS Kriele (1997) S. 669 ff. なお、ムルスヴィークは、民主主義の観点から、本質性理論を転換させることに反対している。

397)　石川健治「執政・市民・自治」法時69巻 6 号（1997年）25頁。

く、「多元的行政」を前提に考察するここでは、①「いかなる性質の行政」を、②「いかに民主的に正当化するか」と問わねばならない。一方で、①の「行政」というのは、私人の参与する行政（民営化）、独立行政機関、歴史的沿革や内容に基づく「自治」、といったように異なった性質を見せている。それぞれの「行政」について②「いかに民主的に正当化」し、その民主的正当化が合理的な理由ゆえに不足する場合、議院内閣制などの統治システム内部の制御の仕組みに、どのように包摂できるのかを考えねばならないのだ。[398]

　ここまで見てきた民主的正当化論から、本書が「多元的行政の民主化」について、いかなる「民主的正当化」を求めるのかについて、改めて整理しておく。

　まず、一元型モデルによって体系化された「人的・組織的正当化」及び「事項的・内容的正当化」の観点から民主的正当化がなされねばならず、その際には「正当化水準」を確保することが求められる。この正当化水準には、一定程度の正統化が加味されねばならないが、それは必ずしも法的な拘束力をもたない。事項的・人的な正当化手法のいずれか、またはともに正当化が不十分な場合について、代表制とは異なる正当化ルートであるが、事柄に応じて立法によって承認された領域について「自律的正当化」が認められる。ただ、ここには民主主義の「一般性」を欠損させる契機が含まれるため、第三者や関係人の権利利益の侵害に対する歯止めや救済方法が考えられなければならない。また、立法者には、「民主的正当化の要請を遵守する正当化責任」があって、「国家による内容的な決定掌握の欠缺を補完するために」「私的アクターの地位を、その機能に適合させ、私的アクターに特定の拘束を課す」（トゥルーテ）。これに基づいて、国家は、私人や独立機関に公共的任務の委譲、委託、協力を求めた場合にも、規律する責任を負うことになる（保障責任）。こうして、多元化した行政のための民主的正当化モデルが構想されねばならない。

---

398) これは第3部第2章3でいう「全体政治への再統合」の課題である。

第 2 章

参加と受容

　選挙では有権者の声は通らず、代表制民主主義は機能不全に陥っている。このような言説が近年ますます高まっている。代表制や議会制の不全という問題は、もちろん新しい問題ではない。それでもここに新たな切迫感があるのは、行政手続などの制度化の一方で、行政のさまざまな決定に対して市民の意見が通用しないという悲壮感が背後にあるからだ。[399] たしかに、争点ごとに見れば、世論調査で多数となる市民の意見は無視され、選挙で多数を獲得した政党が政権を運用している現状がある。[400]

　本章では、民主的正当化論の多元型モデルを補充するあり方として、市民など諸アクターの行政への「参加」と、行政活動の市民による「受容」の問題を検討する。そして、これを考える素材として、ドイツの"Stuttgart21"と呼ばれる行政計画の事案を取り上げることにする。

1　受容概念とその背景

(1)　スリム国家の情報戦略

　「受容」とは、行政決定が少なくとも承認する価値があると思われるほどま

[399)]　「感情」を考慮すべきことについて、藤井康博、高橋雅人「リスクの憲法論」水島朝穂編『立憲的ダイナミズム』（岩波書店、2014年）の高橋執筆部分263-278頁。

[400)]　この歯がゆい現状に対して、ドイツでは海賊党が、各論点ごとにアドホックに政党を選ぶ「リキッド・デモクラシー」を主張する。「デモクラシー」ではなく「アドホクラシー」を求める。Vgl. Margrit Seckelmann, Wohin schwimmt die Demokratie?, DÖV 2014, S. 1-10.

第 2 章　参加と受容

で、行政決定を市民に納得させることである。これは90年代の（とりわけ各ラントにおける）行政改革の行政技巧として登場してきた概念である。当時の状況としては、国際競争力に対抗できるよう、迅速な許可手続が経済界から要請されていた一方で、公共善としての環境保護への関心が非常に高かった。行政決定をめぐっては、行政に対する法的拘束・経済的競争力の確保・将来世代のための環境保護・地方政治の発展といった多様で複雑な要請がない交ぜになるなかで、市民が受容できる決定内容・決定の品質向上を求めたというわけである。[401]

　90年代のドイツは、「スリム国家」というスローガンの下で、公行政の行為の品質向上という経済的な視点による行政改革が進んでいた。品質向上には市民の関与が有意義だとして市民の「参加（Partizipation）」研究が発展する。その一方で、この「スリム国家」の思想的背景には、「責任の再分配」という課題があった。[402] 国家と社会の関係を民営化し、行政への規制緩和が政策として展開されるなかで、行政活動に市民も参加するからには、責任も配分するという発想が前提されたのである。こうして、行政活動の制御は、法的制御方法だけではなく経済的な制御方法が１つの主流となっていった。[403]

　すると、公共善に対する責任ある者、すなわち、行政だけでなく決定の関係人・地域住民・公衆といった多様なアクターには、責任負担に伴うだけの情報共有も必要になる。そのなかで、行政決定の市民による「受容」が求められている。したがって、「受容」は、言葉の中立的なイメージとは違って、一方では、行政決定を市民が承認する、または納得することを意味するが、他方で

---

401)　当時の事情については、「受容」概念の先導的役割を果たした、Thomas Würtenberger, Die Akzeptanz von Verwaltungsentscheidungen (1995) S. 13-17 参照。ヴュルテンベルガーは、バーデン・ヴュルテンベルク州の内務省に受容マネジメントの提言を行い、行政手続によって行政決定の受容の改善を求めた公法学者であり、当書も、同州行政改革政府委員会第一報告書（1993年）の意見書として提出されたものが下地になっている。
402)　民営化の潮流において登場した保障国家論については、三宅・前掲注136、31-65頁、同・前掲注65が議論の根源的問題から分析し、新たな国家論のあり方を探る。
403)　いわゆる「行政の現代化」「行政の経済化」である。この事情については、高橋・前掲注６が詳しい。

は、市民にも行政決定の責任が及ぶために、情報を市民に共有させておかねばならない、という意味も含んでいる。それは、市民への行政負担をも納得してもらうという性質も含むことになり、受容概念のはらむ政策的な意図には注意しておかねばならない。

(2) 受容とは

　ドイツの行政は、70年代初めから、市民に受容されない法律や行政決定を押し通してきた。原子力発電所の設置、化学物質工場の設置、ごみ処理場またはごみ焼却施設の拡張、国有鉄道路線や連邦幹線道路の新設、空港や連邦水路の改修は、市民の大規模な反対運動にもかかわらず、行政決定が行われてきた。これに対して、市民の反対運動はますます大きくなり、とりわけ民主主義の要請や環境保護という環境に対する意識変革がこの動きを加速させていた。このなかで、行政への市民の圧力が強まれば強まるほど、政治は決定に対する十分な同意・受容を得られなくなる[404]。したがって、行政決定には、ますます市民による受容が求められることとなっている。

　さて、この受容概念であるが、これは、支配への「服従」と密接に関連している[405]。ヴュルテンベルガーによれば、一般に、法は、規範の名宛の多数者によって受容されていれば長期的に通用する。したがって受容は法治国家の法心理学的な前提条件となっている[406]。行政決定の受容を問うということは、すなわち「下から」の観点で市民の視点から行政決定を考察することである。「受容は行政決定の評価の幅を、正しいから承認に値するまで含む」。したがって、

---

404)　Würtenberger (Fn. 401) S. 38-45.
405)　Würtenberger (Fn. 401) S. 61.
406)　ヴュルテンベルガーは、ders., Zeitgeist und Recht, 2 Aufl. (1991) において、法の発展には「時代精神」を汲み取る必要があり、国家の統治を正当化する要素として時代精神が重要だと述べている。「その時代の高見にありつづけようとする法秩序は、ある程度、時代精神と法意識の変動に開かれていなければならない。そのことが民主主義原理を促し、正当化する。(中略) 時代精神に即した法秩序とは、その時代に変わりゆく住民の価値観、振舞いの気質を考慮する。すなわちそれは、住民の法意識と直接的には市民の意思である。」(S. 192)

受容は「同意」だけでなく「不同意」をも含む。つまり、行政決定が「適切」とは評価されずとも、支持できる、または承認できると評価されるところまでも含んでいる。すべての行政決定は同意を必要としているわけでもないし同意ができるわけでもない、と考えられるのであり、行政決定の受容の問題は、「適切性」または「支持可能性」の問題となるのである[407]。そもそも、正当化概念は、根拠づけ、という規範的なレベルだけではなく、それに加えて、支配の甘受という実践的な意味として捉えられるのである[408]。

(3) 受容確保の戦略

　行政決定が迅速に行われるべきという当時の要請に応えるように、受容確保の戦略をたてた「受容マネジメント」研究が行われたのだった[409]。情報政策の改善、説得力の向上が一般的に求められ、それを補完する役割として行政手続が注目されていた。そこでは、紛争の規律として、同意形成に市民を関与させる手続が重視されたのである[410]。ヴュルテンベルガー自身は、市民の抵抗運動が起きたときには、国家による紛争調停を奨励するのではなく、むしろ同意メカニズムに頼ろうとする。決定官庁に、原則、手続統制・合法性の統制を要請しておき、事前手続によって迅速な行政決定が促進される仕組みを考案している。

　この受容の要請は、行政決定が市民の受け容れを前提とするところに、重要な意義がある。大多数の市民が抵抗を続けるなかでは、行政決定はそれを無視しえない。しかし、ここには、いくつかのかなり重要な問題が隠されている。ヴュルテンベルガーが指摘しているように、受容は「服従」と密接に関連するところに第1の問題がある。すなわち、受容を求める行政は、あたかも市民のためであるかのように市民を説得することで、親切丁寧に「服従」を求めることになる。たんに強面の行政が優しく接してきただけ、という見方もありうるだろう。この点、近年の重要な行政法学の教本のなかで受容概念を取り上げた

---

407)　Würtenberger (Fn. 401) S. 61 f.
408)　Vgl. Schmidt-Aßmann (Fn. 120) S. 369.
409)　Würtenberger (Fn. 401) S. 73-161.
410)　Würtenberger (Fn. 401) S. 73-105.

第 2 部 理　論

　ピッチャスは、受容を「よき行政」の構造的要請と捉え、受容には、「実効的な法の履行」と「関係人へのわかりやすさ」の2つが必要と述べ、ここに、基本権保護と実効性の観点という法治国家要請を結びつけて理解している[411]。すなわち、受容を法的に媒介するのが、「透明性」という法治国家要請と、「わかりやすさ」だという。前者は、告示や文書閲覧制度、市民と行政の対話を通じて確保される。後者は、たくさんの選択肢について市民に対して見通しを示すことによって行われる[412]。これらの工夫をしても、依然として、服従の性質が受容から取り除かれるわけではなく、受容に隠される権力性を注視すべきことは変わらない。

　第2に、受容を法解釈上いかに考えるべきか、という問題がありうる。受容は先述のように、市民による承認を指すものであるが、これは、そのときどきの社会的要素や心理的要素に影響を受けやすく、一般性を有するべき「決定の正当化」と同視すべきではない。受容概念を、有名な行政法の教科書で扱ったシュミット＝アスマンは「受容は正当化論の解釈上の概念ではない」と述べる[413]。先述のピッチャスもこれに賛同したうえで、受容を行政に考慮させることで、行政には、決定を「適切」なものとして、コミュニケーションや同意に基づいて、決定の名宛人と第三者と折り合いをつける努力をさせる、という。それゆえ、ピッチャスの場合、受容は、法的な基準にはならないものの、非法的な行政原則として通用するとされる[414]。もっとも、受容が法的基準として適用された裁判例もあるが[415]、ピッチャスによれば、それは裁判所によって受容が統制基準と認められたのであり、その場合は、立法でも「指針」とされた場合と合

---

411) Rainer Pitschas, Maßstäbe des Verwaltungshandelns, in : GVwR (Fn. 79) Bd. II § 42, Rn. 201.
412) Pitschas (Fn. 411) Rn. 219.
413) Schmidt-Aßmann (Fn. 229) II. Kap., Rn. 103. なお、ders., (Fn. 358) Rn. 58 では「たしかに受容は固有の法的根拠とはならないが、公共善条項で、構成要件要素となりえるし、それゆえ間接的に法的な正当化要素となりうる」と比較的積極的に「受容」を法的な性質として認めている。
414) Pitschas (Fn. 411) Rn. 203.
415) BVerfGE 86, 90 (111).

わせて、受容は法的な意味を持つという[416]。

(4) 受容と行政手続

このように、受容概念は、公法上の概念として扱うには重要な問題を抱えているため、慎重な取扱いが求められる。その一方で、受容は「行政手続への市民参加」という文脈で法的な深みを持ってくる。というのも、ここに、受容のたんなる戦略的・実務的な意味だけでなく、法治国家的・民主主義的な基礎が見えてくるからである。行政手続への参加は、情報共有や権利保障だけでなく、紛争解決の一手段として機能してくる[417]。

たとえば、ドイツの行政手続法を受容問題の文脈に改めて置いてみると、受容の法的意義がわずかながら浮かび上がる。

同73条は計画策定手続における聴聞手続を規定する。同条４項１文は「この計画を通じて利害関係を持つものはすべて、閲覧期間満了後２週間までは文書で、または、聴聞庁やゲマインデの記録によって、この計画に対する抗弁を行うことができる」と述べ、利害関係人の権利保護を求め、同条６項では「抗弁期間の満了後、聴聞庁は、計画担当者、官庁、関係人ならびに抗弁又は意見表明を行った者の関わる計画について、期間内に計画に対して行われた抗弁、４項５文による〔他の法令の承認によって権限を与えられた〕団体の期間内に行った意見表明ならびに官庁の意見表明を議論しなければならない」と述べ、聴聞手続において関係当事者間で議論することを求めている。こうして公行政と私的な関係人との間での調整が行われる。情報共有・権利保障を関係人相互が要求することで、一定の受容へと向かう契機となる。そして市民の満足度が、行政決定を十分に受容されたかどうかをはかる審査基準となる。その場合でも、受容の不足をどうするかは課題として残される。

結局のところ、受容は行政活動の「適切性」を求めるにすぎず、それは法的に要請されている行政の「適法性」とは異なり、非法的なものであるはずであ

---

416) Pitschas (Fn. 411) Rn. 203.
417) Vgl. Pitschas (Fn. 411) Rn. 206.

第 2 部　理　　論

る。受容は、一方では市民の声を反映させるための思想を持つが、他方で、それは、たんに行政の権力を権威づけるだけの行政に都合のよい思想ともなりうる。そのために、受容を法的に位置づけようとする動きもあれば、法的に位置づけてはならないという考えにもなるわけである。

2　国民投票と調停

(1)　"Stuttgart21" の経過

　もともとは、シュトゥットガルト駅が「行き止まり式」のプラットフォーム（Kopfbahnhof）だったことに対して、地下の「通り抜け式」（Tiefbahnhof）を併設する駅地下化のアイデアが1988年、交通学の大学教授によって提案された。1994年にシュトゥットガルト駅が、「行き止まり式」を「通り抜け式」に改築するプロジェクト "Stuttgart21" を公表した。[418]

　いわゆる計画手続としては、地域開発計画として1996年から97年にかけて環境適合性審査（Umweltverträglichkeitsprüfung）が行われ、2001年10月に計画策定手続がはじまった。こうした計画手続に対しては、すでに1万人以上の異議が提示されていた。さらに、計画策定手続の決定に対してはマンハイム行政裁判所に収用に関する訴えが提起され、そのうえ自然保護を目的とした団体訴訟が提起されていたが、2006年4月6日に行われた3つの判決ですべて棄却され、これに対する上告も認められなかった。[419] この後も、2007年12月、市がこのプロジェクトから降りることを市民は要求したものの、シュトゥットガルト・ゲマインデ評議会に不許可とされ、これに対する訴訟も提起されたが2009年7月17日シュトゥットガルト行政裁判所によって却下された。ここまでは、それほどまで大きな反対運動になっていたわけではなかった。

---

418)　"Stuttgart21" のプロジェクトとそれに対する反対運動について、かなり詳細な分析と議論について、野田崇「大規模施設設置手続と市民（1）（2・完）」（2014年）法と政治65号2巻1-31頁、65号3巻47-91頁。

419)　Vgl. Thomas Groß, Stuttgart21: Folgerungen für Demokratie und Verwaltungsverfahren, DÖV (2011), S. 510-515.

2010年8月、シュトゥットガルト駅北側の解体作業がはじまると、市民の反対運動が一挙に拡大し烈しくなり、メディアの注目も大きくなった。2010年9月30日にシュトゥットガルトの宮殿庭園（Schlossgarten）で警察とデモ隊が衝突し、警察が放水によってデモ隊の反抗を鎮圧した。最終的に、元連邦大臣で労使紛争の調停で何度も仲裁役を務めてきたハイナー・ガイスラーを仲裁役とした仲裁が行われた。2010年10月と11月に80時間以上、プロジェクトの反対と賛成の議論がなされ、その様子はテレビとインターネットでライブ配信された。2011年3月、福島原発の事故直後にバーデン・ヴュルテンベルク州議会選挙が行われ、社会民主党／社会党と緑の党の連立政権が誕生した。連立政権は、住民自身によって直接決定することとし、2011年11月27日住民投票が行われた。高い投票率を確保しながら、バーデン・ヴュルテンベルク州全体でもシュトゥットガルト市でも住民の多数は、このプロジェクトの資金調達からラントが手を引くことに反対するという結果になった。

(2) **行政手続における参加**

"Stuttgart21"で行われた計画法では、交通路の計画手続においてさまざまな「参加（Partizipation）」が予定されている。まずは、大規模なインフラ計画については連邦交通路計画がある。基本法によって、連邦は、連邦交通路の建設と維持に責任を負う（基本法87e条（連邦線路）、89条2項（連邦水路）、90条（連邦幹線道路））。この交通インフラの維持・発展・拡張の基礎となるのが連邦交通路計画である。この計画は交通及びデジタル・インフラ連邦省（BMVI）によって立案され、連邦内閣によって決定される。

この計画の特徴の1つが、公衆の参加である。2015年の連邦交通路計画案で

---

420) 市民の抵抗運動については、vgl. Britta Baumgarten / Dieter Rucht, Die Protestierenden gegen "Stuttgart21", in : Frank Brettschneider / Wolfgang Schuster (Hrsg.), Stuttgart21 : Ein Großprojekt zwischen Protest und Akzeptanz (2013) S. 97-125.
421) "Stuttgart21"の経過について、vgl. Frank Brettschneider / Wolfgang Schuster, Einleitung : „Stuttgart21", in : dies (Hrsg.) (Fn. 420) S. 9-14.
422) Groß (Fn. 419) S. 512 f.

第 2 部　理　論

は、さらなる公衆参加を求めているところだという。BMVI の HP によれば[423]、「交通インフラ投資について受容を改善する意味では、ドイツにおける交通プロジェクトの適切かつ早期の議論が可能でなければならない」という。ここでは、公正かつ客観的な関係アクターの意見交換が作り出され、すべての利害関係人が、議論の進展と中間結果を知らされることになる。さらに、この計画案では同意手続における公衆の参加が予定されている。

　具体的な「参加」のプロジェクトは、まずは地域開発法（Raumordnungsgesetz）15条3項に規定されている。

> 同法15条3項「当該計画に利害関係を持つ公的立場にある者は関与しなければならない。隣接諸都市に著しい影響を与えうる、地域にとって重大な計画や措置の場合、関係する隣接諸都市の関与が、地域開発手続において、相互性と同等性の原則に従って行われる。公衆は、地域開発手続の実行に組み込まれることができる。」

　ここでは、公衆参加が任意のものとして規定されている。また、以下の法はすべて直接的に参加を規定するのではなく、環境適合性審査に触れ、環境適合性審査が求めた公衆参加[424]を想起させる仕組みをとっている。

> 連邦幹線道路法16条1項「交通、建設及び都市発展連邦省は、関係する諸州の地域開発庁と協議し、連邦幹線道路の計画と路線選定を決定する。」同条2項「路線選定の決定においては、計画に関わる公共的利害は環境適合性を含めて衡量の枠で考慮されなければならない。」
> 連邦水路法13条1項「交通、建設及び都市発展連邦省は、権限ある州官庁と協力して、連邦水路の計画と路線選定を決定する。路線選定の決定においては、計画に関わる公共的利害は環境適合性を含めて衡量の枠で考慮されなければならない」
> 航空交通法6条1項「飛行場（空港、小規模飛行場及び滑空場）は許可によってのみ設立され営業されうる。計画策定手続で求められた飛行場の許可手続では、環境適合性が審査されなければならない。」

---

423)　http://www.bmvi.de/SharedDocs/DE/Artikel/UI/bundesverkehrswegeplan-2015-oeffentlichkeitsbeteiligung.html?nn=35978（2016年6月17日最終確認）

424)　環境適合性審査法9条1項「権限ある所轄官庁は当該計画の環境への影響について公衆を関与させなければならない。関係する公衆は関係の範囲内で意見表明を行う機会が与えられる。」

最後に、計画許可に決定的な役割をはたす計画策定手続についてである。計画策定手続の聴聞手続については行政手続法73条で定められており、ここで関係人の抗弁・意見表明の権利が保障されている。

以上のように、大規模なインフラ計画については、計画の各段階で、多かれ少なかれ関係人の参加が組み込まれるようになっている。

(3) 調　　停

上記 "Stuttgart21" の場合のように、私的なアクターが関わる協働の行政決定には、行政手続のなかで何らかの仲裁手続（Schlichtung）が紛争解決手段として使われる場合がある。"Stuttgart21" は、手続が開始された後に事後的な調整が行われたのであるが、それには、計画策定決定の変更を求めるため、追加コストがかかるという問題が付随する[425]。むしろ紛争処理としては、計画手続の前段階で行われることが望まれるのであり、そこで有効なのが調停（Mediation）[426]である[427]。

調停手続は、中立的な第三者である調停者が、手続の進行を処理し、手続の態様を決定する。それでも、調停者に決定権限はなく、諸関係者は自己責任に服す。それゆえ調停者の役割は、争いあっている事実に関して、自己責任に基づく同意を見出す手助けをすることである。その主要なポイントは適切な利益調整を行い、選択肢の選定を合理化し、受容を準備することである[428]。

ドイツでは、2012年7月21日に成立した調停法（Mediationsgesetz）によって初めて「調停」が一般的な法律として規律された。「調停は、1人または複数人の調停人の協力で、当事者が任意かつ自己責任に基づいて、当該紛争の同意による仲裁を得るよう努める信頼に基づく手続である」（同法1条1項）、「調停

---

425)　この指摘は Groß (Fn. 419) S. 512 f.
426)　調停法が成立する以前のドイツにおける和解・調停手続については、松塚晋輔「ドイツ行政訴訟の和解と調停」久留米大学法学59・60合併号（2008年）1-28頁。
427)　Groß (Fn. 419) S. 513 によれば、調停にふさわしいのは、原子力発電所設置に関わる問題ではないという。なぜならイデオロギー衝突のような基本的な対立は話合いで到底片付くわけがないからである。
428)　Ivo Appel, Privatverfahren, in : GVwR, Bd. II (Fn. 79) § 32, Rn. 102 f.

者は、当事者がこの調停を通じて保有する決定権限を持たない独立かつ中立的な人である」(同条2項)。

同法にいう調停手続の特徴は次のようになる。①当事者は任意かつ自己責任で手続に参加する、②紛争を当事者間での同意によって解決することを目指す、③調停者の独立性・中立性が求められる、④調停者には決定権がない、⑤調停者には黙秘権(4条)が保障される、⑥手続は非公開で行われる。

このように、調停手続は、行政と関係人との比較的「開かれた対話」を目指していること、行政決定の準備段階に市民を組み込み、関係するすべての集団を顧慮することで「よき行政」という品質向上に役立つこと、行政手続の時間的・経済的なコストに効率よく進行できること、行政裁判も一定の負担軽減に至ることから、行政決定の「受容」に資する機能を持つことになる。[429]

もっとも、調停に拘束力があるかどうかは問題となる。というのも計画裁量は、その性質上、原則的に拘束を許さないものであるからだ。[430]ドイツの調停法には拘束力について明文規定はないが、同法2条6項は「調停者は合意の場合、当事者が合意を知り、その内容を理解するように努める。調停者は、調停に専門的な助言なく参加した当事者を、その同意について外部助言者による審査が必要な場合はその審査が可能であることを当事者に教えなければならない。当事者の合意によって、獲得された合意を文書化することができる」としている。これによれば、文書化によって一種の協定としての役割を果たしうるため、調停法は、調停結果に拘束力を持たせていなくとも、協定という柔軟な方法を準備しているように解釈されうる。

3　直接民主制の民主的正当性

(1)　直接民主制の拡大

"Stuttgart21"を、民主主義と行政手続との関係で分析するグロースは、

---

429)　Appel (Fn. 428) Rn. 107.
430)　Vgl. Groß (Fn. 419) S. 513.

"Stuttgart21"をめぐる議論が、大規模計画事業に、直接民主制を拡張していると理解する。そのうえで、プロジェクトに関わる投票をどの程度許容するのかという問いを立てる[431]。

ところで、ドイツの全てのラントで、地方レベルにおける大規模プロジェクトに関する投票が可能になっている。シュトゥットガルトのプロジェクト担当者は、シュトゥットガルト市ではなく、駅だったために、駅の地下化プロジェクトそのものは市民による決定の対象とはなりえなかった。そこで、プロジェクトへのゲマインデの関与という、若干迂回した構成をとったものの、それは、すでに締結されたシュトゥットガルトと駅との協定により認められなかった。したがって"Stuttgart21"では、仲裁前の住民投票は成功しなかったのである。

そもそも（住民）投票は、基本法20条2項2文で言及されてはいるものの、連邦レベルでは不可能で、ラントレベルでは圧倒的に立法に限定されて認められている。4つのラントだけは「政治的意思形成の決定された対象」という規定を持ち[432]、他の5つのラントでは、ラント議会への提案となる住民イニシアティブにだけ認められている[433]。一方で、そこでは、住民投票は法律に関してのみ可能となっている。

そこで、先のグロースは、インフラ計画の大規模プロジェクトは、「政治的意思形成の対象」であることには疑いないため、線路の分野のように連邦鉄道

---

431)　もっとも、行政手続が単純に民主主義の問題かといえばそうではないだろう。一般に行政手続は公正性・中立性・参加ということを目的とするかぎり、むしろ法治国家の議論に馴染みやすいからだ。グロースが手続法上の問題を「民主的内容」という言い方で民主主義の問題としてしまうことについて、Klaus Ferdinand Gärditz, Angemessene Öffentlichkeitsbeteiligung bei Infrastrukturplanungen als Herausforderung an das Verwaltungsrecht im demokratischen Rechtsstaat, GewArch (2011) S. 273-279 (275) は反対している。

432)　ベルリン憲法61条1項、ブランデンブルク州憲法76条1項1文、ハンブルク憲法50条1項1文、シュレスヴィッヒ＝ホルシュタイン州42条。

433)　メクレンブルク＝フォアポンメルン州憲法79条1項1文、ニーダーザクセン州憲法47条、ノルトライン＝ヴェストファーレン州憲法67 a 条、ラインラント＝プファルツ州108 a 条1項1文、ザクセン＝アンハルト州80条1項1文。

庁という連邦レベルに決定高権があるかぎり、住民イニシアティブと、場合によっては住民投票というラントの主題となりうるという[434]。このように、グロースは、計画手続における市民参加を改善していくことは可能だといい、インターネットによる透明性の進歩がある一方で、計画手続の初期の段階で計画の担当者と計画官庁のずっと積極的な情報開示を行った政策展開を期待する。このことが"Stuttgart21"の経験から引き出すべき必要な帰結だと述べている[435]。

だが、果たして、このように基本法の条文まで引用して、憲法レベルにまで積極的に市民参加の法的意義を高めていくことについて、諸手を挙げて歓迎してよいのだろうか。この問題は、視点を広げれば、従来、直接民主制と代表民主制の問題として取り上げられている問いでもある。このことを、改めて、「受容」と憲法上の民主的正当化との関係として考えようと思う。

(2) 手続による正当化？

代表民主制の危機や、議会制民主主義の危機は古くから繰り返し指摘されてきた。ある論者によれば、代表民主制が円滑に運用されるのは、一貫した政策を実現するために、政府に与えられた有期的委任と、選挙によって定期的に追及される政治への責任とがうまく対話し続ける場合だという。この両者の連関に、国民の直接的な決定が突き上げてくれば、この対話的関係は壊れてしまう。したがって、必然的に選挙が政治の方針決定の中心的役割を担う[436]。それゆえ、代表制と直接民主制は原則―例外関係であり続けなければならず、議会は民主的意思形成の主たる場となるのである。それゆえ直接制の要素はあくまでも「例外」として捉えておき、代表制による不足をそのつど補う作用としてのみ機能すると考えることが望ましいのだろう[437]。

では、"Stuttgart21"のように、市民が参加するという近年の巨大なトレン

---

434) Groß (Fn. 419) S. 513
435) Groß (Fn. 419) S. 514 f.
436) Markus Möstl, Elemente direkter Demokratie als Entwicklungsperspektive, VVDStRL Bd. 72 (2013) S. 355-416 (362 f.).
437) Möstl (Fn. 436) S. 367.

ドという文脈のなかで、代表制と「受容」の関係性をどのように考えたらよいのだろうか。このトレンドは、従来と異なり、インターネット時代での開かれた意見形成が自由に表現されるという背景を持っている[438]。市民が自由に発言できる場があり、情報も広く取り入れることができる。そのなかで、ドイツの大規模計画における行政の計画手続が示してくれたのは、公行政が行政手続のなかで、市民・利害関係人を関与させ、調停をしていくモデルである。このなかで行政決定が市民に受容されることが求められていく。

たしかに、調停手続において、関係人が関与することで、妥結していく、ということは、公行政の側からは常に求められるあり方である。したがってこの運用は、受容の一方側面である「服従」につながっていく。

先に見たように、ルーマンによれば、手続は、個人の学習過程であって、個人の立場を孤立化させる機能を持っているという。手続は「社会システムの学習の過程」である、と[439]。極論だが、個人が同意するかどうかはどうでもいいということになる。それゆえ結局、手続を通して、当事者は「自覚的・無自覚的に行為の選択肢を放棄」し、「生じたことを複雑性の縮減として実行して、最終的に決定をその後の生活の新たな状況へと受け容れていく」ことになる[440]。ここには手続の限界がある。さらには「受容」の限界もある。それゆえ、手続による正当化がおよそありうるのは、問題がもはや政治主題化されえないほどまでに小さくなっているときだけだ、という指摘があるのはもっともなことだと思われる[441]。

---

438) このような背景を重視して、たとえば東浩紀『一般意志2・0』(2011年、講談社)は、大衆の欲望・無意識をデータベース化して日々集計されて統治の基礎とする構想を打ち出しているし、また住民運動のなかから、國分功一郎『来るべき民主主義』(2013年、幻冬舎)は、住民投票によって、議会制民主主義を補強していくという実践的な問題提起を提示している。
439) Niklas Luhmann, Legitimation durch Verfahren (1969) S. 119.
440) Luhmann (Fn. 439) S. 120.
441) Kay Waechter, Großvorhaben als Herausforderung für den demokratischen Rechtsstaat, VVDStRL Bd. 72 (2013) S. 516.

(3) 民主的正当化

最後に、以上の計画への手続参加の問題を、憲法上の解釈論として議論されている民主的正当化の問題として考え直してみよう。民主的正当化は、先述のように、人的正当化と内容的正当化の相補関係の問題として捉えられる。

そこでまず、人的正当化の問題として「手続参加」を考えてみよう。すると、大規模プロジェクトに関わる「関係人」とは、人的民主的正当化の主体たりうるか、という問題が浮かび上がる。憲法上の解釈としては、民主主義原理での正当化主体は、通説では「国民」（国籍保持者）または「部分国民（Teilvolk）」（ゲマインデやクライスの市民）である[442]。ところが、この「関係人」はこれらに当てはまるほど一般性を有していないため、正当化主体とはいえない。もし万が一、この「関係人」に対して、その特殊利益を保護するために決定権が付与された場合は、形式的な民主的平等の点で、民主的正当化の内容は弱体化すると考えられる[443]。ただ、交通やエネルギーの配線の問題のようなインフラ計画の場合は、地域的な関係人を超えた公共善の目的を持つために、一般性の問題となるために、「関係人」というのは「国民」を指すことになり、正当化主体たりうるだろう。

次に、内容的正当化の問題として考えてみる。この「内容的正当化」というのは、いわば「法律の留保」を民主主義の側から見た言い方である。インフラ計画の策定手続は、法律で濃密に予定することはできない行政裁量が広まる領域なので、必然的に内容的正当化は薄まる。そこで、これを補助するものとして市民参加が求められるが、それは、法律で十分に規定できなかった決定プログラムの濃密化・具体化には役立つが、それ自体では正当化に対して憲法上の要請として行われるわけではないのだ[444]。

このように、手続参加の問題は、民主的正当化の解釈論としては、十分に展開できないのである。同様に受容の議論は、国家決定の合理化には役立つもの

---

442) Böckenförde (Fn. 210) § 22, Rn. 26, 31.
443) 同旨の議論として、Thomas Mann, Großvorhaben als Herausforderung für den demokratischen Rechtsstaat, VVDStRL Bd. 72 (2013) S. 563.
444) Mann (Fn. 443) S. 565-569.

の、憲法上の規範的内容から生み出されるわけでもない。結局、受容を確保しようとする動きは、憲法で基礎づけることができるものでもないし、したがって憲法から受容が要請されるわけでもない。

　本章は、受容概念を取り上げ、行政決定が市民に受容される条件としての「手続参加」を見てきた。"Stuttgart21"以降の議論や法改正は、行政への市民の直接的な声が届けられるようになってきている。そのうえで行政決定が受容される工夫が行政に求められているのである。それでも、憲法レベルの民主的正当化論からすると、直接的または正面から手続参加を「民主的正当化」論に組み込むことは想定できないのである。すると、手続参加という条件が憲法レベルで承認されなければ、受容の概念もまだ憲法レベルで語りうるわけではない。ただ、本章で見たように、手続参加は、関係人や公衆による行政の計画手続や行政決定への情報共有となるのであり、透明な行政の確保という点でも重要な意義を果たす。すると、今後の民主主義論は、一方で、代表民主制を基本軸に置きながら、その不足を補う仕組みとして、たとえば大規模プロジェクトが展開されていくごとに、段階的に関係人の参加を組み込んでいく手法が考えられていくしかないのだろう。

第 3 部

組織・構造

第 1 章

国家の権力独占（民営化）

　憲法学にとって「契約」といえば「社会契約」であろうか。「民営化」は契約によって国家の地位を変える[445]。すると、国家の公共善実現を約束する社会契約論は、公共善実現を私人にゆだねる民営化によって通用しなくなるのだろうか。憲法が民営化をどこまで許容できるのか考えなければ、憲法学が分析・説明・検討の対象とする「国家」は、説明すらできなくならないだろうか。

　ここでは、「民主主義」（「民主的正当化」）の観点から、「民営化」事象における行政の正当性を検討する。すなわち、民営化がもたらす法規範の機能変化と、公共善実現に登場する主体の多元化に注目し、民主的正当化モデルを使って、民営化における行政の民主的正当性を問う。

　法規範の機能変化については、「今日では、法律の制御力があまりにも弱く」、法律で規律するのではなく、社会の自律的な利益調整という自己制御に期待する議論がある一方で[446]、民営化は「私法への逃走」を意味するという議論がある[447]。果たして、民営化に関する法律の機能や制御力は、小さくなったり「逃走」をしているのだろうか。

---

445) 内田貴『制度的契約論』（羽鳥書店、2010年）6頁。
446) Johannes Masing, Transparente Verwaltung, VVDStRL Bd. 63 (2004) S. 377-441.
447) Benedikt Wolfers, Privatisierung unter Wahrung der öffentlich-rechtlichen Rechtsform, NVwZ (2000) S. 765.

第 3 部　組織・構造

1　国家の権力独占と民営化

　権力の適用は原則的に国家に留保される。この「国家の権力独占」ということばは、近年の公法学の文献では、「国家性」や国内の主権の決定的なメルクマールとして記されている。[448] 権力の適用が国家に留保される、という意味から、法治国家原理に結びつけられて、「国家の権力独占」の法的根拠として、基本法20条の法治国家原理が挙げられる。しかし、権力独占というカテゴリーを基本法20条1項と結びつけるのに、歴史的背景を抜きにしては考えられないので、基本法条文だけを関連づけるのは表層的と見られている。[449]

　国家の権力行使を「独占」ではなく、原則的事例と考えると、国家に由来しない物理的暴力は特別に正当化を要する例外となる。刑法上の正当防衛のように、国家が権力を委譲することによってのみ、私人の物理的暴力は許容される。こうしたルールは、法制定と法実現が一致して、権力独占を最終的につねに法に還元しておくことで導かれる。したがって、「権力独占は法独占である」[450]。そうすると権力独占は、原理的には、私人の権力行使の程度を規範が決める、という問題になり、変わりうる法秩序のそれぞれの諸規範をあとづけていくことで理解されるようになる。[451]

(1)　日本の民営化例

　日本の場合、完全民営化の例は、日本国有鉄道（本州3社）である。これは、2001年以降、全株式を公開している。

---

448)　Detlev Merten, Rechtsstaat und Gewaltmonopol, 1975, 29 ff.; Hans-Uwe Erichsen, Grundgesetz und Gewalt, Jura 1979, S. 449; Volkmar Götz, Innere Sicherheit, in: Josef Isensee / Paul Kirchhof (Hrsg.), Handbuch des Staatsrechts der Bundesrepublik Deutschland, Bd. III, (1988) § 79, Rn. 29.; Hartmut Maurer, Staatsrecht I, 6. Aufl., 2010, § 1, Rn. 14.
449)　Möllers (Fn. 43) S. 274.
450)　Möllers (Fn. 43) S. 276.
451)　Möllers (Fn. 43) S. 277 f.

第 1 章　国家の権力独占（民営化）

　特殊会社の例は、日本国有鉄道（北海道、四国、九州）[452]、成田空港株式会社[453]、高速道路 6 社[454]、日本郵政[455]がある。これらは、定款の変更、新株予約権の発行、取締役・監査役の任免などについて所管大臣の認可を必要とし、各大臣は会社を監督することが各法律で規定される。たとえば、成田国際空港株式会社法では、航空保安施設の設置及び管理は、国土交通大臣が定める基本計画に適合するものでなければならないし（3 条）、事業年度開始前には事業年度の事業計画と定款の変更について認可を受けなければならない（11、12条）。国土交通大臣はこの会社を監督し（15条 1 項）、必要な場合には同大臣は事業に関し命令をすることができる（15条 2 項）。また基本計画を定めるとき等には国土交通大臣は財務大臣に協議しなければならない（17条）（高速道路株式会社法も同旨）。また、日本郵政株式会社法は、業務の範囲について総務大臣の認可を必要とし（4 条）、取締役・監査役の選任・解任の決議に総務大臣の認可をもって有効とし（9 条）、事業計画は総務省令で定めるところにより定め、同大臣の認可を必要とする（10条）。

　株式の部分公開は、たとえば、日本電信電話会社（NTT）[456]、日本たばこ産業株式会社（JT）がある。これらは、事業の認可、取締役・監査役の任免の認可・重要な財産の譲渡の認可を所管大臣から必要とし、各大臣は会社を監督することが法律で規定される。

　協働とは、ここでは、PFI、市場化テスト、指定管理者制度のことを指し、施設を国が所有し、運営を民間ないし公私協働で行う形態をいう。たとえば、市場化テスト法は、官民の協働による公共善の実現を目的とする。この法律は、公共サービスについて、官民競争入札若しくは民間競争入札によって、「民間事業者の創意と工夫」が反映されることを目的とする。これについては

---

452) 旅客鉄道株式会社及び日本貨物鉄道株式会社に関する法律（1986年12月 4 日法律第88号）（以下、JR 法）。
453) 成田国際空港株式会社法（2003年 7 月18日法律第124号）。
454) 高速道路株式会社法（2004年 6 月 9 日法律第99号）。
455) 郵政民営化法（2005年10月21日法律第97号）。
456) 電気通信事業法（1984年12月25日法律第86号）、日本電信電話株式会社等に関する法律（1984年12月25日法律第85号）。

「公共サービスの適正かつ確実な実施を確保するために必要かつ適切な監督を行」う国及び地方公共団体の責務が規定されている（4、5条）。また、公共サービス改革のための基本方針は内閣総理大臣が案を作成し、閣議の決定を求めなければならない（7条）。民間事業者の評価を国の行政機関等の長等が行う（9、12条）。

民営化には、国の関与を排除する完全民営化があるが、その一方で、このように国が一定の関与をし続ける部分的民営化がある。この国の関与に関して注意を要するが、私人による公共善実現といっても、それを促進し支援する国の関与が重視される一方で（保障国家）、私人にはその活動において基本権に基づく自由が備わっていることが見落とされてはならない。[457]

(2) ドイツの民営化例
① 連邦郵便の民営化と電気通信における規制態様

ドイツにおける民営化は、80年代より、航空管制行政の有限会社化、連邦鉄道、連邦郵便の特別財産の株式会社化などが行われ、また旧東ドイツの国有企業の信託公社による民営化が進められてきた。なかでも最大規模の民営化が、連邦鉄道、連邦郵便の民営化である。ユニバーサルサービス保障を国家が直接行うのか、あるいは私企業による市場方式をとるのかをめぐって、政治的にも法的にも重大な論点となった。結果的に、連邦郵便は段階を経て民営化された。1994年に連邦固有行政の範囲を定めた基本法87条1項の改正と143b条の新設[458]がなされ[459]、それを受けて、ドイツ連邦郵便の事業体の改組、民営化移行管理事務をつかさどる管理機構の設立が法律に定められた。

---

457) 保障国家論を基本権保障と法律の留保の意味変化という観点から詳細に分析する三宅・前掲注136、31-65頁が重要である。
458) 「連邦郵便」の文言を削除し、郵便及び電気通信に関する新たな規定を設けた。87f条は、(1)郵便及び電気通信分野における「あまねく適切かつ十分なサービス」を連邦が保障すること、(2)当該サービスは民間事業者が提供すること、(3)この分野における連邦固有行政は高権的事務に限ることを定めた。
459) 「特別財産たるドイツ連邦郵便は、連邦法律の基準に従い、私法形式の企業に変更する」

第 1 章　国家の権力独占（民営化）

　他方、EU レベルで1998年 1 月 1 日をもって音声電話を含むすべての電気通信サービスの完全自由化を達成する方針が決定しており、その方針に対応する法律として、1996年 7 月25日、電気通信法が成立した。さらに EU 指令である「ユニバーサルサービス指令」が2002年に発令されたのを受けて、2004年に電気通信法が改正された。

　ユニバーサルサービスは、適切な品質で十分な量のサービスが連邦全土にわたってあまねく供給されねばならないとされている。基本法87f条によって、その保障が国家に義務づけられていると読まれる。ただし、このユニバーサルサービスに対する規制が、競争を制限するものであってはならない。また、この規制は電気通信事業者の経済的自由に対する一種の制約となるので、事業活動を過度に制限しない限りで基本法に合致すると解されている。基本法87f条のねらいは、電気通信分野から国家が完全に撤退することで、市場の自由な活動にゆだねることのないよう制度設計することにある。そこで、ユニバーサルサービスの費用負担を事業者に求めるならば、それは特別負担金となり、本来国家が保障すべき供給を怠っているとして違憲のおそれが高まる。

　こうして国家は、電気通信事業において、保障と監視の責任を負う形で、ユニバーサルサービスの提供を行うこととなった。

　② 航空管制

　ドイツでは近年、高権的権能の行使すら私人に委託するのではないか、と考えられる事件が起きた。警察行政に該当する公共的任務としての航空管制を、私人に委託する法案が連邦政府から提出されたが、これを連邦大統領が署名を

---

460)　(1)連邦は、連邦参議院の同意を必要とする連邦法律の基準に従って、郵便制度及び遠距離通信の分野において、国土全土にあまねく適切かつ十分なサービスを保障する。(2)第 1 項の意味におけるサービスは、私経済活動として、特別財産たるドイツ連邦郵便に由来する企業を通じて、及びその他の私的提供者を通じてなされる。郵便制度及び遠距離通信の分野における高権的事務は連邦固有行政において遂行される。(3)第 2 項第 2 文にかかわらず、連邦は、連邦直属の公法上の営造物の法形式において、特別財産たるドイツ連邦郵便に由来する企業に関する事務を、連邦法律の基準に従って遂行する。

461)　電気通信法のユニバーサルサービスについては、参照、青木淳一「ドイツ電気通信法制の変遷とユニバーサルサービス」法学研究80巻12号（2007年）173頁以下。

拒否し、法案が不成立に終わったという事件である[462]。

1992年の航空交通法改正によって、航空管制は有限会社（Deutsche Flugsicherung GmbH；DFS GmbH）化された。しかし、この有限会社化は、たんに連邦組織を民営化しただけで、実質は連邦が100％出資する連邦固有の有限会社にすぎなかった[463]。このなかで、"Single European Sky" という、EUを１つの領空とする構想を示したEU指令によって航空管制組織間の競争を可能にして、任務の効率化をはかり、所管行政庁の監督によって任務の質を保障する動きが生まれた。これによって、航空管制法案が連邦政府から提出され、連邦議会及び連邦参議院を通過したが、連邦大統領の署名拒否を受けたのである。この法案は、「組織の民営化」ではなく「作用の民営化」を目指していた。国家は航空管制任務に対する責任を持ちつつ、任務の遂行は、法律上の「委託（Beliehene）」によって私人にまかせたのである[464]。

大統領はこの法案を違憲と判断した。基本法87d条１項が、航空管制権限の私人への委託を認めていないからだという。組織の民営化については、1992年の基本法改正で可能になっていたものの、そもそも、基本法87d条１項が航空管制権限の私人への委託を許容しているかどうかは争いがあった[465]。学説の争いがあるなかで、大統領は次のように述べている。

「航空管制は連邦固有の行政である。航空管制は特別警察業務であり、したがって高権によって遂行されねばならない。それゆえ任務責任はその任務形態にかかわらず連邦にある（いわゆる国家の保障責任）。基本法の規定の意味と目的は、特別警察任務遂行の際に、国家意思をつねに貫徹することにある。基本法87条１項２文はそれゆ

---

462) この件について、戸部真澄「私人による「公権力の行使」」法時80巻8号（2008年）101-104頁が簡潔だが要点を押さえた紹介をしており、本章はこの分析を超えるものではない。初期の議論に詳しいのは、米丸・前掲注23、149頁以下。

463) Georg Hermes, Art. 87d, in：Horst Dreier (Hrsg.), GG III (2000) Rn. 4, 21 ff.

464) Christian J. Tams, Art. 87d I GG und die Neuordnung der Flugsicherung, NVwZ (2006) S. 1227.

465) 「連邦固有の行政」という見解に立つ学説として、Karsten Baumann, Bundeseigenverwaltung und Wettbewerb? DVBl (2006) S. 332 ff.；Christoph Gramm, Privatisierung und notwendige Staatsaufgaben (2001) S. 112.

え、たんに組織の民営化を認めるだけである。たとえ、航空管制の資本の民営化が基本法87d条１項によって完全に排除されるのではない、という考えに立ったとしても、民営化された航空組織の監督に関する法律の規律は、国家が航空管制の高権的事務に対して有する保障責任を満たすわけではない。さらに、立法者の見解に立ったとしても、基本法87d条１項は、私法において設立された航空管制組織に対する十分な制御権と統制権を求めている。(466)」

　ここに、立法者（連邦政府・連邦議会）と大統領の見解の対立を見てとることができる。一方で立法者は、権限委託が憲法上許容されると考え、連邦に十分な監督権と統制権（Ingerenzrechte）が行使されれば、国家の保障責任が果たされる、という見解に立っていた。(467)他方で大統領は、そもそも航空管制の私人への権限委託は憲法上許容されていないと考えるし、それに、もし権限委託が憲法上許容されたとしても、保障責任は十分ではない、としている。(468)

---

466)　Bundespräsidialamt の HP、2006年10月24日最終確認2011年 6 月 4 日（http://www.bundespraesident.de/Journalistenservice/Pressemitteilungen-,11107.633675/Bundespraesident-Horst-Koehler.htm?global.back=/Journalistenservice/-%2C11107%2C6/Pressemitteilungen.htm%3Flink%3Dbp）

467)　立法理由によると、連邦に監督・統制権限が残れば、航空管制組織の活動は高権的に行使できるのだという。「この分野についての憲法による国家行為の構造与件としての国家の留保から導かれるのは、航空管制組織が高権的な核心領域のなかで活動をする場合は、連邦には航空管制組織に対する十分な統制権と制御権（いわゆる Ingerenzrechte）が残されていなければならない、ということである。ヨーロッパ領空単一構想（SES）規則の枠内で、そしてこの法律によって行われる市場開放に基づいて、この法的影響可能性権限（Ingerenzrechte）は、航空管制組織が活動する際には、それゆえあらゆる航空管制組織に対する連邦の資本参加と無関係に適用され貫徹されることができなければならない。」BT-Drs. 16/240, S. 18 f.

468)　この大統領の見解は、Friedrich Schoch, Vereinbarkeit des Gesetzes zur Neuregelung der Flugsicherung mit Art. 87d GG (2006) の、航空法制案に対する鑑定意見を基礎にしていると言われている。ここでショッホは、「国家による保障責任は、連邦が私法上設立された航空管制組織に対して十分に影響しうる法的権限（Ingerenzrechte）（制御権ないし統制権）を有している場合にのみ履行されうる」（S. 49）としたうえで、「連邦固有の行政における影響可能な法的権限（Ingerenzrechte）と比較すると、事務遂行に私法主体が関与することは、国家の制御喪失か統制の喪失に至る。なぜなら相応する措置は、私法主体にいわば『外から』持ち込まれるのであり、他方で、連邦は、連邦固有の行政については、航空管制に『内部から』支配の影響力を行使できるからである」↗

(3) 民営化の類型

「民営化」と呼ばれることばだけでは、たんに、公共的任務を私人に委譲する、ということばの持つ一般的なイメージの先行によって、その実質的な内容については曖昧なままになりやすい。しばしば、「民営化」の政策をただちに「新自由主義」的とみなし、国家が財源や事務の負担を軽減させるために、もともと国家が担っていた事務を市場に委ねる議論なのだと断定されることもある[469]。しかし、法学の分析対象とすべきは、「国家が公共的事業から撤退する」単純な「民営化」ではなく、国家の役割が複雑な法現象としての「民営化」である[470]。

> 「国家は、民営化が行われた後に、完全に姿を消すのではなく、民営化結果法の枠内で、しばしば明文化はされていないものの、新たな役割を行う、という認識が一般常識となった。」[471]

ドイツ公法学における「民営化」の議論を整理するものとして、民営化のもたらす「法効果」を視座にして類型化を試みたキルヒホフの議論がある[472]。キルヒホフは、これまで行われてきた民営化の4類型を批判し、法効果の観点から

↘(S. 50) と述べる。「これは、連邦に対して憲法上要請された影響可能な法的権限(Ingerenzrechte) が遂行されえないことを意味するわけではない。しかし、たとえそうでなくとも、受け入れざるをえない国家の制御喪失と統制の喪失という認識によって明らかになるのは、法律によって高権的に規定された航空管制から、国家が撤退することに限界がある、ということなのだ。」(S. 50) と判断し、ショッホは、国家が航空管制事務から撤退することに反対し、法案の違憲判断を導いたのである。

469) こうした議論を整理し、分析を深める必要性を喚起する晴山一穂『現代国家と行政法学の課題』(2012年、日本評論社) を参照。

470) 民営化の類型として明解なのは、大脇成昭「民営化法理の類型論的考察」法政研究66巻1号 (1999年) 285頁以下。具体的なケースを挙げて、日本の行政法学の思考枠組に組み込んで類型化したのが原田大樹「民営化と再規制」法時80巻10号 (2008年) 54頁以下。

471) Martin Burgi, Privatisierung, in: Josef Isensee / Paul Kirchhof (Hrsg.), Handbuch des Staatsrechts Bd. IV (2006) 3. Aufl. § 75, Rn. 28.

472) Gregor Kirchhof, Rechtsfolgen der Privatisierung, AöR 132 (2007) S. 215 ff. なお、ここで論究されている民営化と基本権保障との関係は、きわめて重要であるが、それだけに別稿で慎重な検討を要する。

第1章　国家の権力独占（民営化）

民営化を類型化した場合、5つの形式に分類できる、と考えた。①行為形式の民営化、②組織形式の民営化、③遂行する主体の民営化、④任務の民営化、そして⑤責任の民営化である[473]。

従来は①組織の民営化（形式的民営化）、②作用の民営化（遂行の民営化）、③任務の民営化（実質的民営化）、④行政権限委託・行政補助の4つに類型化されていた[474]。

まず、①「組織の民営化（形式的民営化）」においては、主に給付行政の任務のために、私法上の組織、とくに有限責任会社、株式会社に生存配慮及びその他の給付任務を行う権限が与えられる。ただし、国家は行政任務の担い手ではあり続ける。財政法や人事・給与のレベルでの拘束から解放されて、私法の柔軟な行為が可能とする。

次に、②「作用の民営化（遂行の民営化）」においては、国家は継続して任務と責任を持つが、その任務を履行する際に、部分的に、私人に任務が付与されるか、任務遂行への関与が許される。最終決定権は国家にある。活動の作用の観点で私人と国家が関係することから「作用の民営化」と呼ばれている[475]。

---

473) Kirchhof (Fn. 472) S. 236 ff.
474) Hartmut Maurer, Allgemeines Verwaltungsrecht, 16. Aufl. (2006) § 23, Rn. 61 ff.; Helmut Schulze-Fielitz, Grundmodi der Aufgabewahrnehmung, in : GVwR, Bd. I (Fn. 79) § 12, Rn. 108 ff.
475) 日本では、「機能の民営化」について「公私協働」のカテゴリーを使用することが多い。たとえば人見剛「公私協働の最前線の課題」法時82巻2号（2010年）106頁以下は、「印象論に過ぎない」としつつも、「市民主導の公私協働」と「市場・行政主導の公私協働」とを区別して、NPOの活動など私人の自発的な公共的活動が行われることと、民間組織の活動によって、公共団体と民間団体の協力関係を意味するものとに分ける。これによれば、民営化は「市民主導の公私協働」ではない。ただ、公私協働のカテゴリーも、日本ではまだ論者によってさまざまに定義されているため、かならずしもここでの「機能の民営化」のカテゴリーと同定することはできない。たとえば山本「民間の営利・非営利組織と行政の協働」・前掲注25、188頁は、「公行政の組織が社会において財や役務をあまねく継続的に供給するために、どのような制度を形成し、民間の組織がどの程度、どのような態様で財や役務を供給する役割を担うこととするかは、いわば事業に関する協働の問題」であるとして、「民営化」を「事業に関する協働」と捉え、他方で、「公私協働」を「決定に関する協働」としている。さらに、山本隆司「日本における↗

(例．PPP、道路に関する計画・建築・管理・維持・資金調達。）この場合の国家と私的企業との関係は、主に雇用契約あるいは請負契約であり（ドイツ民法典611条、612条、631条、632条）、私法上の形式で国家活動に関わる。

さらに、③「任務の民営化（実質的民営化）」においては、国家は完全に撤退し、国家が履行していた任務処理を、私的経済領域における競争原理に委譲する。1990年代に、いくつかの連邦企業が憲法上決定された。

その他の民営化として、「行政権限委託」（Beleihung）と「行政補助者」（Verwaltungshelfer）を挙げることができる。行政権限委託は、私人に対して特定の行政任務について、高権的遂行を委託することであり、権限と責任を私人が負うため、法律上の根拠を必要とする。ただ責任法上、受託者の行為について責任を負うのは委託した団体による。[476]（例．警察権限を持つ機長、船長、狩猟区監視人といった伝統的なものから、助成を受けた私立学校、技術検査協会（TÜV）の専門家。）行政補助者（Verwaltungshelfer）は、官庁の指揮や指示に従ったたんなる補助活動を行い（例．通学指導係、レッカーサービス事業者）、権限と責任は行政に残る。[477]したがって、官庁のたんなる「道具（Werkzeug）」、「伸びた手」と

　公私協働の動向と課題」新世代法政策学研究（2009年）277頁以下は「公私協働」を、「公的組織が私的主体に次のいずれかの事項に関する役割と責任を委ねること。①諸利益の衡量または財やサービスの分配に関する決定をすること、あるいは決定を執行・実現すること。または、②こうした決定を公的組織が行うのを準備するために、あるいはこうした決定を公的組織が行うのを控える代わりとして、自己の利益以外の利益に関する情報を収集・形成・提示すること。」と定義する。また、これよりずっと広い概念として捉える紙野健二「協働の観念と定義の公法学的検討」法政論集225号（2008年）1頁以下は「①主体の複数性、②公共目的の共有、および③相互協力、の三つの要素からなる現象」としている。

476）　受託者は、行政担当者ではあるが、基本法34条の意味での団体ではない。原動機付き車両の審査を行うTÜVの専門家はラントが責任を負い、航空機の審査についてもラントが負い、私法上組織された兵役代替社会奉仕活動については連邦が負う。Maurer (Fn. 474) § 26, Rn. 43.

477）　ただし、私法上の契約によって公法上の任務遂行に引き入れられた私人に責任法（GG34条、BGB 839条）が当てはまるのかは問題。警察の委託で私的なレッカーサービス事業者が、駐車違反の自動車をレッカーした際に、自動車に損害を与えたり、第三者に損害を加えた場合に、BGHはかつては、事業者が行政の指揮に服していて、単な

第 1 章 国家の権力独占（民営化）

考えられるようになる。

　こうした従来の分類に対して、キルヒホフは、この 4 類型では統一的な基準で類型化されないとして、公法と私法が交錯する点に着眼して、そこで行われる行為の法効果の観点を基準にして 5 つに類型化し直している。

　①行為形式の民営化

　　行為形式を民営化（私化）した場合、国家は私人と同じ視点に立つため、たとえば、道路建設のための土地を収用せず、私法上の売買契約を通じて土地を獲得するようになる。すると、公法の規準は緩和される。ただしこの場合、特に気をつけねばならないのは、基本権の自由保障の遵守である。つまり、私法上の契約となったとしても、公法上の拘束力は基本権保障に及ぶ。

　②組織形式の民営化

　　行政は、とくに生存配慮（Daseinsvorsorge）の分野で、私法の組織形式で特定の任務をより実効的に遂行する。これに対して、行政が電力供給や水道供給の分野で、公的監視の代わりに共同出資者や監督委員会が登場するように組織形式を民営化するような場合が考えられる。この場合、公法の拘束はゆるめられるが、解放されるわけではない。つまり、ここでの法効果は、公法上の次のような要請を緩和する。民主的正当化の連鎖が破られてはならないという要請、権利保障を実効的に行わねばならないという法治国家的統制の要請、公法の拘束のなかで行政が決定的な影響力を持って

　↘る道具と見えるために、責任を肯定した。しかし学説は、この道具理論に批判的である。この道具理論が、行為する人の法的地位ではなく、その活動やその分類に合わせた職務責任の統制とは両立しえないだろう、ということである。これに応じて、BGH は後に（1993年）、自己の見解をゆるめた（BGHZ 121, 161）。もっとも、現在の批判はもっと広大になった。任務の高権的性質がますます強く前面に現れて、委託された活動と官庁によって行われるべき高権的任務の結びつきがますます密接になり、事業者の決定裁量がますます限定されるようになると、事業者は責任法上の意味での公務員とみなされることになる。ただ、いずれにせよ、私法上引き入れられた事業者の、介入行政の領域での過失は、責任法上の原則に従って判断されるので、国家は、レッカー事業者に責任を負う。Maurer (Fn. 474) §26, Rn. 13.

社会を嚮導するという要請、相応する活動に対する責任を負うという要請を緩和する。

③遂行する主体の民営化

これに対して、任務遂行者の民営化の場合、私法上の行為形式に基づいて事務が遂行され、公法の保護を間接的に受ける。ただし、国家的な義務によって命令された雇用者として任務遂行を行う。この私人は、原則的に基本権に拘束されるのではなく、行政手続の各義務を負う。刑法上の公務員の不法行為は、私人の任務遂行者に対して適用されず、国家責任法は例外的にのみ適用される。

④任務の民営化

国家は、私的企業による任務遂行にゆだね、それゆえ競争にゆだねる。その点で、私人の任務遂行者は、基本権に拘束されず、基本権は私人に対しては第三者効を展開することになる。ドイツは社会国家として生存配慮を義務づけられているので、自由市場が保障されるべき成果を達成しない緊急時には、国家が人の生活領域において必要な供給をするという「留保責任（リザーブ責任）」（Reserveverantwortung）を果たすことになっている。それゆえ任務の民営化以降の国家に残されている責任というのは、事項適合的なリザーブ責任として捉えられる。

⑤責任の民営化

最後に、リザーブ責任までをも民営化できるのかが問題となる。しかし、民営化後の郵便制度に関して、生存配慮のために必要な任務に関する責任を国家が放棄することは許されていない。[478] この分野について、憲法は責任の民営化を禁止しているのである。国家がリザーブ責任からも解放されるのは、給付の周縁部に当たる、観光事業や余暇の過ごし方といった社会分野である。

こうした５つの民営化の類型学は、公法の規準が変更されることを明らかにする。公法の規準を変更しなければならないとなると、それに対する法問題に

---

478) BVerfGE 108, 370 (394).

答えねばならなくなる。つまり、国家は私人をどの程度まで公共的任務遂行に引き入れてもいいのか、それによって、公法の保護はゆるめられるのか、そして、公共的任務遂行のために、私法形式によって基礎づけられた公共的任務遂行主体としての私的組織は、直接に基本権に拘束されるのか、という問いである。

　民営化という概念は、ドイツでも一義的な定義はなされていない。キルヒホフによると、公的主体の活動は、法の厳格な与件に基づいて正当化する民主的正当化によって特徴づけられるが、民営化の法問題といえば、以上のように、公法上の拘束が緩和されるか解消されるかどうかを問うことになる[479]。つまり民営化は、民主的正当化論の限界事例となる。

　それゆえ、キルヒホフは、民営化がもたらす法的効果として、一方では基本権を促進させるが、他方で同時に基本権を侵害するリスクがある、と注意を喚起している。

2　民営化に対する憲法上の規律

　日本では、行政法学から、「民間化への法的限界を画するという観点にたってそれを憲法論の次元で具体化することができないのか[480]」という問いが出されているが、この重大な問題に答えるにはまだ十分な用意はないように見える。それでも、いくつかの議論が展開される。

　1つは「国家任務」を憲法が想定する、という考え方である。憲法は福祉国家的な理想の下、社会経済の均衡のとれた調和的発展を企図し、それゆえ、積極的な社会経済政策の実施を国の任務とする、と最高裁が述べていることを受けて、民営化は、憲法が予定する国の任務を放棄することだ、と解する見方[481]、国家任務または国家目標が憲法上確定されていて、この領域を侵さないかぎり

---

479)　Kirchhof (Fn. 472) S. 219 f.
480)　晴山一穂「公務の縮小・民間化とその法的限界」専修大学法学研究所紀要30（2005年）30頁。
481)　石川健治「ラオコオンとトロヤの木馬」論座145号（2007年）。

で民営化は憲法拘束なく実行できるという考え方が提示されている。[482]

　もう1つは、「公権力の行使」を民間に委託する限界についてである。「日本国憲法上、行政主体のみが行政作用を担当する、とりわけ公権力の行使をすべきである、という委任行政の絶対的禁止の原則は明示的には存在しない」として、「委任される行政が公権力の行使にかかわる場合には、法律の根拠が必要となる」という行政法学説の通説的な立場が展開される。[483]この考え方は、「公権力の行使をいかなる主体に与えるかについて立法権を拘束するような垣根の一般的規範が存在するとは考えにくい」[484]として、立法裁量の問題として公権力行使の民間委託の可能性が開かれるように考えられている。

　実際、立法実務としては、たとえば建築基準法における建築確認の「指定確認検査機関」への開放、地方自治法244条の2第3-11項における「指定管理者」制度の導入など、行政処分が民間に委託されている。[485]

　一方、ドイツでは、基本法上、明文で民営化を規律するものがあり、その点でも、法的な規律方法がより具体的に展開されている。まずドイツ基本法では、その第33条4項で、常勤の任務としての高権的権能の行使は、「原則」、職業官吏に委託される、と規定している。これを基に、高権に関わる権限の行使は民間に委託することができないのである。以下では、このドイツで形成されているドグマーティクを詳しく見ていくことにする。

---

482)　赤坂正浩「憲法からみる"公共サービスの民間委託"」法学セミナー619号（2006年）。
483)　塩野宏『行政法Ⅲ〔第4版〕』（有斐閣、2012年）124頁。
484)　碓井光明「政府業務の民間開放と法制度の変革」江頭憲治郎＝碓井光明編『法の再構築〔Ⅰ〕国家と社会』（東京大学出版会、2007年）25頁。
485)　行政処分の民間委託が「基本的に裁量性がない行政処分」に限られるという分析をするのは、櫻井敬子『行政法講座』（第一法規、2010年）191頁。これに対して、阿部泰隆『行政法解釈Ⅰ』（有斐閣、2008年）470頁は、「公権力が適正に行使されるように民主的にコントロールできる制度的な担保があれば、それに裁量権があろうと、その行使を民間に委託することは許容されるという解釈をすべきである」とする。この「民主的にコントロールできる制度的な担保」こそが本書にとって重要な視点である。

第 1 章　国家の権力独占（民営化）

(1)　憲法規定上の国家任務の責務

　まず、ドイツでは、基本法の直接的な規定によって、国家が引き受けなければならない任務がある。国家に特定の任務履行責任を負わせるものだが、それは、基本法20条1項（社会国家）や同20a条（環境保護）の国家目標規定、または基本権保護義務から、国家の行うべき最低基準が示されはするものの、個々の任務を引き受けるべき具体的な義務は導かれない。たとえば、連邦憲法裁判所の判例によれば、社会国家要請の実現には「私人の補助を利用することができる」[486]が、国家目標規定が任務の民営化全体にわたる限定をかけるわけではない。結局、それぞれの憲法規定が、実体的な任務内容を持っていて、その公共的利益が必ず国家自らの手で行われなければならない、と解釈される場合においては、義務的国家任務の問題となる。1994年までは電気通信、郵便、鉄道の各制度の供給について、まさにこの問題となっていたのだが、だからこそ、この任務の民営化を行うために、憲法改正が必要だったのである[487]。

　今では、基本法87e条（鉄道交通行政）と同87f条（郵便・電気通信行政）のなかに、憲法上の義務として、サービス供給の任務と、十分な遂行を「保障」する任務が義務づけられている。

> 基本法87e条4項1文「連邦は、連邦鉄道の鉄道網の拡充及び維持の際に、並びに当該鉄道網への交通の提供の際に、それが鉄道旅客近距離交通にあたらないかぎり、一般の福祉、とりわけ交通の需要が考慮されなければならない」
> 基本法87f条1項「連邦参議院の同意を必要とする連邦法律の基準にしたがって、連邦は郵便制度と電気通信の分野であまねく適切に十分なサービスを保障する」

　他方で、このように明示的に遂行についての保障義務が憲法に規定されていなくとも、一般的にアクセスし調達できるサービス提供の保障義務があるのかどうかはつねに問題となる。ブルギによれば、これらの義務は、国家目標規定からも国家の基本権保護義務からも引き出されうる。すると、義務的国家任務

---

[486]　BVerfGE 22, 180 (204).
[487]　Martin Burgi (Fn. 471) Rn. 17.

第3部　組織・構造

はそのつど問題になる保障任務であって、それが保障責任の問題なのである。[488]

(2)　「国家留保」の原則（国家の権力独占）

　国家が放棄してはならない任務領域（＝警察、防衛、司法、古典的高権的介入行政）は、任務の民営化（実質的民営化）が許されない。国家の権力独占の考え方から、物理的権力の手段は国家に留保されるとされている。[489] この考え方は、基本法33条4項の解釈によって、「高権的権能」の概念をいわゆる「生存配慮」にまで拡大し、任務の民営化の遮断として同条項を扱うものである。

　　基本法33条4項「高権的権能の行使は、独立した任務として、通常、公法上の勤務関係及び忠誠関係にある公務員に委譲されねばならない。」[490]

　これは、国家の広範な後退に対して、自由を保障するための規準として使われる。これを「国家留保の原則」という。[491] 同条項の意味での高権的権能の行使は、原則的な民営化の禁止、少なくとも任務の民営化の禁止を意味する。

　それでも、行政権限受託者、行政補助者、高権的権能行使の目的のための私人の雇用はこの例外となっている。たとえば、私的な企業によるネズミ捕りや公園監視などである。ただやはり、高権的権能の行使に関する民営化の禁止について、基本法33条4項がいかなる規律内容を持つのかが問題となっている。ここに2つの見解がある。[492]

　まずは、基本法33条4項は公務員制度の保障と考える考え方である。この基本法の規定自体は、任務の民営化の許容性について何も述べておらず、必要的高権的任務領域の範囲を問題とするので、真正な国家任務の領域を消極的に指示しているものだと考えるものである。すなわち、この真正国家任務には、領

---

488)　Burgi (Fn. 471) Rn. 18.
489)　この点、物理的強制手段を持つ軍や警察の機能を民営化する問題につき、参照、水島朝穂「国家の軍事機能の『民営化』を考える」企業と法創造7巻5号（2011年）17-25頁。
490)　「私人は高権的権能の行使を常勤的任務として『通常は』委託されてはならない。例外には法律の根拠を必要とする」(BVerwG 19.1.1989. DVBl 1989 S. 517)
491)　Udo Di Fabio, Privatisierung und Staatsvorbehalt, JZ 1999 S. 585-592.
492)　Di Fabio (Fn. 491) S. 590 f.

域的不可侵性の保護、内的秩序の維持、租税徴収による国家の財政的基盤の保障が与えられるのであって、これは、古典的な権力独占の理由づけに符号する国家独占に当たる。ただ、この真正国家任務は、具体的な法律の内容形成にかかっている。しかし、これまで高権的領域からの切り離しが基本法33条4項の問題となったことはない。なぜなら、公務員の制度保障は、公務員に高権的活動領域を保持し続けるように求めているわけではないからだ。つまり、この公務員制度保障は、高権的権能が行使されるときにのみ関わるが、およそ高権的権能が委譲され、決められた公共善の事項すべてが公共的任務として行政が処理しなければならないのかどうか、という問題について立法者を拘束するものではない。

　他方の見解は、先の基本法33条4項の限定解釈よりも広い解釈を行う。つまり、当該条文を、職業官吏制度の諸原則の空洞化を阻止することとならんで、国家と特別な依存関係にある有資格の官庁職員だけが行使できる特別な領域を確保しなければならない、と解釈する。そして、高権的権能の概念を、いわゆる生存配慮に拡張し、市民に対する介入権限の行使から切り離すことで、基本法33条4項をほとんどすべての任務の民営化に対する遮断と考えられるという[493]。

　これらの見解について、ディ・ファビオは、基本法33条4項の規律内容を誇張しすぎていると批判する。そして、今日では、同条項のいう留保領域は職業官吏だけではなく、固有の任務遂行責任から国家が広汎に撤退することに対する自由保障の構造としても考えられている、という。つまり、基本法33条4項は、まずは、公行政内部での一般職、労働者そして行政受託者に対する官吏の留保を規定しているが、官吏制度は、官吏自体のために保護されるのではなく、国家が作用する前提として保護される。そして、国家は国家自体のために存在するのではなく、市民のために存在しているので、高権的権能の留保は、市民の自由保障に資するのだ、と[494]。

　すると、この国家留保の原則は、結局のところ、市民の自由保障のために国

---

493)　Theodor Maunz, Art. 33, in: Maunz/Dürig (Hrsg.) (Fn. 385) Rn. 32 f.
494)　Di Fabio (Fn. 491) S. 591.

家を統制する、という意味を持つことになる。国家の作用の面から見ると、国家は、まずは、安全、自由、秩序保障といった基本的な国家目的を実現しなければならない。その権力行使は、基本権の理念や保障内容、そして国家構造原理に従う。すると、国家は、市民の消極的自由の保障にとどまらず、民主的意思形成によって定式化される（個人のためではなく）集団のための目標の達成についても自由を保障しなければならない。したがって、基本法33条4項の前提とする国家留保の原則は、民主主義原理・法治国家原理、そして基本権と結びつくことになる。

ディ・ファビオによれば、民営化のうち、注意しなければならないのは、形式的・機能的民営化と手続の民営化である。これの分野では民主的かつ司法によって統制される公権力が責任を持って行為しなければならず、私法主体は権限委託や行政補助の形式で投入される。そこでは、私人が経済的観点で行為したり、官庁の意思に統制されないまま行為することについて、保障責任のやり方を持ち込んではならない。行政は基本権侵害とならないようにしなければならない[495]。

結局、基本法33条4項と適合する私人への委託は、当該任務に正当な理由があり、当該任務分野のなかで高権的任務処理の重点が変わらず公共的任務にある場合である。もっとも行政補助者は、官庁の「道具」として活動するにすぎないので、通常は法律上の授権の根拠は必要ないとされているが、環境法分野のように継続的任務を行う行政補助者については、具体的にどの範囲までが法律形式を必要としないかについて、まだ問題は解決されていない[496]。

(3) 私人に対する任務の義務化

ただ、行政権限受託者や行政補助者としての私人は、いわば強制的に公共的利益に関する活動に義務づけられるので、憲法上は私人の基本権保障の観点から考える必要がある。民営化の法的な議論において、基本権が問題となるの

---

[495] Di Fabio (Fn. 491) S. 592.
[496] 大脇成昭「民営化法理の類型論的考察」法政研究66巻1号（1999年）。

は、「国家による保護義務」と民営化によって脅かされる権利保障についてである。とくにここでは後者に関わるが、民営化段階での法律では、基本法12条1項、同2条1項の自由権として保護される法的地位への介入が「行政の経済性」という「合理的な理由」を根拠に、比例原則に基づいて、正当化される。したがって、民営化によって公共的任務に携わることになる私人は、公共的任務の履行という行政の経済性を確保するために、経済的自由権は合憲的に制限されることとされている。

他方で、基本法3条1項の一般平等原則から、特別責任が問題となっている。つまり、民営化によって任務担当者となった私人は、部分的に、著しい財政的負担を、たいていは財政的補償もないままに要求される。ユニバーサルサービスの提供義務を任務担当者である私人が負っているのだから、それを履行するためには、国家財政の補償なく、自身の手で履行しなければならない、という特別責任が課せられるのである。なぜなら、その任務担当者が公共の福祉に必要な機関となっているからだという。こうして、契約を基礎にして任務担当者として義務を負った者は、民営化の結果、不平等な取扱いを受けることになるのである。

(4) 保障行政（Gewährleistungsverwaltung）

民営化をしても、国家は完全に撤退するのではなく、むしろ新たな役割を求められている、というのがドイツで一般的に共有された認識である。そうはいっても、求められる国家の「最終決定責任」は空洞化する危険性もある。

ここに2つの対応策が考えられる。まずは、私人の任務担当者の行為を国家に帰責させることである。これは行政権限受託者には問題なく適用される。な

---

497) 電気通信法 TKG82条は、ユニバーサルサービス提供義務を負った企業のために財政的補償を予定しているものの、それですら、全企業から徴収したユニバーサルサービス賦課金（同法83条）で出資したものなのである。

498) Burgi (Fn. 471) Rn. 23.

499) Andreas Voßkuhle, Sachverständige Beratung des Staates, in: Josef Isensee / Paul Kirchhof (Hrsg.), Handbuch des Staatsrechts, Bd. III (2005) §43, Rn. 61.

ぜなら、基本権拘束、民主主義原理および法治国家原理に基づく義務づけによって、法的監督（Rechtsaufsicht）と専門監督（Fachaufsicht）、職務責任（基本法34条）を負わせることができるからだ。他方で、行政補助者の行為の帰責は、(「公務の遂行」における国家の責任となる基本法34条のように）国家の基本権侵害として考えられねばならない。

第2に、侵害行政について、高権的国家活動と行政補助者の限定された決定裁量とを密接に結びつけ、道具理論から切り離すことである。これは、いわゆる「国家の保障責任」（Gewährleistungsverantwortung）の問題となる。保障責任は、基本法87e条4項、同87f条1項、同143b条2項に基づいているが、そのほかには学説によってその責任が整理されている。

たとえばフォスクーレは6つの観点から整理している。

①結果の確保

　私人は、特定の質と量を供給するよう法的に義務づけられていて、これを「結果責任」と呼ぶ。この結果責任は、高権的遂行義務が行政権限受託者に法律によって移行することによって課されたり、ユニバーサルサービスのモデルの枠内で行われる公法上の遂行義務が法律によって課されたり、法律で規定された行政契約において決められた履行義務に合意することで課される。

②私的アクターの能力と選定

　予定された遂行の基準が達成されるかどうかは、選定された私的アクターの能力による。すなわち、その専門的な権能、信頼度、遂行能力によっている。この問題は、長いこと経済公法で問題になっていて、試験の必要性や継続的な教育の必要性などが議論されてきており、製造物安全法の認証手続の形成など、各分野の法律で規律がなされている。他方、生存配慮の自由化に基づいて、経済的に利益の多い公的任務の委嘱をめぐって多くの

500）「監督」概念については、本書第3部第2章。
501）Burgi (Fn. 471) Rn. 29.
502）Andreas Voßkuhle, Beteiligung Privater an öffentlichen Aufgaben und staatliche Verantwortung, VVDStRL 62 (2003) S. 311-326.

非国家的申請者が競合する状況で、私的アクターの選定はまだうまく説明できていない。ここでは国家は、中立性と競争を確保する手続義務の要請を引き受けることとなる。

③第三者の権利保護

　保障責任を問う場合は、第三者の権利保護に注意しなければならないが、第三者保護の要求をあまりに強く考えすぎると、協働の行為形式が即座に実務的な意味を失ってしまう。そこで、たとえば行政手続法58条1項は、第三者の権利に関わる行政法の契約は、第三者が合意しないかぎり無効となる、としている。

④コントロール

　公的任務への私的アクターの参加は、必然的に国家によるコントロールを失うが、もしもその参加自体をやめてしまえば、そもそもの協働の目標が達成されないというジレンマに陥る。行政権限受託者が国家の行政組織に組み込まれずに、国家監督に服さない場合にこの問題が生ずる。そこで、従来の「監督」システムに「保障監督」というカテゴリーを加えねばならない。この保障監督は、任務の危険の可能性に応じて分岐する。たとえば、助言制度の義務づけをすることによって予防的に監督を行ったり、監査手続、品質マネジメントシステムによって企業の自己監視を行ったり、公表の命令や文書化義務、情報公開義務、報告義務の拡充を行ったり、私的な責任保険の契約を義務づけるような私人のコントロールシステムを並行して行ったり、情報アクセス権によって監視に第三者を組み込んだり、監視する行政体を組織的に独立させたりする。

⑤評価と学習

　これでもまだ、具体的な任務処理のなかで、システムの欠陥のために弱点が生じてくる。この弱点を見出すために、定期的な評価を必要とする。これは関与するすべてのアクターに義務づけを必要とする。

⑥実効的な国家の奪回機能

　私人による任務遂行によっては予定されたやり方で永続的に任務遂行がなされない場合は、国家の直接的な遂行責任が復活する。

以上のように、国家は、私人による公共的任務について、その任務が十分に遂行されるように監督し、立法による規律、評価、遂行責任を負うといった新たな役割が課されることになる。

3　民営化と民主的正当化モデル

(1) アウトプット正統化

ところで、行政に対して憲法が要請する正当化について、立法者には内容形成の裁量が認められている。すでに見たように、日本の学説でも、民営化は立法政策と考えられているが、それならばなおさら、立法者には、民主的正当化の要請を維持するための「正当化責任」が課せられていると解される。

さて、民主的プロセスの前提となる制度は、憲法上、代表制原理に表れている。統一的な国民意思を代表制によって表象することで、この民主的プロセスを形成する。その一方で、できるかぎり多様な意思が、平等な参加を通じて反映される制度が求められる。この民主的な意思を反映する仕組みが「インプット正当化」である。

代表（表象）すべき対象が多様だからこそ、「国民意思」の表象は単純には再現（repräsentieren）されえない。こうして、ドイツで行政の民主化を研究する者の多くは、統一的な国民意思というフィクションを、現実認識の観点から批判し、そのような単純な「インプット正当化」を現実的ではないという。たとえば「国民意思における統一的な淵源に由来する正当化モデル」は単純であり、役に立たない構想であるといった議論や、国民意思を「フィクション」だと指摘する議論がある。彼らはこぞって、「純粋なインプット正当化」よりもむしろ、連邦憲法裁判所の2002年の「リッペ団体判決」でとくに強調された「一定の正当化水準」が必要で、正当化の実効性こそが重要なのだと主張する。

---

503)　Trute (Fn. 289) Rn. 58.
504)　Groß (Fn. 271) S. 171.
505)　Axel Tschentscher, Demokratische Legitimation der dritten Gewalt (2006) S. 24.
506)　BverfGE 107, 59.

第 1 章 国家の権力独占（民営化）

とりわけ重視されるのは、透明性手続、公共圏への可能な関与、実効的な関与（たとえば外部の意見を取り入れるための独立機関の招集）といった基準である。ここには、「アウトプット正統化」という側面が考慮されている[507]。アウトプットを重視すればするほど、行政の成果に直結するニーズを直接収集する必要があるため、多様な国民（市民）の声を聞こうとする[508]。では、インプット正当化とアウトプット正統化といったことばに表される正当化手法を、いったいどのように考えるべきなのだろうか。

インプットには、市民の利益や法益の調達・維持の期待が前提されている。そこでインプット正当化が、期待された形となって表れるのかどうかが評価される（アウトプット）[509]。すなわち、インプット正当化によって規範的・形式的な条件を整えたうえで、実質的なアウトプット正統化が得られるのかが検証され、そのうえで再び反省的にインプット正当化の水準を確保すべきなのだと考えられるのである。

このように正当化手法を措定するなら、一見すると、アウトプットが（補充的にでも）正統化要素として加味されることで、法律の役割（インプット）は相対的に低下するのではないかと思われる。しかし、議会ないし法律の役割はかえって大きくなるのである。というのも、アウトプット正統化のための条件整備（組織・手続の法化）を行うために、法律には「インプット正当化」の役割が担わされるからである[510]。「正当化」の側面を強調すればするほど、議会法によって事項的に正当化し、議会の定立する組織法律によって条件整備を行うため、議会自体が実質的な法形成を担う必要性はますます高まる[511]。

もっともアウトプット正統化を整備するためのインプット正当化、という考え方自体が、そもそも目的と手段の転倒ではないだろうか。するとアウトプッ

---

507) 本書第 1 部第 2 章 3 参照。
508) Tschentscher (Fn. 505) S. 58.
509) Trute (Fn. 289) Rn. 53.
510) Franzius (Fn. 220) § 4, Rn. 50 ff. は、法律だけでは曖昧だからこそ、手続と組織のルール化、規律化がますます重要となる、という。
511) 高田・前掲注55、271-304頁（とくに注45）。

ト正統化という考え方を混入することが間違いなのかだろうか。そもそもこの発想を行政が必要としているのだろうか。

これの問題に答えるには、どのように正当化論を具体的に適用すべきなのだろうか。この点、近年のドイツの判例が参考になる。

(2) ベルリン上水道事業の民営化

まずは、ベルリン州の上水道事業組合の部分的民営化を規定した法律に関する憲法判例を見てみよう。[512]同法は、水道供給と下水処理を任務とするベルリン上水道事業体（Berliner Wasserbetriebe（以下、BWB））（＝公法上の営造物）を、ラントの設立した株式会社ホールディングに組み入れた。[513]この株式会社はBWBに49.9％の資本参与する一方で、ベルリン州は直接50.1％出資する。この株式会社では、州代表者が多数を占めており、株式会社は契約を通じてBWBに対して限定的な指揮権を持つ。この指揮権は、株式会社の監査委員会（Aufsichtsrat）に設置された指揮委員会（Weisungsausschuss）の同意を必要とする。この指揮委員会でも州代表者が多数を占める。

BWBに株式会社が関与するというこのような法律規定が、憲法の要請する民主主義原理と適合するかどうかを、ベルリン憲法裁判所は、抽象的規範統制手続において審査した。

ベルリン憲法裁判所は、連邦憲法裁判所の民主的正当化モデルを引用しながら、民主的正当化の要請は「決定の性質を持つあらゆる職務上の行為」を対象とする、としている。ところが、当該民営化法において、株式会社がBWBに対する指揮権を持つと規定したことは、その民主主義原理と緊張関係に立つ。つまり、民主主義原理からすれば、指揮権は政府と議会の責任に結びつけられていなければならないからだ。

ここで審査の対象となった法律は、「ホールディングモデル」[514]と呼ばれ、次

---

512) BerlVerfGH NVwZ 2000, 794 ff.
513) 1999年ベルリン上水道事業の部分的民営化に関するベルリン営業法改正法とベルリン水利法改正法。
514) Wolfers (Fn. 447) S. 765 によると、このホールディングモデルは、公法上の法形式を↗

第 1 章　国家の権力独占（民営化）

のように構想している。①すべての指揮にベルリン州が関与するよう、監査委員会（指揮委員会）の過半数はベルリン州代表者が出席して、その委員会がすべての指揮に同意する必要があり（人的正当化）、株式会社ホールディングにもベルリン州代表者が多数関与しなければならない。（以上、同法1条2項2）、②指揮は BWB（公法上の営造物）の行為内容に矛盾してはならない（事項的正当化）（同法1条2項3）。

　裁判所は、このうち、とくに指揮委員会の民主的正当化を強調している。すなわち、指揮委員会の構成員の多数は民主的に正当化されているし、個々の決定も正当化されたメンバーの多数によって担われれば（二重の多数決原理）、必要な人的正当化が確保される。そして、ベルリン州から派遣された構成員が多数であるホールディング株式会社の監査委員会（指揮委員会）が、あらゆる指揮に同意しなければならない、という契約によって事項的正当化が確保されるという。

　ここで裁判所は、人的正当化のさらなる確保として、株式会社ホールディングへのベルリン州の多数参加を必要とはしなかった。この点で、ホールディングモデルを、民営化に対して、より開かれたものと裁判所が理解したと考えられる。[515]つまり、ベルリン憲法裁判所は、民営化に関する法律について、民主主義原理を比較的ゆるやかに適用したのである。

　民営化に関する法律の民主主義原理の適合性を審査する際には、人的正当化及び事項的正当化をどこまで要請すると解するべきなのかが、検討されねばならない。すると問題は、民主的正当化の要請の密度をどこまで求めるべきなのか、という点に集約することになるが、これは、国家がどこまで関与し、責任

　　維持するために構想されたもので、4つの柱から成る。(a)株式会社ホールディングないし有限会社が非典型組合として一定程度（本件は49.9%）公法上の営造物に参与する。これによってホールディングは、債務法上、高い割合で関与し、税制上の理由から共同権を持つ。(b)ホールディングは営造物と契約（Leistungsvertrag）を締結して、営造物の理事に対する指揮権を持つ。(c)ホールディングは営造物の構成員と利益確保契約を締結する。これによって、監査役員の任命に提案権を持つ。(d)投資者（私人）は、ホールディングに49.9%まで関与できる。

515)　Wolfers (Fn. 447) S. 766.

を負うべきか、という問いにパラフレーズすることとなる。[516]

　民営化の場合、「アウトプット正統化」はもとより民営化の目的に内包されているといえる。なぜなら、委託・委譲された任務を実効的・効率的に行わなければ、民間事業者の経済性・効率性を無視することになるからだ。私人が行うからには、基本権が享有できなければならないし、利益を上げることは当然だと考えてよい。すると、民営化に関する「正当化」について考えねばならないのは、国家または国民「一般」の関わりを求める「インプット正当化」と、民営化後のアクターの利益・目的追求に基づく「アウトプット正統化」との均衡をどう構想するか、であろう。ここでは「国家の正当化責任」が重要な考慮要素となってくる。

　完全民営化の場合は、私法のルールに基づくが、その一方で、部分的民営化の場合は、国に対する正当化責任が民営化後の民間会社に波及する。たとえば、国は会社の監督（JR法6条）、取締役の任免の認可（同6条）、定款の定立・変更の認可（同7条）、事業計画の決定と変更の認可（同9条）を要する。たとえ、法律定立という「インプット」正当化だけではなく、成果志向の「アウトプット」正統化を重視することに直接つながったとしても、国の人事に関する認可や定款への認可などに表れるように、規範構造には組織の点における正当性の入力が行われている。取締役の職務に関する影響力を鑑みれば、その人事への認可権を国が保有し続けていることの意味（人的正当化責任）は認められることになる。

　民間による運営の場合に国家が果たすべき事項的正当化責任は、会社法を定立することで履行される。国家は、サービス提供が公共善にかなって行われることを、立法によって確保するのである。しかし、その場合でも、国家には一定の責任が残される。つまり、国家の正当化責任は、会社法の定立という立法による事前制御（「派生的正当化」と呼ばれる）と、国家が公共善の実現に対する履行責任ないし最終リザーブ責任を負う保障責任という事後制御を通じて果たされることになる。[517]

---

516)　本書第3部第3章。
517)　Schmidt-Aßmann (Fn. 229) V. Kap., Rn. 63.

(3) 保安処分の民営化

次に、連邦憲法裁判所で争われた保安処分の民営化の憲法適合性についてである。憲法異議申立人は、ヴィートス司法精神病院に収容されていた。この施設は、2007年のヘッセン州措置執行法（以下「執行法」）改正により、施設の運営が州立施設から公益的有限責任会社（ハイナ措置執行クリニック・ヴィートス）に移された。2008年4月に、異議申立人は、この監護施設で突発性発作に襲われ、喚きながら強引に外出を試みたため、施設係員に力ずくで拘禁された。本件「措置執行」とは、施設における改善及び保安の措置を行うことである。

本件異議申立人は、拘禁を行う権限が民間係員に委譲されていることについて憲法違反として提訴したが（ドイツ行刑法109条1項）、ラント裁判所も、上級ラント裁判所も異議申立てを理由なしとして却下した。異議申立人はこれらに対して、基本法33条4項違反と基本法20条2項の民主主義原理違反を主張し、憲法異議を申立てた。すなわち、収容者を拘禁する措置は、自由権への介入であって、高権的権能の行使なので、官吏が行うべきであり、民間係員にはその権限がないと主張した。

連邦憲法裁判所としては、異議申立人に対する拘禁が、措置執行施設の組織の点でも、係員の地位という点でも、憲法適合的な介入根拠に基づいているとした。

連邦憲法裁判所によると、執行法5条3項は、差し迫った緊急の場合に、民間従業員に対し暫定的な特別保安措置命令の権限を与えているが、それは基本法に一致するという。その判断は、高権的権能の行使の委譲に関する憲法判断の結果である。その判断のために、①基本法33条4項の解釈と「作用留保の例外」、②民主的正当化、の2点を検討した。その判断内容は次のようにまとめられる。

① 「作用留保」の原則と例外

基本法33条4項によれば、高権的権限を行使する者は、資格と忠誠心を持ち、法律に忠実である常勤の職業官吏に留保される。「作用留保」と呼ばれるが、それは、私法上の組織が行う高権的任務にも適用される。「執行法5条3

項は狭義の基本権介入の権限を与え、それによって高権的権能の行使を授権している」ので、同法に基づく措置執行は、まさに「高権的権能の行使」に当たる。この権能は、授権された民間係員にも「常勤的任務」として委譲できる。ここで「常勤」とは、「任務委譲の継続性」が見られることであり、権能の行使の頻度は関係がない。

　基本法33条4項の常勤的任務としての高権的権能の行使は、「原則」、職業官吏に委譲される。「原則」の文言から、「例外」が認められると解釈される。すると、第1に、許容されない例外は、数量の点で、例外の事案が原則の事案よりも多くなる場合である。もっとも、この「原則」の規定は、たんに量の問題よりも、むしろ、質の問題が重要とされる。質の観点から「作用留保の確保という目的が、該当する高権的任務の確かな経験に基づく職業官吏による履行を要求せず、または、作用の特殊性の点で、原則事例と違って得策だと思われる場合に例外が認められる」。経済性の観点も考慮される。非官吏による遂行が費用便益の点から明らかに合理的な場合は、例外の許容性について、考慮されねばならない[518]。

　では、その「例外の許容性」はいかに判断できるのだろうか。

　そもそも、この監護の業務を行う非官吏である係員に、特別保安措置の暫定的命令権限が与えられている（執行法5条3項）。この自由剥奪の執行権限は、「高権活動の核心領域に属す」。では、この非官吏の民間係員の基本権介入が、なぜ「作用留保の例外」として認められるのか。

　そもそも、民営化以前から、措置執行は非官吏の監護係員が行っていたが、それは質的な低下には至っていない。民営化の結果について評価する際には、「高権的権能の核心部分について、その権能が職業官吏に留保され続けた場合に、その権能の行使が、関係人の基本権を最も十分に保護するか」という点で考えねばならず、本件の場合、措置執行が、十分に法律に拘束され、民主的な責任という法律の枠内に服していることから、民営化された当該施設におい

---

[518] 作用留保については、渡辺洋「憲法保障における公務員制度」ドイツ憲法判例研究会編・前掲注225、195-222頁では、「機能留保」と訳されるが、本書では、行政作用に着眼して作用留保とする。

て、収容者の基本権が保護されている。

　この施設の運営主体は、「民営化」された公益的有限会社であるとはいえ、執行法によれば、その民間施設の担い手は、ラントの福祉連盟の1つとして、「完全に公的な担い手」であり続けている（執行法2条3文）。そのために、この施設は私的な経済競争のなかに組み込まれていない。

　その法的効果として、公的主体であるラント福祉連盟が、当該施設の設備を目的に適合した形で適切に保障しなければならない義務を負う（執行法2条5文）。したがって、当該施設の経営は、公営の場合と同様に保障される。民営化された施設では、精神病院と措置執行施設が結合し、その連盟内での施設間の職員の研修・養成、運営に関する相互交流によって、措置執行の品質維持・向上に役立つという実体的な理由から民営化が正当化される。

　② 民主的正当化

　監護を行う係員に保安措置の暫定的命令権限を付与した執行法5条3項は、高権的行為の民主的正当化の憲法上の要請に違反していない。

　私人への委託の場合、議会統制の可能性が低減されてはならない。私人への委託によって、高権的任務遂行に関して国家が責任を逃れないようにするためである。したがって、適切な任務遂行を保障する責任を国家は負うのであり、その保障責任について、議会は観察義務を負う。民主的正当化は、議会がこの観察義務を引き受けている場合に維持される。

　決定に関わる者の任命が、不断の正当化連鎖によって国民に還元される場合に人的に正当化され、他方、法律による拘束と政府の指示・指揮に拘束されることで事項的・内容的に正当化される。この二重の正当化は、「一方の綱の正当化が低下したら、他方の綱の正当化を強化することで補整されるという相互関係にあり、そのかぎりで全体として一定の正当化水準が獲得される。問題になっている決定が基本権にますます強烈に抵触するのであれば、正当化水準は一層高いものが求められる」。民主的正当化は、執行法において十分に保障されている。

　まず、施設管理者・施設代表者・管理職にある医師は、公的団体の任命によるラント福祉団体の職員として人的に正当化されているし、さらに施設管理者

については、ヘッセン州社会大臣とラント福祉団体が一致した場合にのみ任命されるという要件が加重されている。その他の従業員については、管理者によって任命されるが、管理者は、自己の管轄範囲での職位任命の委託契約に基づいて人事提案権が与えられているので、人的正当化連関のなかにある。また民間の係員は、施設内で施設管理者の同意によってのみ従事することができるので、正当化を補充する。

業務遂行も、責任ある公的な担い手の包括的な指揮権と結びついた法律に拘束されるので、事項的・内容的に正当化される。措置執行クリニックの実質的な担い手であるラント福祉連盟は、所管省の専門監督に服し、私法上の有限責任会社である措置執行施設は、公的担い手の広範な統制の下にある。

施設管理者は、公法の諸規定に服し、専門監督指揮権に服す。そのうえで、管理者は民間係員に対する専門的な指揮権を与えられる（委託契約5条2項）。このことから、基本権介入を直接行うあらゆる執行は、個々の係員にまで及ぶ不断の指揮連関のなかにある。

私人への委託の場合、受託者が必要な監督に服するが、本件では、専門監督は一般的指揮権を用いて行われる、その指揮または法律に従わない場合は、個別的指揮権によって行われる（執行法3条2項）。

以上から、人的及び事項的・内容的正当化の点で、十分な正当化の水準に達している。

③　作用留保と民主的正当化

ドイツでは、精神病患者が違法行為を行った場合、総合的な診断に従った裁判所の命令により、当該行為者は処罰されず、司法精神病院または禁絶施設に収容される（刑法63条）。身体的な強制の行使という国家任務の核心領域の民営化が、どの程度可能か、80年代より議論されてきた。そのなかで本判決が、問題把握の枠組を提示している。国家の保障責任が追求されていること、そして、民営化の許容性に対する審査を、基本法33条4項の「作用留保」の解釈に重点を置いたことが特徴的である。

(a)　作用留保の例外

本件ヴィートス・クリニックの会社の持分は、ラント福祉連盟（公法上の団

体という法形式の地方自治体の1団体) が5％持ち、残りの95％は、ラント福祉連盟の100％出資する有限会社が持つ。したがって、当該施設は「民営化」とはいえ、ラント福祉連盟という公的な団体の支配下に置かれている。かかる施設内で、民間係員による収容者の拘禁が、基本法33条4項の高権的権能の作用留保、及び同法20条2項の民主主義要請に違反しているかが問われた。

作用留保の「例外」を許容する要件として、当法廷は主に質的観点を挙げ、例外が許される場合があるとする。そして、執行法によって、措置執行クリニックの私的担い手は、直接または間接に完全に公的主体であり続けている、ということに注目した。こうして、異議申立人の基本法2条1項の一般的行為自由への介入は、基本法33条4項違反ではないと正当化された。

通説によれば、基本法33条4項の作用留保は、主観法上の内容を持たない。しかし、当判決では、異議申立人が、基本法33条4項違反から基本法2条1項の基本権介入が正当化できないと主張したことにつき、拘禁を合法としたことで基本法2条1項の基本権に抵触し、それとの関係で基本法33条4項との抵触が問題となるということからこの主張は適法と判断された。

(b) 判決の射程

本件は、主題からして、措置執行一般に関する民営化の可能性と限界について判断を示したかのように見える。たとえば、次のような評釈が見られる。

国家の権力独占という国家論の問題について、この判決が、「国家論のカテゴリーを、該当する基本法の規定を使って扱えるようにしている」と見る。それによれば、「憲法は、何が正当な権力であり、誰がその権力を実際に行使することが許されるのかについて決定する国家の決定権・実行権を改めて構成する」のだという。この考え方に立てば、結局重要なのは、誰が行うかというよりも、国家が最終的な「リザーブ（留保）権」を持っているということだという。したがって、当判決の意義について、①直接的な身体的強制の行使に関する国家任務の民営化の条件と限界を示し、②特定の条件下で原則的に形式的民営化を許容し、③国家論上の国家の権力独占の問題を、作用留保と民主主義原理によって法律構成することに成功し、④基本法の規範を、民営化や国家の保障責任という現代的なカテゴリーと結びつけた、と述べるので

ある。[519)]

　また、この判決が将来の任務の民営化に広範な影響を与えていると読む者もある。それによれば、行刑の民営化について完全に可能性を開き、最終的に民営化の目的合理性だけで、民営化の限界を判断することになっているとする。それゆえ基本法33条4項の作用留保は浸食され、結果的に例外に対する量的・質的要請も重要な意味を持たなくなるとして、広範な民営化を許容したとして批判的に見ている。[520)]

　しかし、当判決は、一般化を許さないように判決の射程をかなり限定しているのではないだろうか。

　公的団体に責任が留保されている本件では、民営化の議論一般として扱えるほど典型的な民営化ではない。そもそも、措置執行における民営化は、民営化を許されない高権活動の核心領域に当たるのか、あるいは、この民営化は、基本法33条4項の「作用留保」の点で、許容される例外となるのか。

　これについて、判決は、作用留保の適用可能性の問題について判断を示している。判例・学説では基本法33条4項は、任務の担い手の公法・私法の組織形式に関係なく適用されるが、本判決でも、私法上の組織形式による高権的権能の行使について、同条項が適用された。そして、高権的権能の行使が「作用留保」の「例外」となるのかについて審査された。

　基本法33条4項の高権的権能の行使は「原則」、職業官吏に委譲される場合は例外が認められる。職業官吏は最低限の配備が制度的に確保されているので、量的な点で例外となることは許されない。文言上「公務員に委譲するのを原則とする」とあるので、少なくとも公行政との結びつきが示されている。これについては、質的な基準で議論する。作用留保の目的は、質的に、忠誠心を持った法律に忠実なやり方で職業官吏によって任務遂行を保障することである。

　措置執行を作用留保の例外とすることができるかについて、執行法5条3項

---

519) Christian Waldhoff, Anmerkung, JZ (2012) S. 685.
520) Marc Andrè Wiegand, Die Beleihung Privater im Kernbereich hoheitlicher Aufgabenwahrnehmung, DVBl (2012) S. 1139 f.

を審査した。そもそも、この例外が可能かどうかは争いがある。というのも、基本権介入は権力独占をしている国家（権力）だけが許されるはずだからだ。たとえば、措置執行に対して国家による包括的な監督があったとしても、それは事後的な対応にすぎないため、作用留保の例外は認められないという有力な見解が学説にある。

　当法廷が行った「例外」を正当化する理由づけは、民営化の可能性を拡げるほどの一般的な性質を持つだろうか。そもそも、判決が質的な観点から検証した際に、民営化可能な「核心領域の任務」に何が該当するのか、どの程度のものなのかを全く議論していない。そして、裁判所は、作用留保の例外には説得的な理由が必要だというものの、具体的な包摂の際に、正当化根拠の例外の性質の要請を低下させてしまっている。さらに、措置執行の質を低下させずに、基本権を十分に保護するために必要とされる要件が多様に検討されていることからすれば、結果的に、民営化の対象をかなり限定的に捉えているということではないだろうか。

4　小　括

　もし委任規定ばかりの法律を制定すれば、「インプット正当化」は果たせるのだから、法律の制定にもはや意義がなくなる、と考えられるかもしれない。しかし、それでは事項的正当化は十分ではないし、そのように正当化が不十分な場合は、行政の自律性を立法府が許容することを意味する。その場合、行政は自ら正当性を獲得しようとするため、行政はそのつどの承認を必要として、手続は煩雑化する。このような仕組みは、行政の肥大化をもたらすか、過度の専門分化を引き起こすことになりかねない。

---

521) Klaus Willenbruch / Kristina Bischoff Verfassungsrechtliche Zulässigkeit der Privatisierung des Maßregelvollzugs, NJW 2006, S. 1777.
522) Sabrina Schönrock, Privatisierung im Maßregelvollzug, NVwZ 2012, S. 1014 も、執行施設の民営化は経営上意味があると考えてはならないし、この判決が他の基本権領域に対する民営化を公認したわけではないということにも注意すべきという。

そこで、一般性・抽象性を有する法律と、個別的な法規範（命令）との区別と相互参照的な法の仕組み全体を捉える視点こそが今求められていると考えられるのである。だとすると、正当性を供給する民主主義的機能は、法律にとどまらず、行政が発する諸規範による「インプット正当化」や、さらには社会的に承認される「受容」といった「アウトプット正統化」が補充的に作用することになる。加えて、「インプット正当化」には、国家の正当化責任が組み込まれる必要がある。

民営化に関する法律では、法律や議会の意義は低下するのではなく、むしろ、法律による組織・手続の規範化（法化）こそ重要になり、そこにアウトプット正統化がインプット正当化を補充するように加味されていくと考えられるのである。だとすると、民営化に関する法律は、その制御力が小さくなったり「逃走」をしているのではなく、むしろ法律の機能が増え、その制御力に期待がかけられなければならない。

しかしそれでは、立法への負荷は大きくなるばかりだし、あるいは立法裁量にまかせることで、いわば「立法の専制」に対する歯止めがかからない。ここにもまた、先述の「自律的正当化」で見たのと同じ課題が現れてきているのだ。引き続きこの課題に取組まねばならない。

---

523) Christoph Möllers, Materielles Recht − Verfahrensrecht − Organisationsrecht, in : Hans-Heinrich Trute / Thomas Groß / Hans Christian Röhl / ders. (Hrsg.), Allgemeines Verwaltungsrecht (2008) S. 489-512.
524) この点、大橋洋一「行政の自己制御と法」磯部・小早川・芝池編・前掲注225のいう、自己制御論と問題意識を共有すると思われる。

第2章
行政の統一性

1　指揮権と監督権

(1)　行政の統一性

　行政権は、他の国家権力と比べても、統一的に捉えられる対象ではない。それは、行政の概念をめぐる控除説に対する学説の多様な異論からも見てとることができる。それでも、まことしやかに「行政の統一性」という観念が、行政権の統制という点で、一定の根本命題を提示し続けてきた。なぜなら、議院内閣制度の下において、議会に対する行政の責任を確保するには、内閣を媒介として、行政が統一的に統制可能な形式として捉えられなければならないからである。

　これに対して、今日では、民営化、公私協働、独立行政機関といった行政形態が、「統一性」テーゼと鋭い緊張関係を生み出している。議院内閣制の下で、行政の対議会責任を確保するには、行政が統一的であることが求められ、それを一括して制御することが合理的なのに、統一的な行政から、任務や機能に応じて行政機関を切り出すことは、制御を予定する憲法上、問題を抱える。こうして分化する行政形態が、法的にも顕現しているが、それらは経験的研究によって明らかにされている。

　経験的研究を採用する制御学（Steuerungswissenschaft）としての行政法学の立場によれば、行政組織を考察する重要性は増大している。[525] 伝統的な行政組織

---

525) Schmidt-Aßmann (Fn. 229) V. Kap.

の理論は、階統的（ヒエラルヒッシュ）な指揮拘束関係によってのみ捉えようとしていたが、実際は、その直線的で、垂直的な決定構造の内部では、決定過程として水平的な調整関係が複線的に介在している。単純な規制行政だけが行政現実ではないことはこれまで繰り返し指摘されてきたが、そうした諸因子が行政決定に与える影響をあわせて考慮することこそ必要なはずで、経験的認識を含めた複眼的視点を持つ行政組織法理論が求められているのである。[526]

　行政の世界は混沌としてしまったわけではない。行政は統一的な軸に支えられた秩序を必要とする。それは、たとえ直線的で単線的な一体性ではなくても、法を媒介として、水平的で、ときに循環的な一体性を維持し続ける。断片化ではなく、求められるのは体系＝システムである。

　ここでは、ドイツの憲法学・行政法学と判例における行政の統一性確保の試みを分析することで、この課題への試論としたい。

(2)　日本の問題点

　日本国憲法第72条によると、内閣総理大臣は「行政各部を指揮監督する」。これによって、内閣総理大臣は統一的な方針を国会に報告して、内閣の対議会責任を果たすことになる。この憲法72条の想定する、議会に対して責任を負う行政は、統一的な存在であることを前提としているはずである。そして、この条文を具体化する内閣法6条によると、内閣総理大臣の行政各部に対する指揮監督権は「閣議にかけて決定した方針に基いて」行使する。この規定によって、内閣総理大臣の指揮監督の行使は、閣議決定を前提とする。国家行政組織法も「国家行政組織は、内閣の統轄の下に、明確な範囲の所掌事務と権限を有する行政機関の全体によって、系統的に構成されなければならない」し、「国の行政機関は、内閣の統轄の下に、その政策について、自ら評価し、企画及び立案を行い、並びに国の行政機関相互の調整を図るとともに、その相互の連絡を図り、すべて、一体として、行政機能を発揮するようにしなければならな

---

[526] 山本「行政の主体」・前掲注225、89-113頁は、さまざまな憲法原理や法外の考慮を取り込んで、開かれた原理として行政組織をデザインする。

い」(傍点、引用者)(2条1項、2項)とする。憲法秩序全体が、行政の統一性を確保することによって、統治機構における行政権の統制を図ろうとしているのである。

　それでも、法令によって、権限行使の独立性を保障された独立行政機関が存在し、それらは内閣総理大臣による指揮監督に服さない。この独立行政機関の存在の正当性は、行政の民主化と独立性が緊張関係に立たされているにもかかわらず、あまり明確に説明されてこなかったし、それが繰り返し課題とされてきた。

　ここでは、ドイツ公法学の知見を参照して、その行政組織の構成と決定構造を正当化する民主主義の法的ドグマーティクを検証する。行政の任務には、法治国家原理から必ず根拠が必要とされ、民主主義原理から正当化が要請される。そして行政組織において、その正当化が実効的に十分に確保され、統制を十分に機能させた責任構造を維持するには、組織法上は指揮権による行政内部の拘束が求められる。他方で、指揮拘束から自由な領域がある場合には、「十分な正当化水準」によって不足分の正当化の埋め合わせが必要とされており、この「水準」に到達するように、多様な制度関係に目が向けられるのである。こうした民主主義ドグマーティクの構成から、行政の統一的な統制の前提条件を整える一歩とする。本書としては、古典的な一元的民主的正当化モデルだけで、行政の統一的な体系＝システムを構成するのではなく、行政組織内部での組織の分化を捉えるための組織法のドグマーティクを考えたい。

(3) ヒエラルヒー・モデル

　憲法学の想定では、長いこと、マックス・ヴェーバーの彫琢したヒエラルヒー・モデルを現実的なモデルであるかのように、理念型のまま手つかずでいたために、方法論的発展が小さかったように思われる。しかも、この「理念型」は、実際にヴェーバーが描いたモデルから乖離していったのであり、官僚制機構が上位下達の意思決定システムであって、階統的な統制が働くヒエラルヒーの構成をしていると素朴に理解された。[527]すると、憲法学としては「行政各

---

527) 今村都南雄ほか著『基礎行政学〔改訂版〕』(北樹出版、2009年) 第2章 (今村執↗

部」への配慮は必要ない、と考えられてしまう。

このような理解は、日本だけではなく、ヴェーバーのいたドイツでも長いこと同様だった。「機械国家」という像が描かれ、ヒエラルヒー構想は非常にシンプルに理解された。以降、長らくドイツの憲法学説でも、ヒエラルヒッシュで統一的な行政組織が前提とされ、その行政が政府を介して対議会責任を果たすというモデルが形成されていた。しかし経験的実証研究が進むにつれて、素朴なヒエラルヒー・モデルの現実への適用はかなわなくなる。

実際、行政法学や行政学の研究が示している通り、「行政各部」の諸行為とその調整は複雑であって、従来考えられてきた垂直的構造だけではなく、水平的な調整構造が現に存在している。そこで、行政現実を捉えるには、行政主体

↘筆）は、ヴェーバーの理念型がアメリカの組織研究によって批判されることについて、ヴェーバーの狙いはむしろ官僚制の合理的・生理的側面がかえって悪しき形式主義や責任回避、視野の狭隘化を生み出すことになるという方法的意義があったと指摘する。

528) Dreier (Fn. 97) S. 36-49.「機械モデルによれば、官吏に占められた行政機関という歯車装置は、主権者の最高の意思によって始動され、操縦される」(S. 41)。このような機械国家モデルは、「命のない機械装置あるいは単なる塊」として有機体的国家論の批判対象となっていた。Ernst- Wolfgang Böckenförde, Der Staat als Organismus, in : ders., Recht, Staat, Freiheit (1991) S. 264

529) 代表的には民主主義論の学説の通説を形成し、連邦憲法裁判所判事として判例に直接影響を与えた Böckenförde (Fn. 210) § 22. このシンプルな構想とその後の議論展開については、高橋・前掲注225、295-344頁。

530) 初期のルーマンによるヴェーバーモデルの批判は、Niklas Luhmann, Zweck-Herrschaft-System, in : ders., Politische Planung (1983) Aufl. 3, S. 90-112. (auch in : Der Staat (1964) S. 129-158.) ここでルーマンは、「ヴェーバーの場合、目的／手段志向性、命令付与、支配の正当化というのが、たとえばおよそ古典的組織論においてそうであるように、組織されたシステムにおける純粋に内的な事象として理解される。システムと環境の関係の問題は無視される」と述べて、ヴェーバーによる「機械」あるいは「装置」というメタファーは、その目的合理性にのみが着眼されることで、システム外部（システムに対する環境）との関係性がモデル化できていないことを批判する。そしてルーマンは以後の彼の理論モデルにつながる認知的開放性に基づいた環境の参照を理論化する。

531) 比較的早くに経験的研究を参照して行政現実の実体を理論化しようと試みているのが、たとえば Winfried Brohm, Die Dogmatik des Verwaltungsrechts vor den Gegenwärtsaufgaben der Verwaltung, VVDStRL 30 (1972) S. 245-312.「今日、行政は↗

の主観的実体化だけではなく、主体間の関係を結び合わせて総体を考察できるように構成し直さねばならない。そのうえ、行政外部との関係性を構成できなければならない。すると、行政のシステムが外部環境にいかなる影響を受け、または与え、そして法的意味合いを変えていく、そうしたプロセスを説明する方法が必要になる。以下では、ドイツでの取組みを分析していく。

2 行政の統一性と民主的正当化論

(1) 独立行政機関の独立性

独立行政機関は、近年急速に促進されている。郵政に対する規制官庁は、司法に類似するほどの独立性が認められている。また、すでに見たように、連邦憲法裁判所も、行政の統一性からの独立を「自治」として承認している。

もとより、「独立性」は憲法上、裁判所のみにふさわしく、これに対して執行権は原則的に政府の指揮に拘束される。争いなく受け入れられている例外は、連邦会計検査院と地方の独立（地方自治）、放送施設（基本法 5 条 1 項 2 文）、大学である。このほかの独立行政機関については争いがあるが、現実としては、独立した行政体には多くの例がある。「機能的自治」と呼ばれる間接的国家行政は、法的監督にのみ服すが、政府の専門監督には服さない。青少年書物

↘もはや機械モデルにおける統一的に制御された機関とはみなされない。むしろ、諸サブシステムには、著しい行政裁量が残されていて、それは、近代の有機体論が柔軟性、革新能力、適応能力のために必要としていたものである」(S. 302)

532) Thomas Mayen, Verwaltung durch unabhängige Einrichtungen, DÖV (2004) S. 46.

533) ドイツの国家行政は大きく分けて「直接的国家行政」と「間接的国家行政」がある。前者は、国家官庁による行政であって、これはドイツの連邦構造に相応した連邦行政またはラント行政のことである。基本法30条の一般的権限配分規律によると国家権限の行使と、国家任務の履行はラントの事項である（より詳細な規律は権限規定（基本法72条以下（立法）と83条以下（行政））に由来する）。連邦行政は、ここ数十年で著しく増大している。基本法86条は形式的な前提と連邦固有行政の態様を規定していて、連邦行政の対象はさらに基本法87条以下で挙げられているが、この列挙は、組織的、機能的、手続法的な観点を相互に結びつけていることで、きれいに整理されていない、と見られている。他方で、後者の「間接的国家行政」は、国家が行政任務を自身で行わず、法的↗

に関する連邦審査庁、租税委員会、裁判官選任委員会、連邦人事委員会、環境審査委員会、品種委員会、有価証券仲買業者の許可を委託された株式取引所理事会といった専門委員会・合議制機関には指揮から一定の自由が認められている。連邦カルテル庁と郵政規制庁に作られた特別合議機関、決定部門も権限ある連邦経済大臣の指揮には服さない。この場合は、指揮から自由な領域として設定されているのではなく、監督庁の指揮権が行使されないことに基づいている。さらに、広い意味で指揮から自由なのは、形式的に民営化された公企業の活動である。国家が行政任務の担い手である任務を、有限責任会社や株式会社の法形式で、私会社によって履行されることである。会社法に基づいて、政府の指揮権の余地は、国家が企業の持分の唯一の保持者である場合にさえ限定されている。[534]

では、こうした独立行政機関の独立性という「例外」をどのようなルールまたは基準で認めることができるのだろうか。ここに民主的正当化のモデルが適用されるが、そもそも独立行政機関は、伝統的な意味での民主主義原理を欠いているのでルール策定がたやすくない。[535]

(2) 民主的正当化（事項・内容）

連邦憲法裁判所は最近まで、行政の徹底的な指揮拘束性を、事項的・内容的

に独立しているが、国家組織に組みこまれた行政担当者が行うものである。公法上の組織形態では公法上の社団（Körperschaft）、営造物（Anstalt）、財団（Stiftung）に限定されるが、権限受託者（Beliehene）も含まれる。なお、市町村は公法上の社団であるが、この枠組みでは特別な地位を持つ。なぜなら憲法上明白に固定され、保障されていて、国民選挙を通じて直接的な民主的正当性を持ち、包括的な権限を持っているからである。Maurer (Fn. 474) § 22 f.

534) 株式会社の法形式では、株式会社の取締役と監査委員会が、総会の指揮に服さない。取締役は、会社法76条1項によって独立しており、監査委員は会社法93a条と結びついた116条によって会社の利益に拘束される。国家の多数出資者の指揮権は会社法の取締役又は監査委員会に対して認められない。Thomas Mayen, Privatisierung öffentlicher Aufgaben, DÖV 2001, S. 113.

535) Markus Pöcker, Unabhängige Regulierungsbehörden und die Fortentwicklug des Demokratieprinzips, VerwArch 99 (2008) S. 380.

民主的正当化の要請の結果と見ていた。すでに概観したように[536]、ハンブルク議会の外国人選挙権をめぐる決定とシュレスヴィッヒ＝ホルシュタイン州の共同決定権をめぐる決定では次のように述べていた。

> 「自由な民主主義において、あらゆる国家権力は国民に由来する。…このような国民と国家支配の責任連関はとくに、議会の選挙、政府政治への議会の影響、並びに政府に対する行政の原則的な指揮拘束性によって創出される[537]。」

さらに、シュレスヴィッヒ＝ホルシュタイン州の人的職員代表決定では、職務者の行為の十分な事項的内容的正当化を前提している。

> 「政府の委嘱と指揮を受けた職務者は（議会責任以外の箇所の意思決定に拘束されずに）行為することができ、それによって政府は、国民と議会に対して事項的責任を負う」[538]。〔傍点は引用者〕

国民の意思を国家機関に伝達するという民主的意思形成の過程は、「国家と社会のコミュニケーション」過程と考えられている。つまり、国民と選挙に由来して議会と政府を経由して、行政に浸みわたってゆく「正当化連鎖」として想定される。そのために行政は、社会すなわち市民と対話するために、社会的利益を形成し集積するための組織に関する措置をとらねばならず、その点で、行政が社会に近寄る組織形式を民主主義原理が正当化すると考える。つまり、市民とコミュニケーションすることが民主主義原理だとすると、市民に接近するために行政組織を多元化することが、コミュニケーションの機会の数と質を高めることになり、民主主義にもかなうと考えるのである[539]。

このように長らく続いた「正当化連鎖」の思想に対して、2002年の連邦憲法裁判所は、自律や自治の思想を根拠として、国家権力行使を、欠缺ない人的正当化連鎖がなくとも承認されうる、と述べた。立法者に、いかなる領域を自治

---

536) 参照、本書第2部第1章1。
537) BVerfGE 83, 60 (66).
538) BVerfGE 93, 37 (67).
539) Walter Krebs, Verwaltungsorganisation, Isensee／Kirchhof (Hrsg.) (Fn. 448) §69, Rn. 80 f.

にまかせるのかについて広汎な裁量を与えていても、ここで自治の思想から断念されるのは「人的正当化」であって、「事項的正当化」ではない。したがって、裁判所は機能的自治に委託された任務と行為権限が法律によって事前に規定され、それらの行使が、人的に正当化された職務者の監督に服することを裁判所は求めたのである[540]。

(3) 指揮権・監督権

ヒエラルヒッシュな行政を組織することは、たしかに、政府の対議会責任を確保するためには、合理的な手段である。しかし、このことは、独立性を持った行政機関に対する防壁として利用される根拠とはならない。むしろ、独立性を要する特定の分野にとって有意義なのは、シュッパートの指摘するように、議会の優位を保持するために、ヒエラルヒー原理を、組織・手続の内的分化によって緩めるか、あるいは補強するだろう[541]。すると、独立した行政機関のネットワークを内側に抱え込んでいる行政の全体を把捉し、制御するシステム＝体系を考えたくなる。そのためには「分化した行政機能を、共通の一般的法命題の下で統一的に理解すること」が必要となる[542]。これを、「民主的正当化」の事項的内容的正当化の点で見れば、行政の指揮拘束性を基軸として、どのように「指揮権」・「監督権」を整序するべきなのかを問わねばならない。

ここで「指揮権」（Weisungsrecht）というのは、一般的には、下位職務者に対して上位者の持つ命令権を指す。他方、法的には、明確な定義こそ共有されないものの、とくに法律解釈と裁量行為を行う際の行政行為の、行政内部における拘束力ある指示（Direktive）を意味している。内部の意思統一を確保するために、「指揮権」はヒエラルヒー行政の必須の構成要素となっている。憲法

---

540) BVerfGE 107, 59, 94. この解釈は Richard Wiedemann, Unabhängige Verwaltungsbehörden und die Rechtsprechung des Bundesverfassungsgerichts zur demokratischen Legitimation, in : Johannes Masing / Gérard Marcou (Hrsg.), Unabhängige Regulierungsbehörden (2010) S. 47 f.
541) Schuppert (Fn. 288) § 16, Rn. 58.
542) Schmidt-Aßmann (Fn. 229) I. Kap., Rn. 11.

上は、基本法65条2項から、内閣の責任が導き出されることで、各所管に対する包括的な制御が必要となり、各大臣にとって必要な制御手段として第一義的に「指揮権」が導かれる。[543] 大臣が自己の所管に責任を持たねばならないということは、民主的正当化の条件である議会に対する責任から導出される。[544] 指揮権は正当化メカニズムの必須の構成要素となっている。もとより、事項的・内容的正当化は、一方で、国民の代表機関である議会における法律への留保、他方で、民主的責任を通じて創出されるのである。[545] 民主的責任は、政府・大臣にとっては国民代表に対して負うのであり、それはひいては選挙を行った国民に対して負う。民主的責任があるのは、直接には政府・大臣の行為であり、間接には下級官庁・下級機関の責任である。つまり、民主的責任を貫徹させるために、下級官庁・機関が政府・大臣の「指揮権」・「監督権」（Aufsichtsrecht）に服することが前提となっている。

「指揮権の目的と必要性は（執行権の行為の統一的な統制を可能にすることからさらに）、指揮権を通じて、執行権の行為でさえも『国民代表の精神』（L. v. Stein）において確保することにある。[546]」

したがって、民主的責任にとって指揮権は必須の要素であり、それと行政の法律拘束とをあわせて、事項的・内容的民主的正当化を確保することになる。[547]

---

543) Friedrich Loschelder, Die Durchsetzbarkeit von Weisungen in der Bundesauftragsverwaltung, 1998, S. 21 f. なお、指揮から自由に判断した官吏が、職権において独立した行動をとることができるのか、という問題がある。連邦官吏法55条2文によって、官吏は「特別法の規定に従って、指揮に拘束されない場合を問題とするかぎり」服務義務を持つ。したがって、指揮から自由な官吏は、法律に服する。また、指揮に違法の可能性がある場合、連邦官吏法56条1項の指揮に服した官吏は、同時に、自らの行為の適法性に対して、個人的な責任を負うので、同法56条2項に従って、官吏個人には、異議申立てを行う権利（Demonstrationsrecht）がある。

544) Jörg Schmidt, Die demokratische Legitimationsfunktion der parlamentarischen Kontrolle (2007) S. 184.

545) Böckenförde (Fn. 210) Rn. 21.

546) Böckenförde (Fn. 210) Rn. 21.

547) 連邦大臣の指揮権は、基本法85条3項によって、CDUとSPDの2つの大政党が異なるエネルギー政策を展開した1980年代初頭にはじめて実際上のものとなった。つま↗

第3部　組織・構造

　他方、「監督」（Aufsicht）は、抽象的には下級の構成員、機関、職務を監視することである。監督は、国家直属の行政の法的なヒエラルヒー・モデルに限定されず、独立した行政担当者をも射程に含む。基本法には、一般的な規律はない。基本法で言及されているのは、学校監督（7条1項、3項）、連邦のラントに対する監督（84条3項1文、85条4項1文、93条1項3号）ならびに、ラント直属ではなく、ラント間の協定に基づかない公法上の団体及び営造物に対する監督（130条3項）である。そして1994年11月15日の改正以来、社会保障に関する自治体に対する監督（87条）が付与されている。監督は、嚮導（Lenkung）、統制（Kontrolle）、管理（Leitung）と並ぶ国家による制御形式の1つであり、その目的は、行政の脱集権化、脱集中化である。したがって、監督は、国家行政の調整と統一化を目指すだけでなく、国家へと組み込むための概念としてさえ使われている。[548]

　この「監督」概念は、基本法20条3項に基づいて、法律の優位を確保するのであって、行政全体の分野に無条件に妥当する。したがって、通常の監督から自由になっている大臣から自由な領域や自治体に対しても妥当する。

　ところで、監督の上位概念は「国家監督」（staatliche Aufsicht）である。広い意味での国家が監督主体として確認されても、監督の客体は曖昧なままであるが、国家に帰責できる箇所に対する監督でなければならない、と考えられる。[549]

　り、原子力政策をめぐって、CDU率いる連邦政府とSPD率いるラント政府との対立があったときである。基本法73条14号と結びついた基本法87c条によれば、連邦の立法者は、核エネルギーの産出と利用に関する諸法律が連邦委託行政の方法で執行されることを決定することができるが、原子力法24条1項は、原子法（明確な例外を持つ）が「連邦の委託において諸ラントによって行われる」ということを規定したのである。それゆえ、連邦政府は基本法85条3項に基づいて、相応する指揮によって、自己のエネルギー政策のイメージを、執行の場面で、抵抗する各ラント政府に対しても貫徹することができたのである。連邦憲法裁判所の判例によれば、ラントの大臣は、連邦大臣の指揮を、内容的に違法だと考えられる場合でも遵守しなければならないので、ラント大臣は、指揮権の利用を具体的な場合に違憲だと主張するしかないのである。Vgl. Maurer (Fn. 474) Rn. 6.

548)　Schmidt (Fn. 544) S. 186 f.
549)　Schmidt (Fn. 544) S. 187.

これが広義での「国家監督」である。すると、私的活動の監視としての「経済監督」（Wirtschaftaufsicht）は、この意味での「国家監督」ではない。他方、狭義の国家、すなわち直接的国家行政の場合は、「機関監督」（Organaufsicht）・「官庁監督」（Behördenaufsicht）が語られるが、これは文字通り、国家がその諸機関や諸官庁を監督することである。特別な機関監督や官庁監督の場合には、適法性の統制や合目的性の統制と結びつけられるので、包括的な指揮権の問題となって、法律によって規律されることとなる。

「監督」の下位概念である「法的監督」（Rechtsaufsicht）と「専門監督」（Fachaufsicht）はそれぞれ、この「適法性統制」と「合目的性統制」とに関わる。「法的監督」の手段は、適法性の指揮に相応している。もともと地方の行政行為の適法性の観点での統制を意味していたが、今や、この制度は地方の権限に限定されず、たとえば公法上の放送施設に関する監督や大学に関する監督のような他の領域にも使われている。というのも、「法的監督」は法律の優位を確保し、行政全体の領域に無条件に関わっているので、「大臣からの自由な領域」やさまざまな自治体において使われる。また、「専門監督」（Fachaufsicht）は合目的性の統制として、委譲された国家任務の分野や指揮を行う義務を負った任務の場合に見られる。専門監督には指揮権が使われて、地方行政や間接的国家行政の場合に行われる。ただ、つねに決まって行われるものでもない。たとえば、地方自治に関していえば「指揮権は権限ある専門官庁によって行使されるが、それは一般的な監督官庁としばしば一致するが、かならずしもつねに一致するわけではない。指揮権の行使のほかに、特別法上の特別な権限が与えられていないかぎり、専門監督官庁は地方の領域への介入に権限はないのである」。

さて、独立した行政体については、通常は法的監督にのみ服すとされている。法的監督は自治の「相関物」となっているとしばしばいわれているが、そ

---

550) ほかにも、合議制行政の規律も法的監督である。Vgl. Groß (Fn. 271) S. 246-249.
551) Eberhard Schmidt-Aßmann / Hans Christian Röhl, Kommunalrecht, in : ders. (Hrsg.), Besonderes Verwaltungsrecht (2008) 14. Aufl., 1. Kap. Rn. 44.
552) Thomas Groß, Die Verwaltungsorganisation als Teil organisierter Staatlichkeit, ↗

れは、行政の法律拘束を確保するために責任を負った決定権を委譲するには憲法上必要な手段なのだと考えられているからである。[553]

そして、指揮権が欠けている場合は、「大臣からの自由な領域」、あるいはその本質的な性質としての「指揮からの自由」という言い方で表現する。[554]

「指揮からの自由」が許容されるのかどうかの問題は、憲法が具体的に民主主義の内容を形成しているわけではないので、憲法が行政組織に対する民主主義の要請をいかに設定しているのかを考えなければならない。[555]

独立行政機関の「指揮からの自由」の問題は、正当化の事項的・内容的側面の問題である。今や、議論のポイントは、国民と議会に対する行政の責任の点になっている。[556]

指揮権は、唯一のゆるされた組織要素なのではなく、民主的責任を創出する数ある手段の1つである。古典的なヒエラルヒッシュな大臣行政において、行政の議会に対する責任が、大臣の責任を越えて構成される場合、大臣は自己の影響力が及ぶかぎりで責任をもつにすぎない。行政の責任がもっぱら、大臣の責任を越えて創出されなければならないならば、この責任の前提としての指揮権も、原則的に何ら制限に服してはならない。しかし、もしも、大臣の責任を放棄した議会に対する行政の責任を創出する他の手段があるのであれば、指揮の従属も断念されうる。

1つの道は、指揮の従属と大臣責任そのものによって議会に責任を負う職務者による監督である。それは、リッペ団体決定で示されていたものである。もう1つの方法は、議会に対する責任が、たとえば透明性義務・弁明義務・報告

---

  in: GVwR, Bd. I (Fn. 79) §13, Rn. 102.
553) Groß (Fn. 552) Rn. 103. この原則に対する例外に当たるのが、放送施設と連邦銀行である。
554) この問題領域は、「自律的正当化」の問題とは別である。これは、民主的正当化の希釈化の問題だが、自律的正当化は、民主的正当化の土台（正当化主体）の変位の問題である。Vgl. Schmidt-Aßmann (Fn. 227) S. 384 f. また、本書第2部第1章5参照。
555) Janbernd Oebbecke, Weisungs- und unterrichtungsfreie Räume in der Verwaltung, (1986) S. 67.
556) Wiedemann (Fn. 540) S. 48.

義務の形式で制度化された全体統制によって、創出される場合であり、たとえば競争法や規正法の領域で行われているものである。

(4) 独立行政機関の指揮監督と「大臣からの自由」

　行政の独立性が、憲法によって許容されるかどうかを判断する考慮要素として、民主主義が要請されている。とくに事項的・内容的正当化の要請が強調される。そもそも事項的・内容的正当化は、国民ないし代表に国家権力を内容的に拘束することであり、本質的に、2つのこと、すなわち、行政の法律への拘束（基本法20条3項）及び、政府の対議会責任とそれに付随する措置である指揮、監督、統制、罷免がその構成要素とされている。独立性を承認することは、民主的正当化の連鎖がほどかれた状態を意味する。そこで、欠損する民主的正当化を補充する仕組みがなければ、「独立」の例外は認められないということになる。もちろん、ここでの議論は、「独立性」を民主化するというものではない。これでは他の国家機関から公正性や客観性を確保するための「独立性」の意味を失うからである。そうした民主的正当化は独立行政機関の性質上困難であるため、代わりに正当化の論拠を紡ぎ出すということである。こうした論理から、「指揮からの自由」という例外を承認する学説が近年散見されるようになった。

　初期の議論は、エッカルト・クラインが有名である。彼の議論は「放棄理論」と呼ばれ、「大臣からの自由」とは、行政に対する議会の統制権が、議会によって放棄されうる場合だと考える。クラインによれば、「放棄理論」は法的に説明できる。つまり、義務の放棄は許されないが、権利は放棄できる、という原理的な説明が可能だという。したがって、この論証の真ん中に押し出す

---

557)　§ 121 Abs. 1, 2 TKG, § 47 Abs. 1 PostG, § 14b Abs. 4 AEG, § 36 AEG, § 62 EnWG, § 63 Abs. 3 EnWG.
558)　Wiedemann (Fn. 540) S. 48 f.
559)　Vgl. Trute (Fn. 289) Rn. 10.
560)　Eckart Klein, Die verfassungsrechtliche Problematik des ministerialfreien Raumes, 1974, S. 43 ff.

問題は、議会統制権の他者利用の問題であり、しかも国民のための他者利用である[561]。

このクラインの議論に対しては、「大臣からの自由」を「議会による統制からの自由」と誤って理解してしまっている、という根本的な批判が提示されている[562]。というのも、クラインの「大臣からの自由」の指示する範囲が広く、いわゆる間接的国家行政、地方自治もその一種と捉えているため、実務にも適用できないし、その後の学説においても受け継ぎにくいものとされる。むしろ議会による制御を必ずしも排除しないことを論拠にして、「大臣からの自由」を正当化する議論が展開されるようになった。

たとえば、ドライアーによると、大臣から自由な領域は、性質として、憲法上の例外であるために、特別な理由づけを必要とする。さもなければ、議会統制とそれに相応する大臣の責任は、直接的な管理権（Leitungsgewalt）と監督権（Aufsichtsgewalt）の下に置かれるアジェンダに及ぶだけである。そこで、管理権の下にない他の官庁も大臣制度において所管されるように、「大臣からの自由」は「指揮からの自由」を意味し、所管や議会からの自由を意味しないことが確認される。もし所管大臣の影響力が、監督機能の履行に限定される場合には、大臣は監督権限の行使についてのみ説明責任を持つ。こうして、大臣から自由な領域の概念は、直接的国家行政の領域にのみ適用すべきで[563]、放送局、連邦銀行ならびに他の独立した公法上の法人は包摂すべきでないと考える[564]。

また、ホフマン＝リームは、大臣の監督から限定的に解放する領域として、連邦銀行、欧州中央銀行、連邦カルテル庁の部局、連邦ネット庁などを挙げる。そして、これらが政府の責任と行政の責任から相対的に分離しており、これは政府に対する行政の独立の形式だという認識の下、これが民主的正当化の通常の態様からの解放を意味すると指摘する。しかし、たとえ民主主義要請が満たされないとしても、その場合には、その他の正当化によって「十分な正当

---

561) Klein (Fn. 560) S. 190-218
562) Krebs (Fn. 539) Rn. 82.
563) 「直接的国家行政」については、前掲注533参照。
564) Dreier (Fn. 97) S. 134-136.

化水準」を確保できれば問題ない、としている。

3 「指揮からの自由」と民主的正当化

(1) 「指揮からの自由」
以上の独立行政機関の「独立性」＝「大臣（指揮）からの自由」はいかに正当化されるのだろうか。そのための手がかりは、ドイツの憲法判例にある。

① 政治的射程
初期の連邦憲法裁判所の判例では、「政治射程」が問題となっていた。ブレーメン職員代表決定において、憲法裁判所第1法廷は次のように述べている。

> 「政府は執行権の最高機関である。ここから、行政の領域に『大臣から自由な領域』があってはならず、特定の行政任務のために政府から独立した委員会がいかなる場合でも許容されない、などと言うことはない。しかし、政府任務の政治的射程ゆえに一般的に政府の責任から取り上げることもなく、政府と議会から独立する箇所に移譲することが許される任務は存在している。」

こうして、官吏の人事事項に関する決定は、政府と議会から独立した箇所によって行われることを許容する。この「政治射程」の概念は、この判例では限界基準としての役割を担わされたが、その後の判例に登場することはほとんどなかった。というのも、この概念の意味自体が明確性を欠き、実際に限界線を引くには具体的な基準を導くほどの役割を果たさなかったからである。

そこで、連邦憲法裁判所第2法廷は、この思考に大幅な修正を施している。

---

565) Wolfgang Hoffmann-Riem, Eigenständigkeit der Verwaltung, GVwR, Bd. I (Fn. 79) §10, Rn. 53.
566) BVerfGE 9, 268 (282). ドイツ憲法判例研究会編『ドイツの憲法判例』（信山社、1999年）72.
567) 例外的に、青少年に危険な書物の連邦審査庁の指揮独立性を正当化する文脈でBVerfGE 83, 130 (150) が用語を引用するにとどまっている。
568) BVerfGE 83, 60 (74). 1990年10月31日の第2法廷判決に、ベッケンフェルデが判事として関わっている。

「職務担当者の任務が特別にわずかな決定内容しかもたないのであれば、個々の正当化要素が後退しても民主的正当化は十分である。しかし、こう考えられるのは、権限が個々に具体的で、その範囲に従って狭く限定的で、たとえば、適正さを測ることのできる計画遂行や法律執行に限定するという意味で、内容上、行うべき決定が事前に構造化されている場合だけなのだ。」

　この判例によると、「指揮からの自由」を正当化するには、その行政任務の内容が、決定内容のわずかさだけではなく、内容的に法律で拘束するよう、厳格な事項的正当化を要請しているのである。すると、これを厳格に適用すれば、独立行政機関を正当化することは困難になる。
　② 事項的・内容的正当化
　実際、1983年12月から1996年5月まで連邦憲法裁判所第2法廷の判事に就いたベッケンフェルデの学説によれば、国民によって国家行為を正当化するためには、原則的に組織的・人的正当化と事項的・内容的正当化の共同作用が必要である。ここで求められているのは、単なる正当化の形式ではなく、正当化が実効的に行われるべきという内容である。そこで、組織的・人的正当化と事項的・内容的正当化は相互に噛み合わさって、「正当化水準」や「民主的正当化の実効性」にかなうように一定程度補充し合う。したがって、事項的に独立した機関の構成は、組織的・人的正当化の包括的な保障を必要とし、その機関の行為領域を法律によって規律し、限定づける。たとえば、裁判官選任委員会では、その人事決定は、事項的に独立して行われ、議会責任や監督に服さないので、完全な組織的・人的正当化が必要とされるのである。[569]

　ところで、この事項的・内容的民主的正当化の観点では、一方で民主的責任と指揮従属に、他方では法律拘束というふうに相関する1つの連関がある。民主的責任と指揮従属が抜け落ちている場合は、（内容的に規定され）独自の裁量を与えない法律に厳格に拘束することが、この独立性の必要な相関物となる。逆に、法律が国家行為の目的や内容ではなく、たんに国家行為の枠組みや限界を記しているだけの場合には、民主的正当化を事項的・内容的な側面から創出

---

569) Böckenförde (Fn. 210) § 22, Rn. 23.

するために、原則的に責任や指揮従属が必須となる。民主的責任ならびに指揮従属と法律拘束の両方ともない場合は、民主的に免除された領域が形成されることとなる。それは、やむにやまれない理由がある例外的な場合のみ認められ、憲法上の与件に基づく、公法上のラジオ放送局やテレビ局（基本法5条1項2文）などがある[570]。

こうしたベッケンフェルデの民主的正当化論によると、事項的内容的正当化は、その構成要素として、「民主的責任と指揮従属」及び「内容的な法律拘束」に分類され、両者が相互依存、相互作用して事項的内容的正当化を支えている。したがって、厳格な適用が必ずしも独立性を一切認めないわけではない。しかし、今度はこの独立機関をいかに正当化するかについて、論拠が乏しい。というのも、わずかに、憲法によって規定されている特別な場合のように「やむにやまれぬ理由」がある場合だけ認める、と説明しているにすぎないからである。

③ 「一定の正当化水準」

近年、民主的正当化の要請について、連邦憲法裁判所は例外を認めている。この例外は、2002年のリッペ団体法とエムス社団法に関する民主主義要請の審査で認められた[571]。すでに見たように、そこでは、公法上の団体、営造物、財団による「機能的自治」については、例外的に、民主的正当化の要請を開かれたものと解釈している。つまり、民主主義要請は、とくに決定権限者の無欠缺の人的正当化要請から外れた組織形式、国家権力行使の形式に対して開かれたのである。この例外の論拠となったのが、民主主義原理に根ざすという「自治」と「自律」の諸原則である。

今や民主主義要請は、代表制議会を経由した民意調達の理論ではなく、自己決定に基づく意思形成をも組み込み、これによって「一定の正当化水準」を達成させることとなった。この「一定の正当化水準」は、1995年の第2法廷で使われた概念の適用範囲を拡大したものと考えられる。

---

570) Böckenförde, (Fn. 210) Rn. 22.
571) 参照、本書第2部第1章3．「機能的自治」―リッペ団体判決。

「憲法上の観点から重要なのは、国家行為の民主的正当化の形式ではなく、民主的正当化の実効性である。つまり、必要なのは一定の正当化水準である」[572]
「行うべき決定が、職務の責任ある典型的な履行ではなくなり、かつその決定が従事者の利益にますます持続的に接すれば、人事代表の関与はますます広範囲に及ぶ。」[573]

　これによると、執行権の行使が少なくなればなるほど、個々の決定を国民主権にまで戻すことへの要請はますます小さくなり、他方で、侵害行政という古典的な行政任務を行政が引き受ければ受けるほど、事項的・内容的正当化に関する民主主義原理の要請は高められるのである。

　この95年判決を元にして、2002年の判決は機能的自治の憲法許容性を承認している。機能的自治とは、「自治体」とはいえ、地方自治体のように領域的な関係性に着目したものではなく、法律によって与えられた任務を履行する団体、すなわち機能あるいは作用に応じて与えられた団体なのである。

　この判決では、水利経済の任務遂行を、国家ではなく機能的自治が行うことに対する違憲性が最大の論点となっている。そこで連邦憲法裁判所は、「自治」の性質より、関係人の参加を通じて民主主義を補充するという自律的正当化観念を導入し、それを支える論拠として「あらゆる者の自由な自己決定」を強調する。

「〔開かれた民主主義要請という〕基本法20条2項の解釈が可能なのは、民主主義原理に根づいた自治と自律の諸原則が適切に妥当する場合である。代表制によって構成された国民支配の枠内では、基本法も公的任務の履行における関係人の参加という特別な形式を許容する。機能的自治はその限りで民主主義原理を補充し強化する。機能的自治が、こうした原理によって特徴づけられて理解されうるのは、それがあらゆる者の自由な自己決定という上位の目標の実現に資する場合である」[574]

　そして自治の任務の決定は広い立法裁量にあるが、国家権力行使を機能的自治が行うには、法律によって任務遂行機関の任務内容と権限を十分に規定し、人的正当化がなされた職務者の監督に服さねばならないとする。[575]

572）　BVerfGE 93, 37 (67).
573）　BVerfGE 93, 37 (70).
574）　BVerfGE 107, 59 (91 f.)
575）　BVerfGE 107, 59 (94)

(2) 独立性と民主的正当化

ドイツの伝統的な行政の形式は、政府の下位にヒエラルヒッシュな秩序を形作ることであった。そのために、一方で、ドイツの行政は強力な連邦化と地方化を垂直・多様に構成し、他方で、そのつどの政治的な指導と責任を原則的に中央でまとめていた。これはあらゆる行政官庁に当てはまると思われていたが、近年、とくに経済行政の任務について、独立行政機関の議論が盛んである[576]。

代表的な問題として、逓信電気通信規制官庁の抜本的な改編によって、新たな議論が噴出していることが挙げられる。この規制庁は、2005年夏に「連邦ネット庁（Bundesnetzagentur）」と改名され、今やエネルギーと鉄道分野の規制にも権限を持つ機関となった。この任務は、ネットワーク経済における競争構造を保障することであり、とくに公正なネットワーク参入を確保することにある。

ガバナンス構想からすれば、この独立性は、ヒエラルヒッシュな秩序モデルの解体の第一歩と考えられ、世界に広がる諸アクターの多中心的ネットワーク（polyzentrisches Netzwerk）において集権国家的な決定独占をようやく取り下げたのだと見ている[577]。

しかし、マージングが指摘しているが、この独立性の原理的な問題として民主主義を考えれば、独立は、そもそもはじめから相対的なものにすぎない[578]。では、基本法がどの程度、組織の変種を認めると考えられるのだろうか。

連邦ネット庁の独立性は、多くの学説で取り上げられているように、1つには、連邦ネット庁と連邦経済省（Bundeswirtschaftsministerium）との関係が問題となっている[579]。EU の大綱指針（Rahmenrichtlinie）3条2項によると「構成国

---

576) Johannes Masing, Unabhängige Behörden und ihr Aufgabenprofil, in : Masing / Marcou (Hrsg.) (Fn. 540) S. 182.

577) たとえば Trute / Denkhaus / Kühlers (Fn. 140).

578) Johannes Masing, Die Regulierungsbehörde im Spannungsfeld von Unabhängigkeit und parlamentarischer Verantwortung, in : Wirtschaft im offenen Verfassungsstaat, FS für Reiner Schmidt (2006) S. 524.

579) Axel Bysikiewicz, Das Gebot der Unabhängigkeit als Aufbauprinzip der Medien-

は、国内の規制庁の独立性を保障し、あらゆる企業から法的にも機能的にも独立であることに配慮する」。他方で、政治的な大臣行政に対する独立が問題となっている。後者は、「指揮からの自由」の問題となる。

すでに確認しているように、国民に対する最終責任を、そのつどの関係人という互換的な集団に換えることはできない。それと同じように、専門家の集団によっては十分に民主的に正当化されえないし、そもそも民主主義は行政を議会に現実に結びつけることを志向している。

このように、「独立性」の概念が相対的であれば、もともとこの概念は、その内包をどのようにでも形成できることになる。「独立性」は、そのつどの任務の性質に応じて民主的決定の行為となる。そしてその実体法及び組織法の形成を立法者が行い、その議会に責任を負って、行為が行われるという。

今や、民主主義を柔軟に解することが求められているといえる。ここに、「行政の統一性」と民主主義の関係性について、興味深い解釈がある。本来、「行為と決定の統一性」を目指すことが民主主義の目的であった。それは、国民の意思から「連鎖」によってつながりを保持できるからだった。この理解をさらにやわらかく捉えるために、シュミット＝アスマンは次のように考えている。

「行政の統一はたんに、法治国家原理や民主主義原理の帰結を意味するわけではない。民主主義と法治国家は、たしかに国家の『行為と決定の統一性』を目指しているが、それはすでに存在する統一や静態的な統一ではなく、何度も新たに作り出される統一であって、さまざまな構成から発展していくそれぞれの局面で作り出されるものである。ヒエラルヒッシュな決定の手法、指揮権、そして確固たる組織の接続は、たんに

---

und telekommunikationsaufsicht in Deutschland (2003); Marian Döhler, Das Modell der unabhängigen Regulierungsbehörde im Kontext des deutschen Regierungs- und Verwaltungssystems, Die Verwaltung 34 (2001) S. 59.

580) ここではとくに国家的企業であるドイツテレコム株式会社からの独立が問題である。
581) Jens-Peter Schneider, Telekommunikation, in: Fehling/Ruffert (Hrsg.), Regulierungsrecht (2010) § 8, Rn. 82.
582) Masing (Fn. 578) S. 525.
583) Masing (Fn. 578) S. 534.

第 2 章　行政の統一性

1つの構成要素にすぎないし、それは距離を作り出す独立に対置されて、その効力は、統一化の他の手段によって、たとえば、より強力な法律の拘束や統制の新たな形によって代替されうる。基本法は分節化された行政を通常のものとして扱っている。すなわち、統一的な決定、つまり民主的に責任を負う決定として国家に帰責されうる決定に由来するものとして扱っているのである」[584]

こうして、民主主義の意味合いを幅広く解釈し、新たな組織展開に対応する柔軟な性質を持った原理と考えている。

トゥルーテは、これを「全体政治への再統合」の問題と捉えている[585]。それは事前の影響力行使と事後の統制を行うことで、原理的に十分に全体政治への再統合を確保する構想である。それは、かならずしも大臣組織に密接に拘束させる必要はない。そうすれば、指揮拘束の不毛な議論をせずに、「再統合」が可能になる。組織としては、多年の労働プログラムと1年ごとの労働計画の行政担当者との調整、目標の取決め、そのモニタリングと適応、事後報告、外部モニタリング、財政法、財政執行の措置といった多様な措置によって「再統合」を追求する。そのうえで、通常の行政の適法性保障のために必要な法監督をおく、という[586]。ただし、この場合、「事前の影響力行使」も、法律への過度に具体的で厳格すぎる拘束は、「独立性」の意味を失いかねないし、「事後の統制」が具体的にどのように構想されているのかが明らかでない今のところは、この議論にそのまま賛同できるものではない。だから、「行政の統一性」を民主主義との関連でやわらかく捉えるという発想そのものをここでは受けとめつつ、より具体的な場面に考察を進めていかねばならない。

ところで、正真正銘の独立官庁といわれるのは、たとえばドイツ連邦銀行である。この中央銀行は、ドイツの場合、憲法上の根拠に基づいて独立に設置されている（基本法88条後段）。ドイツ連邦銀行は連邦上級官庁ではなく、最高連邦官庁（eine oberste Bundesbehörde）であり、憲法上保障された、あらゆる政治的な影響力に対して実質的な独立を与えられている。

---

584)　Schmidt-Aßmann (Fn. 229) V. Kap., Rn. 35.
585)　Trute (Fn. 289) Rn. 66.
586)　Trute (Fn. 289) Rn. 66.

憲法解釈上の論争点として、基本法88条前段が、連邦銀行の独立性を要求しているのかどうかという問題があったが、基本法88条後段が追加されたことで、問題は片付いたとされている。

4　中央銀行の独立性

中央銀行の独立性について民主的正当化モデルを用いて考察する、という研究手法がドイツ公法学で提示されている。この手法は、民主主義原理や権力分立原理といった公法上の根本的な原理から出発し、その諸原理の適用のあり方を探るものである。

日本では、1998年4月に改正された日本銀行法によって、日本銀行の政府に対する独立性が強化されたことをうけて、憲法上・組織法上の「独立性」の位置づけが問題となっている。独立性がなぜ正当化されるのか、日本銀行の担当する金融政策が憲法上どのように位置づけられるのか、という問いによって、行政権概念の範囲や組織構造における民主主義・法治国家・権力分立の諸原理のあり方に、関心が寄せられている。

中央銀行の「独立性」の公法学的な位置づけを検討することで、翻って、民主主義原理をどのように考えられるのだろうか。

---

587) 要求していると読むのが Ingolf Pernice, Art. 88, in : Dreier (Hrsg.), GG (Fn. 463) Rn. 18. 他方で Reiner Schmidt, Die Zentralbank im Verfassungsgefüge der Bundesrepublik Deutschland, in : Rolf Grawert (Hrsg.), Instrumente der sozialen Sicherung und der Währungssicherung in der Bundesrepublik Deutschland und in Italien, (1981) S. 61 ff.

588) Jörg Geerlings, Die neue Rolle der Bundesbank im Europäischen System der Zentralbanken DÖV 2003, S. 322 (324).; Masing (Fn. 578) S. 521.

589) 櫻井敬子「日本銀行の法的性格」碓井・水野・小早川・中里編・前掲注223, 347-369頁、駒村圭吾「アメリカにおける独立行政機関と権力分立」白鷗法学16号（2000年）31-53頁、塩野宏監修『日本銀行の法的性格』（有斐閣、2001年）、君塚正臣「日本銀行の憲法学」横浜国際経済法学18巻3号（2010年）49-74頁。

590) 中央銀行の独立性について、ドイツにおける「民主的正当化」の議論から憲法的考察を深めている重要な文献として、日野田浩行「中央銀行の独立性に関する憲法的考察」阪本昌成編『立憲主義　畑博行先生古希記念』（有信堂高文社、2000年）201-238頁がある。

(1) 日本銀行の独立性

　日本銀行法は、インフレ的な経済運営を避けるために、日本銀行を金融政策の最終責任者と位置づけ、金融政策の独立性を強化しようと、1998年4月に法改正された。この法改正では、独立性の強化とともに、通貨及び金融の調節を審議する政策委員会の議事要旨・議事録の公表等を通じて、政策決定の透明性を確保していくことが求められた[591]。すると、中央銀行の独立性の強化は、その業務の高い公共性との関係で、政府がどこまでどのように関与すべきなのか、という組織法的問題が公法に投げかけられる。

　この金融政策の独立性強化を確保するために、「通貨及び金融の調節における自主性」の「尊重」（3条）、「業務運営における自主性」は「十分配慮」（5条）されねばならず、人事面では、「総裁及び副総裁は、両議院の同意を得て、内閣が任命」など、国会と内閣の関与が認められ（23条）、予算は財務大臣の認可を受けなければならない（51条）。また、内容的な規制については、業務状況の「報告書」を国会に提出しなければならず（54条）、財務大臣又は内閣総理大臣は、法令・定款に違反の場合に、「是正のための必要な措置を講ずることを求めることができ」（56条）、日本銀行の監事に対し、「監査」、結果の「報告」をすることを求めることができる（57条）。必要の場合には、「報告又は資料の提出」を求めることができる（58条）。以上からすると、日本銀行に政府は強制的な権限行使をすることはできない仕組みとなっている[592]。

(2) ドイツ連邦銀行の独立性

　基本法88条：連邦は、通貨・発券銀行を連邦銀行として設置する。その任務及び権限は、欧州連合の枠内で、独立した欧州中央銀行に委譲され、欧州中央銀行は価格安定の確保という優先的な目的によって拘束される。

　ドイツ連邦銀行は連邦直属の公法上の法人である（ドイツ連邦銀行法2条）。ドイツ連邦共和国の中央銀行として欧州中央銀行制度を構成する。その任務

---

591) 塩野・前掲注589、122-123頁。
592) 櫻井・前掲注589、362頁。

は、物価水準の安定を確保し、ドイツ連邦共和国の外貨準備を維持・管理し、国内外の金融取引の銀行適合的な処理を行い、支払及び清算制度の安定に寄与するものである（法3条）。ドイツ連邦銀行の機関は役員会（Vorstand）であり、総裁（Präsidenten）と副総裁（Vizepräsidenten）及びその他6名の構成員より成る。役員は連邦大統領によって任命される。総裁、副総裁及びその他2名の役員は連邦政府の提案に基づき、残り4名の役員は連邦政府と協力した連邦参議院の提案に基づく。その提案の際、連邦政府と連邦参議院は役員を聴聞しなければならない（法7条2、3項）。

　ドイツ連邦銀行は連邦政府の指揮から独立している（法1条）。基本法88条前段は明文で要請していなかったので、88条後段が追加されるまでは88条前段が独立性を規定していると解釈するかどうかが論点となっていた。たとえばブロシウス＝ゲルスドルフは、ドイツ連邦銀行の組織規定として、憲法上2つの原理が緊張関係に立っているとした。つまり、基本法20条2項の民主的正当化の原理と88条前段の独立性要請であると。一方で、民主的正当化の原理は、指揮への従属によって連邦銀行を国家に近接した組織構成として求めていて、他方で、88条前段は、国家構成のなかで連邦銀行を独立した地位を要請していると見た。彼は、この緊張関係は、基本法にとって特別なことではないとして、緊張関係にある憲法諸原理間については、いずれの憲法原理がより優位にあるべきかを考えればよいとする。結局、基本法88条前段の制定史のなかに、緊張関係を解きほぐす鍵があるといって、88条前段を憲法制定者が開放的な憲法規範と構想しており、立法者にその解釈余地を与え、さらに基本法23条1項のEU法適合的解釈の要請によって、解釈が限定されるという。そうすると、連邦銀行の独立性が憲法上保障される、と読めるという[593]。

　他方で、たとえば連邦行政裁判所は、「ドイツ連邦銀行の独立性は、基本法

---

593) Frauke Brosius-Gersdorf, Deutsche Bundesbank und Demokratieprinzip (1997) S. 226-265. また他方で、連邦憲法裁判所は、あまり明確ではないが「ドイツ連邦銀行は、その憲法上の独立した地位に基づいて、執行権という他の機関の監督に服さない…」（BVerfG, Regelung des innerdeutschen nichtkommerziellen Zahlungsverkehrs, NJW 1983, 2309）と述べている。

88条によって基礎づけられているわけでもなければ、締め出されているわけでもない」と述べていて、基本法88条前段で独立性が規定されていると読むことに説得力がない、という見解も強かった。

しかし、基本法88条後段が、ドイツ連邦銀行の任務と権限を「独立」と規定したため、ドイツの中央銀行の独立性は憲法典によって明文上保障されたわけである。したがって、今日では、法律によって「指揮からの自由（Weisungsfreiheit）」を連邦銀行に与えても違憲にはならないとされている。

憲法理論上、興味深いのは、基本法88条後段が追加される前に試みられていた、連邦銀行の独立性を許容する「例外要件」の探究である。

たとえばシュテルンは、連邦銀行が議会制度や議会での争いと無関係に合理的な方法で任務が行われる、というテーゼを述べている。連邦行政裁判所はこれを次のように展開している。

「基本法の議会制民主主義では、議会責任を破棄して、政府に対する連邦銀行の指揮自由を、民主的に正当化された機関による通貨から生じうる危険を伴うことなく正当化できる。なぜなら、そのような危険は、民主主義の本性からして、理由あることだろうし、三権の相互の統制、抑制、制限という均衡とれたシステムによってのみ取り除かれることができるだろうからだ。」

他方で、オェベッケは、連邦銀行の独立性を、「衝突する憲法上の法益である管理権限（Leitungsbefugnis）（Art. 65 S. 2 GG）と貨幣価値の安定性（Art. 106 II GG）との、適切、必要、比例的な均衡」として考えた。

そして、フィヒトミュラーは、連邦銀行の独立性を「政治的個別任務の中立

---

594) BVerwGE 41, 334, 354.
595) Barbara Remmert, Art. 88, in : Volker Epping / Christian Hillgruber (Hrsg.), Beck'scher Online-Kommentar GG.
596) Klaus Stern, Das Staatsrecht der Bundesrepublik Deutschland, Bd. II (1980) S. 507.
597) 学説の整理については、vgl. Matthias Jestaedt, Demokratieprinzip und Kondominialverwaltung (1993) S. 430-434.
598) Stern (Fn. 596) S. 507.
599) BVerwGE 41, 334 (355).
600) Oebbecke (Fn. 555) S. 173.

化」という観点から正当化した。そして、いわゆる基本法の「自己抑制の原理」を使う。

> 「基本法は、民主主義の自己危殆化をもたらすところでは、その諸原理が制限されうるという自制によって特徴づけられている。」

　その根拠として彼は、基本法18条、79条3項を挙げている。つまり、民主主義の自己危殆をもたらさないように、民主主義は自己抑制し「政治的個別任務の中立化」が保障され、独立性が認められる、というわけだ。
　イェシュテットは、基本法88条のなかに立法裁量が内在していると解釈することで、独立性を正当化している。
　しかし、いずれにせよ、連邦銀行の独立性を許容するという判断が先にあって、そのための理由づけをしているにすぎない。なぜ民主的正当化が不十分であっていいのか、どの程度まで許されるのか、という議論はなかった。
　基本法88条とそれを具体化した連邦銀行法において、体系的に連邦銀行の地位が規定されている。基本法の第8章は「連邦法律の施行及び連邦行政」をその標題としているが、同章に基本法88条が位置づけられているため、連邦銀行はたんに執行権というだけではなく、連邦行政に分類されていることになる。また、連邦銀行法29条「ドイツ連邦銀行の特別地位」では、第1項で「銀行のなかで中心となる役員会は最高連邦官庁の地位を有する。本店と支店は連邦官庁の地位を有す」とされている。したがって、連邦銀行は国家官庁の構成としては最高のランクに位置づけられており、そこから、他の諸官庁の「所管から自由」となる、と解されるのである。したがって、連邦銀行は連邦政府や連邦大臣と同じレベルにある。連邦銀行法12条「銀行と連邦政府との関係」では、「ドイツ連邦銀行は、この法律にしたがって与えられる権限行使の際に、連邦

---

601) Carl Peter Fichtmüller, Die Zulässigkeit ministerialfreien Raums in der Bundesverwaltung, AöR 91 (1966) S. 345.
602) Fichtmüller (Fn. 601) S. 347.
603) Jestaedt (Fn. 597) S. 434-437.
604) Schmidt (Fn. 544) S. 225.

政府の指揮から独立している」と規定している。これは、「専門監督」だけでなく、「法的監督」にも当てはまるという[605]。

こうした基本法及び法律の規定から、独立性がみとめられていても、結局、民主主義の解釈論からは十分に応えられていなかったわけである。たしかに、イェシュテットのように、「立法裁量」と解釈することで、法律が規定しさえすれば、「事項的・内容的正当化」は十分、ということになる。そして、そのことによって、「大臣からの自由」や「指揮からの自由」のあまり生産的でない議論から解き放たれることになる。そのうえ、すでに基本法で「独立性」が規定されてしまえば、もはやそれ以上議論する意味は失われる。そうして、この場面では「独立性」に対する民主的正当化の議論が深められる機会も失われたのである。

5　公証人に対する国家監督

公証人の法的位置づけについて、欧州司法裁判所が取り上げてから初めての連邦憲法裁判所判決（2012年6月19日[606]）をここで検討する。

ドイツの公証人は、法律行為等につき公正中立の立場で法令違反をチェックし、証書作成によって権利関係を明確化する義務が課されている。公証人は各ラントで任命され、裁判所等のラント司法行政の監督に服する。公証人は公証人会に統合され、当団体は、構成員の名誉と栄誉を見張るために、監督官庁を支援し、公証人の職務遂行の面倒を見る[607]。

異議申立人（以下、申立人）は、1974年からシュレスヴィッヒ＝ホルシュタイン州の弁護士兼業公証人である。申立人が保管する帳簿の記帳の日付に対して、監督官庁が「公証人服務規程」に従って行った指揮が、基本法12条1項の

---

605)　Schmidt (Fn. 544) S. 225.
606)　BVerfGE 131, 130.
607)　ドイツ公証制度については、参照、中山幸二「ドイツ公証人法に学ぶ」自由と正義 Vol. 56 No. 4（2005年）96-104頁、トーマス・ミルデ（小田司訳）「ドイツ公証人から見た予防司法のあるべき姿」THINK 会報103号（2005年）291-302頁。

職業選択の自由（同1文）と法律の留保（同2文）を侵害するとして、異議申立てがなされた。当該服務規程は、規範を解釈する行政規則として、連邦公証法の下、シュレスヴィッヒ＝ホルシュタイン州司法女性青年家族省（ラント司法行政の旧組織）によって施行されたものである。

さて、申立人は、自身が管理する他人の金銭のキャッシュレス支払いについて、利子決算日の日付で帳簿に記帳していた。2008年、職務審査で変更を求められたにもかかわらず、申立人が記帳方法を変更するとは明言しなかったため、ラント裁判所長官が申立人に対して、「キャッシュレス支払いの記帳は、公証人服務規程10条3項1文の規定の通り、すなわち明細書への入金の日付、損益計算書の報告の日付または雑費計算書の報告の日付で行われること」と文書で命じた。

この指揮命令に対して、申立人は異議申立てを行ったが、上級ラント裁判所によって棄却された。公証人の職務遂行は服務規定10条3項の行政規則によって規律されるからだという。そこで、連邦裁判所に異議を申立てたが、当裁判所によれば、本件職務監督法上の措置は公証人の職業遂行の自由（基本法12項1文）を侵害しておらず、当該指揮の法的根拠は連邦公証人法によってラントから与えられた組織権にあり、指揮は申立人の職業の自由への比例原則にかなった介入だという。

これに対して申立人は、連邦憲法裁判所に憲法異議を申立てた。申立理由は、公証人に対する指揮が法律によって根拠づけられず、基本法12条1項2文の法律の留保を充たさないこと、基本法12条1項の保護が職業遂行のあらゆる形態に及ぶこと、指揮が強制的であるにもかかわらず、有効な法規定に基づいていないため一般的人格権（基本法2条1項）を侵害したことである。

ここで憲法裁判所は、憲法異議を手続的に許容したが、棄却した。指揮は、日付を「適切に」記帳することを義務づけただけだが、それでも公証人に与えられた指揮は行政行為であり、出訴の途に開かれているものの、憲法異議に理由はないとした。指揮と裁判決定は、申立人の基本権、とくに基本法12条1項で保護された職業の自由を侵害しない、と。

(1) 「国家と結合した職業」と指揮権

　申立人は、職業遂行の自由に基づいて、原則的に公証人としての職業活動を行うことができる。公証人は「国家と結合した職業」であるが、独立した職業従事者として職務を遂行できる。そのような職業にも、基本法33条4項の意味での公務に属する職業にも、原則的に基本法12条1項は妥当する。国家と結合した職業が公務に接近することは「特別の規律」として許されている。

　このような公証人の職の法的内容は、EU法では疑問に付されていない。EU裁判所の見解によれば、公証活動はEG 45条2項の意味での「公権力」行使と結びついていない。EU法はたんに、公証活動のために公証人の居住の自由が国籍に関わらないことを求めているだけである。EU裁判所は2011年5月24日の判決で、私人間での調書の合法性と法的安定性を保障するという公証人の職業活動の目的が、一般的利益のやむをえない理由として、居住の自由の制限を、公証活動の特別性に基づいて正当化できる、と述べている。[608]

　もっとも、ドイツ基本法の下では、公証人は「国家と結合した職業」を行使するので、基本法12条1項の基本権の効力は、基本法33条5項の「特別の規律」によって制限される。つまり「国家と結合した職業」は、「公務に接近すればするほど、基本法33条5項に基づいて、特別の規律がますます強く、職業の自由という基本権の効力を制限する。反対に、自由な職業の資格が強調されればされるほど、基本法12条1項はますます強くその効力を展開できる」。

　公証人の場合、予防司法の分野で国家任務を履行し、限定的に公務に接近する。証書作成という権限は、高権的な権限である。その一方で、公証活動は自由な職業活動となるため、公務との接近の度合いにより職業の自由の規制の度合いが変化することになる。

　公証人が、国家からではなく嘱託人から報酬が賄われるという点で、公証人職は、公務から最も距離が離れており、かかる公証人の職業活動については基本法33条5項の影響が、他の職業行使の規律よりも後退する。これに対して、

---

[608] EuGH 24.05.2011 Urteil: Kein Staatsangehörigkeitsvorbehalt für den Zugang zum Notarberuf, NJW (2011) S. 2943 Rn. 98.

本件で問題となっている公証人の服務規程における記帳は公務遂行の分野であり、基本法33条5項に基づく特別の規律に接近する。公証人による他人の財物の保管は、業務の適法な遂行が求められる高権的活動だからだ。公務にとくに接近するこの公証活動は、ラント司法行政の監督下で職務の統制が行われる。

したがって、異議申立てがなされている指揮と、その根拠となる服務規程10条3項1文の規定は、形式的にも内容的にも憲法上問題がない。もっとも指揮については、職務監督の手段である一般的な指揮について論ずる場合と、個別的な指揮の内容について論ずる場合とを区別して審査しなければならない。審査基準としては、基本法12条1項によって保護された職業の自由が考えられる。

① 「職務監督の手段としての指揮」の合憲性

たしかに公証人に対する職務監督の指揮権には、法律の明文規定が欠けている。それでも「可能な限り限定された」一般条項によって、法律の留保は充たされる。そもそも職業に関わる義務を法律で完全に列挙することは不可能だし必要でもない。先行する連邦裁判所の決定（Beschluss 16. Juli 2001,-NotZ 12/01-, ZNotP 2001, S. 441 (442)；8. Juli 2002- NotZ 5/02-, juris, Rn. 5）で、指揮権が連邦公証人法93条の監督権から引き出されている。その解釈は、体系的かつ歴史的論証に依拠しており、法律の留保の点で、憲法の要請にこたえている。立法者は、職務監督の手段を、職務遂行の統制に関する連邦公証人法92、93条で規定し、職務監督の任務は、たんなる観察権限（内的な監督措置）だけでなく、修正するに十分な機会が与えられる指揮を行う権限（外的な監督措置）も含む。国は、監督によって予防司法の任務遂行責任を履行する。指揮は、一般的な職務活動について行われ、公証人の職務が公務にとくに接近し、基本法33条5項に基づく特別の規律がある分野について行われる。

また、実質的な実体法上の合憲性についても、この指揮は、国家行政組織の外部の職務者の監督、民主的国家及び法治国家の拘束という合理的理由ならびに適法な行為の確保という公共善に資するのであり、憲法上の疑義は生じない。

② 「指揮の手段の内容」の合憲性

本件指揮の内容についても憲法上の要請を満たしている。

まず形式的には、法律上の根拠がある。保管業務に関する服務規程は、連邦公証人法93条による一般的指揮権を持つラント司法行政の監督権限に基づいている。この職務監督は保管業務の文書化を対象としており、本件キャッシュレス支払いの収支の文書化は、国家監督に服す。記帳方法についての負担はわずかであり、基本権の本質に触れない。連邦公証人法93条の個別規定は、公証人の保管業務の文書化のために、監督官庁の一般的指揮によって細部まで規律するに十分に確定的な法律上の根拠をつくりあげている。

服務規程10条3項1文の指揮は、高次の法と抵触しない。公証人会の規則制定権に関する連邦公証人法67条2項3文の列挙事項には、職務監督の規律を停止させる効果はないという、本件に対する先の連邦裁判所の見解は支持できる。反対にいえば、公証人職が公務に接近する場合、公証人の職務遂行に関する直接的な国家監督は、もともと継続的に与えられている国家の責任の点で、公証人会の自治権限では完全には排除できないということになる。連邦裁判所はさらに、本件指揮と服務規程10条3項1文が、その内容の点で、シュレスヴィッヒ＝ホルシュタイン州公証人会指針と対立しているわけではないという結論に至ったが、それは、少なくとも支持できないものではない。

次に、実体的な観点では、服務規程10条3項1文の一般的規律の内容も、基本法12条1項で保護された異議申立人の職業の自由への介入が見られたとしても、少なくとも比例的でないわけではない。

服務規程における一般的規律に基づく、異議申立人に課された文書化は、統一的な規律にしたがった記帳に至り、それによって適法な公証人の職務遂行についての国家監督に資する。

加えて、記帳の定まったやり方は、必要である。統一的な記帳なくして、監督の目的は同様には実現できない。他の統一的または個別的に選ぶ選択的な記帳方法によって監督できるという事情があっても、違った判断になるわけではない。また、連邦公証人会が指摘するように、異議申立人の求める記帳方法は「飛び飛びの日付」記帳になるのであり、明らかに優れているとは認められない。

最後に、服務規程10条3項1文で規定された保管業務の文書化の方法は、狭義に比例的である。この方法は、異議申立人にわずかな負担を課すにすぎない。

(2) 「国家と結合した職業」と「職業の自由」

ドイツの公証人は、すでに先例で「国家と結合した職業」とされている[609]。それによれば、この職業従事者には、立法者が特有の行政機構を留保でき、職業の内容は、基本法33条4項、5項での「公勤務」に接近する。公勤務の場合は、職業の自由が保障されるものの、同条5項の「職業官僚制の伝統的諸原則への配慮」の下で特別に制限される。したがって、国家と結合した職業が公勤務に接近すれば、公勤務法の分野に近づくため、職業の自由の審査密度は小さくなる。この基本思想は、いわゆる「薬局判決」に由来する。薬局判決によると、「国家と結合した職業」は、「遂行すべき公共任務の特性と重みによって」バランスをとることが求められている。「ある職業が、公法上の拘束と負担によって『公勤務』に近づけられるほど、基本法33条に依拠した特別ルールは、12条1項の基本権の効力を事実上、ますます強く制限できる[610]」。このように、職業の自由保障と、公勤務法との関係は、比例的に調整される。

さて、本件で争われている公証人の保管業務は、公共的任務遂行の分野に当たり、高権的遂行と認定され、そのため、この業務は基本法33条5項の特別ルールに接近するとされる[611]。

---

[609] BVerfGE 73, 301 (315 f.).

[610] BVerfGE 7, 377 (398).

[611] この点、ドイツとEUとの違いが現れている。欧州司法裁判所は先に挙げた2011年5月24日の判決で、ドイツの公証人を公権力行使の主体とはみなさなかった。運営条約51条1項（旧EG 45条）は、公権力行使（とくに公権力の「直接かつ特別」な行使）には、居住の自由の適用除外としているが、この判決では、公証人には居住の自由を適用するとした。そのために、公証人を公権力行使の主体とはみなさなかった。ところで、この公権力行使概念は、ドイツ法の高権性とは同一視されえない。「高権性は、EG 45条を肯定するのに、必要だが十分な条件にはならない」(Peter Huttenlocher, Stefan Wohlrab, Der Notar (weiterhin) als Hoheitsträger, EuZW 2012, S. 779-782 (781))。ドイツの公証人の法的地位が変更されるかが注目されたが、本件判決は、「ドイツ憲法で基↗

ところで、本件は、基本法33条5項に基づく特別規律の態様を議論するなかで、「国家と結合した職業」の行使の「責任（Verantwortung）」が論じられている点で注目される。公証人は職業の自由の基本権主体である一方で、公務に接近する職務遂行を行う。したがって、公証人の保管業務という国家任務を適法に遂行させるためには、国家が公証活動を監督するという責任を負う。いわゆる「保障国家」の問題である。「公務の外部にある者に公職を委譲することは、国家と結合した任務の適法な遂行の責任から国家を免除しない」。「公証人職が公務に接近する場合、公証人の職務遂行に関する直接的な国家監督は、もともと継続的に与えられている国家の責任の点で、公証人会の自治権限では完全には排除できない」。この議論によって、本件は、公証人の職務活動を指揮することが、職業の自由の過度の制限なのではなく、むしろ職業の自由への介入を比例原則によって検討する際、適合性審査の前提として、国家の「責任」が論じられたのである。

公証人は国家と結合する職業であり、付随的に義務が課されて職業の自由に対する介入が正当化された。公証人の職業は、むしろ国家任務を国家の外部に委譲するという基本法33条4項の点で、国家組織の問題となっている。その意味で、立法者は委譲する高権の範囲と態様を規定する必要がある点で本質性理論が、さらに国家の監督責任という点で保障国家論が展開されているといえる。

近年、欧州委員会が、公証人を職業資格指針の適用範囲に一般的に組み込もうとしている。公証人の職が1度、ヨーロッパ第2次法の立法対象になれば、すべては第2次法の形成次第ということになるだろうと指摘されている。ドイツ公証人の法的地位の動向は、しばらく注視が必要である。

準となっている公証職業の法的内容は、EU法では疑問視されていない」と考えている。
612) Huttenlocher (Fn. 611) S. 782.
613) 職業資格指針に公証人を取り入れることにつき、欧州委員会が公証人にも適用を拡大しようとすることにドイツ連邦政府が反対するという書簡のやり取りが2000-2006年の間に行われた。Ralph Alexander Lorz, Kein Grund zur Sorge, DNotZ (2011) S. 496.
614) Lorz (Fn. 613) S. 3409.

第 3 部　組織・構造

6　専門家委員会の法的規律

(1)　状　　況

　行政国家現象と呼ばれて久しいが、行政任務の専門化、複雑化、多元化によって、ますます行政は、量的な知を必要としている。そこで、国家内部に知の組織を構築することと、その最適化が課題となっている。法的には、専門家組織を行政の内外に設置し、外部の専門家を取り込むことの適切性と効果について検討することが求められている。すると、公共的任務に私的専門家（以下、専門家私人）を組み込むことは、決定の内容的な正しさ・中立性を保障できるのか、決定の責任をだれが持てるのか、という問題が生じてしまう。ここに、フォルストホフの有名な警鐘の 1 節が当てはまる。[615]

　「責任を持って決定する者は、専門的知を欠いており、専門的知を駆使できる者は、現実的な責任の外にいる」

　今や、外部の私的専門家を公共的任務のなかで公的アクターと協働するための、専門家による助言を法的にいかに位置づけ、規律するのか、という問題が投げかけられているのである。ここには、審議会の設置のあり方、委員の選定のあり方の問題が含まれるが[616]、ここではとくに、法律の執行の場面で、国家がその執行責任から「撤退」することについての憲法上の限界が注目されねばならない。[617]

　今日の専門家私人の任務は、事実の調査にとどまらず、製品・サービス・組[618]

---

615)　Ernst Forsthoff, Lehrbuch des Verwaltungsrechts, 10. Aufl. (1973) S. 77.
616)　ここに、多様なアクターの協働、ヒエラルヒーと市場を越えた制度としての国家における専門家の助言の位置づけを考えるために、ガバナンスの議論も参照されている。Voßkuhle (Fn. 94) S. 547-571.
617)　審議会が「国民の合意を容易に調達しうるバイパス」として機能し、一種の「擬似代表制」の性質を持ってくることについて、参照、水島朝穂『現代軍事法制の研究』（日本評論社、1995年）357頁以下。
618)　Arno Scherzberg, Die private Gutachter im Umweltschutz, NVwZ (2006) S. 377-385.

織が、法律や官庁によって予定されていた組織の要請や安全の要請が満たされているかどうかの審査を行うようになっている。その点で、たんなる学問的・科学的な査定だけではなく、法的な意味での査定を行うことになる。結果的に、許可や認可の任務を委託され、たんなる助言機能だけではなく決定の機能まで与えられることとなる[619]。

シェルツベルクは、この専門家私人を4つに分類しており、参考になる。

①行政補助者としての専門家私人

行政手続法24条1項、26条1項2文2号によると、行政手続における専門家は、「立証手段（Beweismittel）」として表れる。この場合、専門家は行政補助者として官庁の職権調査の範囲で、官庁独自の調査の代わりか補助を行う。このとき、たとえば損害の予測を行ったり、技術水準の決定や稼動者の安全分析の再検査を行うことができる[620]。

②代理（Beauftragte）としての専門家私人

行政補助の特別事例であるが、審査権限を持つ監督人として投入される。この代理人としての専門家私人には、法律に基づいて高権的権限が委譲される。ときには行政規則や官庁の個別決定によって代理人をおくこともできる。たとえばGLP原則（Good Laboratory Practice）といって、化学物質等の安全性評価試験の信頼性を確保するために、試験所における管理、試験実施、報告などに関する基準を維持しているかどうかの確認を行う[621]。

③履行補助としての専門家私人

実体調査や監督という義務の履行を専門家私人が補助する。環境アセスメントにおける提出義務がその例である。薬事法25条の5や環境アセスメント法11条の場合のように、結論が決まっていて、事後的な職権調査に限定

---

619) Scherzberg (Fn. 618) S. 378.
620) 原子力法20条は、官庁が原子力法の許可手続と監督手続のなかで専門家を招くことができるとしているし、連邦イミシオン法9章13条1項は、専門家鑑定人が、施設設置許可の前提の審査のために求められるとしており、また環境アセスメント法5条4文では、官庁がスコーピング手続において、環境アセスメント審査の手法や方法など評価の枠組みについて解明するために、専門家を引き入れることを許している。
621) 化学物質法19d条3項、21条4項。原子力法20条。

第3部 組織・構造

するような実態調査がその場合である。[622]

④検査員としての専門家私人

環境法のいくつかの領域では、高権的な履行をやめて、立法者が会社法の規準によって、私的経済的な組織による品質統制に代えている。もともと専門官庁が立入検査や服従統制を行うところを、専門家のテストによって代替する。[623]

行政補助者としての専門家については、すでに見たように、[624] 行政官庁の任務

---

622) 薬事法25条5「(5)許可は、提出された資料の審査と専門家鑑定に基づいて行われる。資料の評価のために、権限ある連邦上級官庁が固有の学問的成果を利用し、専門家を引き入れまたは鑑定書を要求することができる。権限ある連邦上級官庁は、医薬品を開発、製造、審査または臨床審査を行う企業と施設において、許可に関する申告と資料を、EG指令726/2004の3条1項または2項に従って流通のための許可との関係でも再審査することができる。この目的のために、権限ある連邦上級官庁の受託者は、権限ある官庁との話合いによって、経営と営業の場所に通例の営業時間に立入り、書類を閲覧し、質問に対する回答を求めることができる。さらに、権限ある連邦行政官庁は、書類の判定を、独立の反対の専門家によって行わせることができ、その判定を許可決定し、そのかぎりで、48条2項1号の処方義務を課された医薬品が問題となっていて、6項1文の許可委員会に提出された許可決定案を前提とする。5文によると反対の専門家として、権限ある連邦行政官庁に委託されることができるのは、必要な専門知識を持ち、反対の専門家として活動をするのに必要な信頼性を持つ者である。申請人には、申請に基づいて鑑定書の閲覧が認められている。申請者は、自ら選んだ専門家を呼ぶ場合には、この専門家も聴聞されうる。専門家、反対の専門家、そして鑑定人としての招集のために、6項5、6文が対応している」や、環境アセスメント法11条「権限ある官庁は、6条の証拠書類、7，8条の官庁の表明、そして9、9a条の関係人への公表に基いて、その著しく不利益となる環境への影響を回避、縮小または調整を行うために、調整できないが自然や景観への優先的な介入の場合の補償措置を含めた計画ならびに措置の、環境への影響の統一的な説明を行う。固有の捜査の結果は取り入れられねばならない。この統一的な説明は、9条1項3文の関与手続での討論の終了以降できるかぎり1か月以内に行われなければならない。この統一的な説明は、計画の許可に関する決定の根拠のなかで行われる。その根拠は、必要あれば回避措置、縮小措置、調整措置そして補償措置の説明を含む。」の場合のように、結論が決まっていて、事後的な職権調査に限定するような実態調査。

623) 排出権取引法（TEHG）10条1項3は、規範名宛人によって履行されるべき基準の維持を専門家が検証するとしている。

624) 本書第3部第1章1。

第 2 章　行政の統一性

遂行を補助する役割しかない。したがって、専門家の行政補助者は、「官庁によって制御された専門家私人である」[625]。それゆえ、行政官庁の民主主義原理の効果の下で、手続にしたがった活動が許され、行政官庁は行政補助者としての専門家私人を統制するよう義務づけられる。すなわち、この専門家私人は、行政の成果物が適法であることを、官庁によって響導（lenken）される[626]。さらに、本来行政活動が拘束される基本権や単純法の規律（たとえば秘密保持義務[627]）が、専門家私人の関与ということで裏をかかれてはならない（「私法への逃走」）ので、官庁はこれについて「保障責任」を負う[628]。

他方で、行政権限受託者としての専門家については、行政補助者と違って、公法上の鑑定の権限を委譲されているので、実質的に権限を持つ官庁によって直接・間接の指導を受けない。したがって、この専門家私人の場合は、公行政と同様に、法の直接的な制御に服することになる[629]。行政権限受託は、かかる法的効果を持つが、それだけにとどまらず、いや、むしろそれだからこそ、行政組織法に基づく「構造的制御」を要するのである。権限受託の専門家を立法で取り上げれば、専門家私人による鑑定活動を民主的に正当化する要請を解除することになる。「唯一かつ十分な正当化手段は権限委託という措置である」[630]。

「権限委託行為は、基本法の議会制民主主義秩序のもとで妥当するヒエラルヒー原理の条件を、たとえ専門家私人が公行政にただ付設されるだけで、公行政に編入されていなかったとしても、さらに専門家という私人にまで拡張する。したがって、専門家私人は、権限受託によって自動的に民主的正当化を確保する国内の制御に服す。つまり、その本質的な確保手段ないし『再統合措置』は行政監督を意味する。」[631]

---

625)　Patrick Scholl, Der private Sachverständige im Verwaltungsrecht (2005) S. 163.
626)　Scholl (Fn. 625) S. 164.
627)　行政手続法30条。
628)　Vgl. OVG NW, Bechl. v. 11. 4. 1995, NVwZ-RR 1995, 704. ここで官庁は、専門家による秘密保持義務違反を自己の義務違反として帰責させられねばならない。（引用は Scholl (Fn. 625) S. 165 に基づく）
629)　Scholl (Fn. 625) S. 245.
630)　Scholl (Fn. 625) S. 266 f.
631)　Scholl (Fn. 625) S. 267.

こうして、権限受託者としての専門家私人は、国家の指揮権の範囲内にあり、権限受託に関する監督は、通説では、内容的に、専門監督か法的監督として構想されるため、専門監督の場合は国家の指揮監督権に服することになる。

(2) 問　　題

国家は、専門家私人による審査・査定に、その知を頼らざるをえない一方で、結果的に専門家私人が実質的な決定内容を形成してしまうことで、この知の利用は、さまざまな問題を抱えてしまう。まずは、国家の決定主体が私的専門家に依存し、専門家意見の妥当性を国家は十分に審査できなくなる。そのことによって、国家の決定が、専門家委員会にゆだねられてしまい、結果的に脱政治化・脱議会化する。そして、専門家委員会の設置を通じて、国家は、知の伝達・決定の受容に関する総合調整機能を持つものの、専門家集団によって決定が延期されると、決定が引き延ばされるし、他方で、政治責任を外部の専門家に肩代わりさせるということも起こる。こうして、政治への批判を学問的な守護によって免除させようとするアリバイ機能も働いてしまう。総合的に、国家の知の状況はおろそかになってしまう、という逆説が生まれる。

また、このような知の実体的状況の変動の問題だけではなく、法的な制御の観点からも難問の前に立たされていることがわかる。まず、専門家の地位として、上記の分類に基づくそれぞれの法的地位の権利について、専門家の独立性の確保と、その「監督」をどのように考えるべきか、という問題がある。また、専門家による鑑定の過誤を予防するための「責任（Haftung）」をどこまで課すべきなのかという問題もある。

現行の責任法を出発点として、果たして専門家私人に特別な責任の構成要件を展開することができるのかどうか、というドグマーティクを考えねばならないのである。欠缺ある鑑定に起因する損害の賠償について、なおざりにすることはできない。過誤の場合はつねに補償されるが、責任問題が先鋭化するの

---

632) Krebs (Fn. 539) Rn. 42 f.
633) Voßkuhle (Fn. 94) S. 547-571.
634) Scherzberg (Fn. 618) S. 380-383.

は、責任法の修正によって引き起こされる。とくに、より厳格な過失基準、責任期間の延長、立証責任の転換、責任の債権者と損害賠償の拡張といった修正によって引き起こされる。⁶³⁵⁾

国家が履行責任（Erfüllungsverantwortung）から後退することで、ますます責任のリスク（Haftungsrisiko）引受けが専門家私人に移行するのなら、この負担のリアクションとして、請求権を持ちうる人の範囲を確定する必要がある。つまり、立法者は第三者の保護を規定した契約制度を内容形成しなければならない。[636] 立法によって、専門家私人に予見可能で予測可能な責任を規定しておくのである。[637]

権限受託の専門家が、とくに有限責任会社や株式会社の場合、鑑定活動を行う専門家選定における「競争」の可能性が高まる。そこで、権限受託の専門家の自己責任へと変更される。被害者は、受託者の自己責任が保証義務（Versicherungspflicht）と結びつけられることで、保障される。[638] 受託者の自己責任は、基本法34条1文の（最低限の）責任保障と結びつけられる。

専門家私人の活動に対する国家の責任は、どこまで及ぶのだろうか。国家はまだ責任の帰属主体たりうるのか、という問題に波及する。ここで、国家の「保障責任」（Gewährleistungsverantwortung）の憲法上の位置づけが問題となる。[639] 専門家私人の国家に対する助言活動について、憲法の規定及び趣旨から、その可能性と限界を探る試みが続けられている。

ここでは、もう馴染みの定式となっているが、専門家私人が国家の任務遂行に関与することについて、国家権力の民主的正当化をどの程度まで満たせばよいのか、という問いが立てられる。「十分な正当化水準」を保障する仕組みが準備されねばならないのである。

---

635) Scholl (Fn. 625) S. 639.
636) Scholl (Fn. 625) S. 640.
637) § 323 Abs. 1 S. 3 HGB, § 62 Abs. 1 S. 3 GenG, § 17 Abs. 2 S. 2 MaBV.
638) §§ 19a, 67 Abs. 2 Nr. 3 BNotO.
639) Voßkuhle (Fn. 499) Rn. 51-53. ここで使われている「保障責任」は、「保障国家」の下位概念と考えられる。

(3) 専門家私人と民主的正当化

この正当化問題について、たとえば問題となるのは、私的な規格団体が定立する技術に関する基準について、その基準を参照するよう、法律が指示することで、その専門知識が受け入れられることである。私人による技術基準の定立が、一定の規範として効力を持つ。これは法治国家原理や民主主義原理に服さない規範となっている。一方で、「静態的な法律の参照」というのは、民主的に正当化された立法者と命令制定者は規範の内容を審査し、そこでの査定を受け取るかどうかを決定することができるため、憲法上の疑義はない。他方で、私的な基準がそのつどアクチュアルな理解を行っている「規範を補完する動態的な参照」では、法定立権限が完全に委譲される場合がありえて、民主主義原理に反するおそれがある。つまり、「規範を具体化する動態的な参照」を憲法が許容するかどうかは、争いになっている。「一般的に承認された技術のルール」、「技術の水準」、「科学技術の水準」といった不確定法概念の具体化については、そのつどの基準が参照されることになり、規範そのものが不確定であり、つねに未定のままとなっているからだ。立法者が対応する大綱的ルールによって規格委員会の均衡のとれた任命、決定発見過程の透明性とあとづけ可能性、公共性の関与を保障していれば、これについては同意することができる、というのが現状なのである[640]。

そこで、むしろ専門家私人の関与する組織としての合議制機関が十分な「事項的・内容的」正当化を持っていない、という問題に視点を転換することになる。この合議制機関は国家の公的な組織の一部であって、少なくとも高権的な決定権限を持つ。たとえば環境監査委員会、青少年に有害なメディアの連邦審査庁の第12委員会などである。この委員会が事項的・内容的正当化を欠いているのは、委員会が通常外部の「指揮」に服さないからで、しかも議会も行政もその決定に影響を持たないからである。

他方で、しばしば「人的」民主的正当化の要件が保たれていないといわれる。団体の（拘束力を持った）提案や一定のグループに属していることに基づい

---

640) Voßkuhle (Fn. 639) Rn. 59.

て大臣が任命した委員会構成員（私人）については、国家機関がもはやその選定や選任に関する唯一の決定者ではなくなっている。したがって、違憲判断を免れるためには、判例によると、委員会の構成と得票の比率によって、民主的に正当化された構成員の多数に反対する決定が成立しないように保障されなければならない。しかし、これでは、グロースの指摘しているような意見の多様性・多元性という側面は失われてしまう。ここでもやはり、民主的正当化の多元型モデルの論者がいうような、「実効性」「参加」「決定の正しさ」などの「受容」による正統化に向けた他の正当化要素が考慮されることとなるのである。

また、決定を枠づけたり、決定に協力する専門家の助言をどのように正当化構想に組みこむことができるのかも問題となる。国家の決定への「事実的な影響力」の可能性がある、というだけでは、民主的正当化の要請は十分には必要とされない。むしろ、専門家の行為が国家にそのつど帰責できなければならない。権限委託（Beleihung）の場合は、それはたやすく肯定できるという。しか

---

641) Jestaedt (Fn. 597) S. 384 ff.
642) BVerfGE 83, 60 (74)；93, 37 (67 f.).
643) 本書第 2 部第 1 章 2 参照。また Vgl. Groß (Fn. 270) S. 20.
644) Voßkuhle (Fn. 639) Rn. 60.
645) Voßkuhle (Fn. 639) Rn. 61.
646) すでに見たように、連邦憲法裁判所の判例では、国家権力の概念は「決定の性質を持つあらゆる職務上の行為」（BVerfGE 83, 60 (73)；93, 37 (68)）とされている。
647) Voßkuhle (Fn. 639) Rn. 61. 権限委託における民主的正当化の確保については、ブレーメン州裁判所の判決（BremStGH, Urteil vom 15.1.2002）がある。私法上の自然人ないし法人に、公法の行為形式の名で委譲された高権的権限を行使することは形式的意味での法律の根拠を要する。民主的正当化、責任そして政府の統制といった諸原則は、法律において予定された専門監督の措置と権限受託者に対する指揮権の措置が、実効的に利用されることで確保される。こうした義務の履行の最低限の要請は、公行政における人的箇所の十分な数を準備することと、議院の責任ある構成員の監督権と指揮権が事項に応じて継続的に行使できる職務者によって選定されることである。NVwZ (2003) S. 81-86. 参照、本書第 3 部第 1 章 1。権限受託者は、私法主体であり続けるが、作用に応じて、限定的に高権的に行為し、その点で間接的国家行政に組み入れられる。それによって行政の担い手、官庁の地位を得る。Vgl. Hartmut Maurer, Allgemeines Verwaltungsrecht (2011) 18. Aufl. 6. Teil. Rn. 56.

し、助言形式が多様で、それを一義的に分類することは不可能になっている。そこで、専門家私人を国家決定に関与させる仕組みとしての「規律構造」が「責任」の観点から組み立てられねばならない。

(4) 専門家の独立性と規律構造

専門家が結局のところ、政府や行政の決定にとって実質的な内容を保障する不可欠の存在になっているのなら、その専門家の位置づけはきわめて慎重でなければならない。まず、専門家の鑑定が「よりよいもの」あるいは「ベスト」であること、つまり、できる限り客観的でかつ最新の研究の成果が反映されたものであることが求められるだろう。そのためには、「客観性」を確保するための手段・手続が安定的に供給される仕組みの下で専門家の鑑定が行われねばならない。すると、専門家は、政治的・経済的・社会的関係性から可能なかぎり「独立」の存在でなければならない。その専門家が果たして「正しい」のかは、反対の見解を持つ専門家鑑定を聞かねばならない。これらの専門家を選定するには、情報開示のうえで公開で行われねばならず、そこには理由が付記される必要もあるだろう。

こうした構想は一般論としては展開しえても、法的な「規律構造」としての構成がなければならない。その際、国家と専門家私人との関係の規律（距離のとり方、専門家の意見の受容のあり方など）に視点を置くことが重要である。

ここでは、フォスクーレの提示している専門家の「規律構造」を検討してみよう。[648]彼は8つの規律項目を示している。

① 立法者の規律責任

国家の事前及び事後の「正当化責任」[649]から、またそれに伴う「国家の構造創設義務」から、立法者の憲法上の義務として、内容上の決定権掌握の欠如を適切に埋め合わせることが求められる。

---

648) フォスクーレによる専門家の規律については、赤坂正浩「憲法の規範力と国家活動に対する専門家の助言」ドイツ憲法判例研究会編・前掲注225、171-194頁が詳しく分析・検討をしている。

649) Trute (Fn. 307) S. 34.

②私人による専門家の助言の補足

望まれる助言が国家の内部で十分ではない場合、私人の専門家を動員しなければならない。行政手続法26条1項は専門家関与の必要性を規定する。

③助言者の選定と委員会の構成

専門家の専門的能力、非党派性、信頼を保障する規律枠組みをつくる。立法者は、職務上の承認(650)、公的選任・宣誓(651)の手続を制定する。私的選任は、

---

650) 自動車専門家法1条 原動機付き車両の専門家または検査員としての職務上の承認
(1)原動機付き車両の職務上承認された専門家の任務または原動機付き車両の職務上承認された検査員の任務を遂行する者は、当該法律による承認を必要とする。
(2)この承認は部分的な権限に限定することができる。部分的な権限を持つ専門家としての承認は、次の鑑定書を作成できない。
1．自動車または自動車の部品の一般的な稼働許可の付与
2．初めて流通する自動車に関する鑑定書での自動車個々の稼動許可の付与
3．許可されたタイプに属さない自動車部品の稼動許可の付与
部分的な権限を持つ検査員としての承認が認められるのは、原動機付き車両及びそのトレーラーの職務上予定された技術に関する監視内での探究の場合だけである。

651) 専門家の公的な選任
(1)鉱業、遠洋漁業、近海漁業ならびに造園業と酒醸造業を含む農業、林業を含む経済の分野での専門家として活動する者、またはこれから活動しようとする者は、各ラント政府によって決定されたか、特定の専門分野についてラント法上権限ある箇所による提案に基づいて、公的に選任されなければならないのは、この専門分野について専門知識が必要とされていて、その者が特別な専門知識を証明し、その適性能力に対してなんら疑義がない場合である。この者は、鑑定任務を、独立に、指揮から自由に、個人的に、良心に基づいて、非党派的に行い、その鑑定は適切に行われることを宣誓しなければならない。公的な選任は内容上、限定され、期限付きで行われて条件がつけられることとなる。
(2)第1項が公的な選任と特別に適切な者の宣誓に当てはまるのは、経済分野で
1．特定の事実、とくに性質、量、重さあるいは正しい商品の梱包が査定されるか、または
2．特定の活動の秩序に適した遂行が審査される。
(3)各ラント政府は、規則を通じて、第1項及び第2項の執行のために必要な規定を、選任の要件ならびに公的に選任され宣誓義務ある専門家の活動における権限と義務について公布することができる。とくに
1．年齢要件、選任の開始及び修了を含む個人的な要件
2．選任要件を含む専門領域

私法契約である。専門家の選定には、反対の専門家に委託すること、決定に関係のない者、イデオロギーや経済的要素による判断への影響をできるかぎり小さくすることが求められる（§25 Abs.5, S.5 AMG）。立法者は、専門家委員に委託する場合に、こうした条件にかなっているかを厳格に審査する権限を持つ。個人や特定の集団が、専門家として委員会に受け入れることを要求しても拒否しなければならない。たとえば、連邦憲法裁判所は、いわゆる「ワイン産業賦課金決定」[652]で次のように述べる。

「行政委員会の構成は、事項に適した利益衡量を達成し、基金の活動を広い範囲で行うために、ワイン産業の可能なかぎりすべての関連するグループとワイン産業に近接する組織（消費者、銀行等）に共同発言権（Mitspracherecht）を与えるという支持できる考えに基づいている。そのような利益衡量は、生産者側に与えられた票の重みにも原則的にありうると思われる。ワイン産業の個別グループ（すなわち生産者と販売業者）との間に発生する利益対立は原則的なものではない。すべてのグループ、とくにワイン生産者とワイン販売業者（出発手続の出訴人の申立によれば、ドイツのブドウの収穫のおよそ45％がワイン販売業を通じて販売される）はかなりの程度、互いに必要としている。したがって、すべてのグループが、原則的に共通して興味を持っ

　3．活動の際の専門家の義務の範囲、とくにその上限
　a）独立、指揮から自由、個人的、良心に基づく非党派的な行使
　b）義務的労働保険の締結と責任の範囲
　c）継続養成と経験の交換
　d）鑑定書作成の際の最低限の要請の維持
　e）第1項で挙げられた鑑定活動の行使に使用されるあらゆる営業所の権限ある官庁への届出
　f）個々の営業経過と委託者に関する情報の記録とその際の本職の専門家の地位も規律する。
(4)ラント政府が第3項や第155条3項の授権を使わないかぎりで、公的な選任と専門家の宣誓義務に権限を持つ公法上の社団は、法令によって第3項に挙げられた規則を公布することができる。
(5)第1項から4項は、公的選任や人の宣誓に関する連邦のその他の規定が存在するか、公的選任や人の宣誓に関するラントの規定が、遠洋漁業と近海漁業、造園業と酒醸造業を含む農業と林業そして土地測量の領域で、存在または公布されているかぎりで適用除外となる。

652) BVerfGE 37, 1.

ているのは、ワイン産業法の目的が達成されること、すなわち、ワインの品質とワインの売行きが促進され、ワイン市場が安定することである。なぜなら、この目的は1つのグループ（ブドウ栽培兼ワイン醸造業者（Winzer））だけでなく、その他のグループにも、とくにワイン販売業者の利益になるからである。ワイン産業内部のそれぞれの任務を遂行し、基金の機関に与えられねばならないそれぞれの国民経済の重要性と社会的重要性を持つ個別のグループにどのような影響があるのかという問題を決定する際に、立法者は広汎な判断の自由、決定の自由を有する（BVerfGE 10, 89 [107]）。さらに、包括的な国家の影響力がある。行政委員会の最重要の一般的な規律（指針、営業令、定款、産業計画）は、食糧、農業そして山林に関する連邦大臣の許可を必要とする（§ 13 Abs. 5 Satz 3 und Abs. 6；§ 14 Satz 2；§ 16 Abs. 6 Satz 2）。さらに、連邦大臣は15条1項2文にしたがって、公共の福祉に介入する場合は、安定基金の措置を終結することができる。それゆえ、連邦大臣は広汎な監督権を持つ。したがって、総じて、ワイン販売業者は自己の特殊利益の主張には、行政委員会において、生産者の段階に与えられた票の重みを通じて、そして法的監督への監督の限定によって事実に反するやり方で損なわれて、利益が配分されないという考えが見られる。とくに販売業界からの主張によって、安定基金における利益衡量が十分なやり方で実現されることが繰り返し確認されている。」（BVerfGE 37, 1 (26)）

④助言の透明性と公開性

通常、鑑定の委託、専門家の聴聞、助言委員会の設置に公開性の義務はない。これは憲法上の法治国家・民主主義の要請に反する可能性がある。私的専門家を引っ張り出して、国家の責任を揮発化させてはならないのだ。助言制度の政治過程や決定手続への影響に関して、議会や市民の観点から評価・統制されるべきである。（ただし、合議制機関の会議の非公開は議論の客観化に役立つので、必ずしも公開性は義務づけるべきではない）

⑤助言手続

専門家の助言が単純な正当化調達へと退化することが問題となっている。意見の偏りを防ぐために（Befangenheitsregelung）、理由付記の義務、手続参加に質問権を付与する、反対意見を組みこむ、委員会に定足数をつける、座長の選任、表決方法の確保が必要である。

⑥助言関係の法的な取扱い

助言関係における権利義務も法的な取扱いを必要とする。たとえば謝礼、

補助人の関与、資料整理義務、守秘義務、品質保持義務、影響を与える可能性ある補助金の受領の禁止、不適切な履行の保障要求などである。

⑦保障監督

私的専門家が独立して行政任務を担当すると、国家による統制が失われる危険がある。しかしこの危険を相対化しようとすると、そもそも独立した専門家に委託している目的に矛盾する。このジレンマは、私人が国家行政組織に受託者として組み込まれず、したがって国家監督に服さないときに、ことさら露呈する。これまで、「国家監督」と「経済監督」というダブル監督だったが、「保障監督」という第三のカテゴリーをおく。それは、いわゆる「立会審査（Witness Audit）」といって、専門家がその鑑定に際して監督員が付き添うことや、ダブル鑑定を通じて私的専門家との相互統制を行うこと、または同業者評価（Peer Review）の枠組みで、内部の品質統制を行うものである。

⑧責任と権利保護

責任（Haftung）の問題として、第1に「いかなる条件のもとで、国家は欠缺ある鑑定人の選定、不完全な専門家鑑定の誤った評価、あるいは鑑定人私人の逸脱行為に対して責任法上の責任を負わねばならないのか」を問わねばならず、次に「たとえば保障責任（Garantiehaftung）の導入、責任期間の延長、立証責任の転換、あるいは責任負担者の数の拡張といった私法上の責任制度が専門家のために変更されねばならないのか」が議論されねばならない。

以上のフォスクーレによって挙げられた8点の規律項目は、これまで見てきた「民主的正当化モデル」の観点から再構成すれば、体系的に整理でき、問題点が明らかになる。

---

653) たとえば、民事訴訟法407a条2項によると「専門家は、他者に任務を委譲する権限を持たない。専門家が他の者と協働するかぎりで、副次的な意味の補助業務ではない場合、専門家はその者の名前をあげてその活動の範囲を届出なければならない。」
654) Scholl (Fn. 625) S. 550 ff.
655) Voßkuhle (Fn. 94) S. 563.

まず、「①立法者の規律責任」は、正当化責任に由来するものであって、全体的な構造規律の任務を立法者に課している。それによって、規律されていくのが以下の規律項目となる。「②私人による専門家の助言の補足」とは、国家が本来行うべき情報収集・整理が十分でない場合に、専門家私人の動員を求めるもので、国家の履行不足を補う。以下に、動員される専門家私人の選任方法や、専門家私人の位置づけを規律する項目が挙げられている。「③助言者の選定と委員会の構成」は、「人的・組織的」な民主的正当化の点で規律される。「④助言の透明性と公開性」が、「事項的・内容的」な民主的正当化によって規律されており、さらに議会や市民の評価・統制という点で、部分的に「受容」による正統化の点が含まれている。「⑤助言手続」において、行政決定に対して、適正な内容確保のための手続整備が求められていて、それが立法者に課せられている点で、規律構造のための「正当化責任」または「構造創設義務」によって規律される。「⑥助言関係の法的な取扱い」は、専門化私人の法的地位について、とりわけ義務または職務上課される一定の制約について規律する。「⑦保障監督」は、国家の保障責任（Verantwortung）に由来し、他方、「⑧責任と権利保護」は、責任法上の国家の責任（Haftung）について規律する。

このように見ると、本書が求める民主的正当化の「多元型モデル」に相応した規律項目が挙げられているように思われるが、この規律項目の問題点は、より具体的にいかに適用されるべきか、という点にある。たとえば、専門家委員会に独立性を認めつつも、その「人的正当化」をどのように確保するのか、という問題や、専門家の助言を、国家決定においてどのように取扱い、その決定の責任に専門家私人がどのような関係にありうるのか、あるいはあるべきなのか、について個別事案において考えねばならない。[656]

---

[656] 立法者は、民主主義原理に基づいて、執行権に最終決定責任を与えているために、官庁は実質上、民主的正当化の欠けている専門家私人に「決定」をゆだねることは許されない。したがって官庁の側は、つねに、そのつどの鑑定手続の産物にたいして内容的な責任を負うことになる。「欠缺ある、主観的、または恣意的な鑑定」を積極的に制御するために、官庁は、適法な行政行為の義務づけに基づいて、必要ならば事後的に制御しなければならない。Scholl (Fn. 625) S. 165.

もっとも、ここではさらに、本書で構想する「憲法理論」の観点から注意しておきたい点がある。それは、たんに独立機関の統制という行政組織上の問題領域にとどめず、統治機構全体との関係で、「独立性」の統制を考えておきたい、ということである。本書ではすでに、「全体政治への再統合」という示唆を獲得してきた。この観点を入れることが、憲法理論としての考察に寄与する。

　独立機関は、その独立性ゆえに、政府の統制から離れてしまうという性質を持つが、「全体政治への再統合」という構想によって、この機関の統制をはからねばならないはずである。したがって、この観点を、以上のフォスクーレの図式に介在させることが必要である。全体政治への再統合は、事前の影響力確保と事後の統制を求める。そして、政治に「再統合」させるために、国（政府）の責任の役割・所在を明確化させることが求められるのである。

　もちろん、事前の影響力確保も事後の統制も、それぞれが強すぎれば、「独立性」の意味を奪ってしまう。したがって、人的・組織的正当化に基づく委員会の構成を「事前」に公正・中立に規律することが最も重要になる。選ばれた専門家によって行われた「事後」の統制としては、財政的規律や法監督があるが、さらに、国家の責任負担についても規律することが求められるべきだろう。ただ、これらは各個別事案ごとにその機関のあるべき性質上、具体的な規律方法は変わってくることになる。

第3章

改めて民主的正当化論から

1　正当化論とガバナンス

(1)　ガバナンス構想の難しさ

　すでに指摘しているとおり、「規律構造」によって「ガバナンス」構想を法学にとり込もうとする議論は、国家性の平準化をもたらす。このことは、いわば行政の効率性や負担軽減を実現するために必然的な結果かもしれない。しかし、国家性の相対化とは、国家の権力性を隠すことである。ガバナンス構想において国家は撤退しない、とされる。そこで、「国家に高権的権能が残される」という認識をもちつづけることは、国家の地位が平準化されがちなガバナンス構想だからこそ、一層強い意味を持ってくる。

　「ガバナンス」や「保障国家」といった観念は、「国家そのものの弁証を不要とする概念」であって、国家は公私間の協働における公共善実現の枠組を準備し、その最終責任を負うにすぎない[657]。するといよいよ、公共善を実現する主体の憲法上の地位を明らかにするために、民主的正当化だけではなく、個人の人権・権利保障を意味する「個人の正当化」を問う正当化問題に応えなければならなくなる[658]。このテーマについては、近年論争を喚起するような議論がなされている[659]。

---

[657]　三宅・前掲注136、49頁。
[658]　民主主義と基本権の関係を、「集団の正当化」と「個人の正当化」として主題化する議論として参照、Möllers (Fn. 76) S. 56 f.
[659]　Claudio Franzius, Horizontalisierung als Governance-Struktur, in : Botzem, u.a.

第 3 部　組織・構造

「集団の正当化モデルが、個人の自己決定の機会のために席を譲るような超国家的な法のネットワーク構造が、民主化の代わりに現れているかどうかを問うことができる。今日すでに明らかになっているのは、団体の調整（私的ガバナンス）の正当化が、一定程度の個人の参加権からの方が、代表制原理よりも調達しやすい」。

ガバナンスの（民主的）正当化を調達するために、私的アクターが規律構造の内部で一層活躍する。EU などの超国家的文脈ではなおさらである。

「憲法規範の効力は、水平的関係では、かならずしもいつも個人の私的自治を対置できるわけではない。政治的責任を投影できるものが中心となる頂点にはなく、法が国民国家の包囲から解放されると、私人の自由が国家化するという批判も当てはまらなくなる。ネットワーク経済において、法と政治は脱カップリング化され、公的アクターと私的アクターの協調の必要性が規律ネットワークによって高まる」。

すると、ネットワーク内部の各私的アクターの水平的関係において、基本権の直接効力を認める必要が出てくるという。このとき保障されるべき基本権は、政治的共同体の正当化規範としての基本権とは区別される。この議論は、基本権の私法領域への効力の拡張を議論することになる。もっとも、この場合は、ネットワークが国内問題にとどまるのか、あるいは「超国家的文脈」で語るのかでは、意味が異なる。基本権の効力が、国内の私的アクター間で直接的に及ぼしあうという基本権の射程の問題と、超国家的文脈で、私的アクターだけでなく、準国家的機関や他国の機関などのさまざまなアクターとの間で基本権の及ぶ範囲を問題にするのでは、議論の仕方がちがってくるはずだからだ。また、高権的権能を行使する私的アクターについて、従来の、基本権の私人間効力の問題と同様に考えてよいかについても、即断してはならないだろう。もとより本書では、国内的問題に議論を限定しているので、この問題に深入りはしない。

いずれにしても、憲法上の観点はいまだ解決されていないばかりか、ますます複雑な方向に議論が進みつつあることはたしかだ。

ガバナンス構想が公法上許容されるためには、規律構造における諸アクター

　(Hrsg.) (Fn. 9) S. 645 f. この主題は、EU の超国家的ガバナンスの文脈ではあるが、ガバナンス構想一般の問題点の指摘として通用しうる。

の法的関係性を調整する原理を導く必要があり、そのために調整役として国家に役割を画定すること、ガバナンスの方法論上の課題、民主的正当化論の再構成を引き続き、個別事案ごとに検討していかねば、その適切な評価を下すことはできない。そしてこれらの条件が整ったとしても、規律構造のなかでアクターとして活動する私人の基本権をどのように扱うべきかの問題が残る[660]。現実として対応する理論枠組みをつくりながら、公法上の諸原理を大事にするという緊張関係のなかに、ガバナンス構想＝規律構造の議論がある。

この課題に対応する「憲法理論」を構想するには、すでにこれまで見てきたことを発展させて、民主的正当化の議論の再構成と国家の保障責任という柱をたしかなものとしなければならない。

(2) ガバナンス構想における民主的正当化

さて、「規律構造」における民主的正当化についてとくに問題だと思われることがある。「規律構造」は行政と私人の協働の制度化が前提となっている。しかし、たとえば私人による規範定立が認められる「ガバナンス」であれば、法律による規範定立が私人によって簒奪される危険性があること、（ガバナンスにのみ特有の問題ではないものの）専門化による知の分散によって、専門家による規範定立にいたることが、民主的正当化の密度を下げることになりはしないか、という問題が考えられる[661]。

ガバナンスがヒエラルヒーに基づく民主的正当化の手法を使わず、そのうえ、ヒエラルヒッシュな民主的正当化の連鎖の過程を阻害するのであれば、なおさらガバナンスには、民主主義原理に基づく正当化論が必要となる[662]。私的主体によって公共的任務が遂行されるガバナンスにおいて、私人による任務遂行を無制限に認めるならば、結果的に国や公共団体が、民主主義原理の拘束から免れることになってしまう。そこで、このような私人による任務遂行につい[663]

---

660) Franzius (Fn. 146) S. 211 f.
661) 同趣旨の指摘として、高橋・前掲注101、108頁。
662) Franzius (Fn. 146) S. 214.
663) 山本隆司「公私協働の法構造」碓井・水野・小早川・中里編・前掲注223、556頁。

て、民主的正当化の要請が必要になると考えられる。

　正当化問題はこの場合、「インプット正当化」という従来型の民主主義に、いかなる変形が認められるのか、という問題となる。ガバナンス構想には、「アウトプット」を重視する傾向がある。しかも、ドイツの場合は、EUの民主化の動向から影響を受けるので、ますます「アウトプット志向」の強さが際立っている。

> 「EUでは、民主的インプット正当化という『真正』な民主的正当化の構造を作り出そうとしているが……、他方でドイツでは……内容的・人的正当化の不断の『連鎖』というモデルを越えた正当化の諸要素に反対する解釈論がたてられている。しかし、この防壁としての主張は、もはや原理的には克服できないと思われている。」[664]

　たとえばホフマン＝リームは次のように述べる。

> 「合法性（Legalität）は、たしかに、規範による正当化の最低条件（必要条件）である。しかし、法におかれた多くの行為の余地を考えれば、多様な作用次元と諸主体を持つ複雑な制御調整のなかでの実質的な正当化要素としては、合法性は十分ではない。とくに、民主的に正当化された立法者の行為を、法的に承認された責任連関の直接的な追認によって裏づけようとしても、それは必ずしも常にうまくいくわけでもないし、十分でもない」[665]。

　民主的正当化は、法律によって形式的に行われるだけでは十分でなく、さらに、それを補完するために、たとえば「透明性」、「インプットの適正（利益衡量、関係人の参加）」、「手続的正義」、「機会の平等」、「予期の安定性」、「アウトプットの適正（結果の適正、品質保障、影響力の立証）」、「成果の統制（モニタリング）」などの諸要素が考慮されなければならない、というのである。[666]

　結局、正当化の構成要素は、インプットだけでなく、以上のアウトプットやアウトカムといった多様な諸要素を承認せざるをえなくなる。[667] この観念は、法

---

664)　Franzius (Fn. 146) S. 214.
665)　Hoffmann-Riem (Fn. 105) S. 106.; ders., Gesetzesvorbehalt (Fn. 102) S. 66 f.
666)　Hoffmann-Riem (Fn. 105) S. 106 f.; ders., Gesetzesvorbehalt (Fn. 102) S. 66 f.
667)　こうした実質的な正当化要素を考慮することに対して懐疑的なのは、Jestaedt (Fn. 244) S. 649 ff.

律構成としては、近年の判例と学説によって展開されている「正当化の水準」の構想に基づいて展開されることとなる。つまり、民主的正当化の水準という観念が、実体法、組織法、手続法の各局面で結びつき、それらの法規範プログラムが、ヒエラルヒッシュな民主的正当化の不足を補充する。

　このように、民主的正当化を、アウトプットといった実質的な要素から補充しようとする傾向のうえに、ガバナンスに参与する主体の民主的正当化が構想される。もともと国家に任務遂行の責任が課されている領域に、私的主体が参与する場合、その私的主体は高権的な権力行使を行うか、あるいはそれに相当の影響を及ぼす行為を行う。そのようなガバナンスにおいては、本来国家が行うべき領域から派生的に「正当化責任」が私的主体に課されることになる、と考えられている。

　こうした問題意識を共有するなかで、民主主義原理の解釈論として、たとえばメラースは次のように考える。

「〔論争的な民主主義原理の解釈のなかで〕その解決のカギは、正当化水準の理論を次のように正しく理解することにあるだろう。つまり、基本法20条2項1文は何ら純粋な組織法規範を示さずに、はじめから多様な実体法、手続法、組織法の内容を相互にむすびつけている、という理解である。……正当化にとって決定的に重要なのは、立法府と政府が、行政の決定に影響を与えられることであって、それは立法者が、いかなる規律の次元を使うのか、ということと関係がない。だからといって、正当化水準の議論が、方法論上問題ない、ということにはならない。なぜなら、正当化にふさわしい実体的規律を決定することは、個別の事例においては、指揮命令を参照するよりもずっと難しいだろうからだ。」「もっとも、独立した組織法の規律内容を持った規則があれば別である。……もし、たとえば基本法87e条3項3文2が、連邦の鉄道企業のインフラストラクチャーの分担への持分の過半数を維持しなければならない、と連邦に義務づけていれば、この連邦の義務は他のインフラストラクチャーの企業の実質的義務によっては補われない。」

行政作用の実効性や成果といった、法律の規定以上の実質的な要素を、「正

---

668)　この考え方の早い時期の代表的学説として、Schmidt-Aßmann, (Fn. 227) S. 366 f.
669)　Trute (Fn. 289) Rn. 91.
670)　Möllers (Fn. 523) S. 489 (510).

当化」の補充的要素として認めていくことには、議会と政府の決定が行政に与える影響力を重視するかぎりで首肯できる。それは、法律によって十分には規律できない行政分野に対する実質的な「民主的正当化」になるからだ。他方で、「正当化基準」として、いかなる場合に実質的な正当化要素を認めることができるのか、あるいは、認めてはならないのかは、方法の問題として、課題は残されたままである。

ただ、この「正当化基準」としての法外の実質的要素については、これまでの検討に一定のヒントが隠されていることがわかる。まず、連邦憲法裁判所の「95年判決」から引き出されたヒントで、「執行権を行使することが少なくなればなるほど、個々の決定を国民主権にまで戻すことへの要請はますます小さくなり、他方で、介入行政という古典的な行政任務を引き受ければ受けるほど、事項的・内容的正当化に関する民主主義原理の要請は高められる」という趣旨である。このヒントを利用して、連邦憲法裁判所は2002年に判例を変更し、民主主義原理の「開放性」を謳ったわけである。要は、正当化の対象次第で、正当化の手法（内容的正当化と人的正当化）のそれぞれの密度を上げ下げする、ということだ。そして、この考え方は、近年の判決でも明示された[671]。このとき必要なのは、「全体政治への再統合」（トゥルーテ）である。「再統合」ができなければ、民主主義による統制は実現できないからだ。そこで、法外的な正統化の実質要素は、「再統合」を可能にする「民主主義原理の開放」がありうる場合に、あるいは、その正統化が「再統合」を補助する役割を持つ場合に、認めることができる、と考えられるだろう。

2 責任問題としてのガバナンス構想

(1) 責任の引受け

国家だけでなく、私人も公共的任務を担う規律構造の場合、責任の問題は、2つの異なる次元で現れる。まず、私人が公共的任務を行う場合、その公共的

---

[671] BVerfGE 130, 76. 本書第3部第1章6。

任務が確実に遂行されるための国の責務(Verantwortung)である。いわば公私協働における国家の役割であって、これが「保障責任」論として議論されている。他方、私人が公共的任務を遂行したか、遂行の過程に参加した結果、第三者私人に損害が発生した場合の、国または公共団体の責任(Haftung)である。ガバナンスの構造内部における主体間の責任分担の組み立てが求められる。

　国家が負うべき保障の「責任」は、手続、組織、行政救済制度のそれぞれの局面に分けて考えられる。手続法及び組織法においては、法律に基づく規律が前提となり、個別事案における立法政策の問題となる。これに対して行政救済法上の責任は、現行の行政争訟及び国家補償制度のなかで、いかなる責任分担が想定されるべきか、を考察しなければならない。保障責任を課された国家には、当然に救済法上の責任も負うべきだと考えるべきであるが、訴訟論として、それがどのように構成されるべきかは課題が残されている。

　行政組織による私的アクターに対する「指揮」「監督」という観点から見た場合、「指揮」「監督」が私的アクターの行為についてなされるならば、行政組織外部への侵害行為となり、過度の介入の禁止、法律の留保の原則、そして私的主体の出訴権を認めうる。協働行為における私人の行為は、公共的任務に関わるといえども、基本権を保有する主体として、活動している。この点で、公私協働における国家と私人との関係は、法的に完全な対等関係とはなりえない。民営化された私的アクターは、行政組織法に服するのではなく、私法上の規律に服することになり、公行政が作用するのは、私法領域で活動する私的アクターの監督において、ということになる。たとえば私的アクターの行政による監督権限の限界は、航空管制の高権的事務の民間委託について見たように、任務を遂行する組織の民間委託には厳格な要件を立てておかねばならな

---

672) Vgl. Schmidt-Aßmann (Fn. 229) III. Kap., Rn. 114.
673) 山本隆司「『民による行政』の法的統制」ジュリ1389号(2009年)88頁以下は、「民による行政」の際に地方公共団体の組織にとって最も重要なのが、「当該活動を行うのに必要な技術および情報を失わず、むしろ維持ないし向上させること」として、「さもなければ、民間の主体に対する監視が実効的にできない」と指摘する。そのために、専門的知見・情報を相互に交換して研修する場を設け、または両者が相互に学習を行うことが必要だとする。

第3部　組織・構造

い。

　国が指揮権・監督権を保持する場合は、責任をどのように考えるべきだろうか。とりわけガバナンスのもたらす第三者私人の権利救済をどのように考えるべきかが問題である。

　この点につき、ドイツ公法の実務上、議論の巻き起こったのが、電気通信法における負担料による規制（Entgeltregulierung）の決定についての問題である。同法132条以下の決定手続に従って行われる規制は、行政手続があることを理由にして、裁判の統制密度を引き下げることになる。これは、決定委員会の組織とその手続の特殊性に由来しているという[674]。この特殊性は、当該委員会の決定につき、裁判所に対する再審査請求を認めている。さらに当該決定は、決定委員会を設置する連邦ネット庁の上級行政庁である連邦経済技術省によっては、法的に取り消されることがなく、同法117条の公開性義務があることを理由として、決定委員会は上級庁からの指揮監督から自由な位置にある。これらの行政手続上の特殊性から、行政訴訟の統制密度はかなり限定的に捉えられている[675]。

　このように、ガバナンスにおける裁判所による権利救済制度は、手続法と組織法の規定との関係のなかで、条件づけられることになる。

(2)　国家の構造創設義務

　すると、私的アクターとの国家の協働を法的に規律する仕組みは、一般論としては具体的なルールを設定できるわけではなく、個別的に考えることになる。それでも、国家に、規律構造を設定する義務を課すという原則を、憲法上の要請から打ち立てることはできるかもしれない。

　たとえば、ブルギは、憲法の要請として、民主的正当化と法治国家の手続要請に適合するように、責任構造を変更していくことが必要だと考え、そこに国

---

674)　Möllers (Fn. 523) S. 507.
675)　Möllers (Fn. 523) S. 508. これは、立法によって（同法10条）、連邦行政庁の判断が尊重されるべきとされているからであり、行政手続は、裁判の統制密度を限定することを意味する。

第 3 章　改めて民主的正当化論から

家が中心的で重要なはたらきをする、と考える[676]。そして、私人が国家の決定に関与する場合には、国家に対する法的拘束を私人の決定関与にも拡張するのである。

　まずは、国家固有の決定という通常の場合に要請されるものと変わりないものではなく、むしろ特別な構造を創設することが必要とされる。私人による決定の場合には、根拠づけを必要とするという法効果があると考えねばならない。そして、官庁ヒエラルヒーの外部にある統一体の活動に目を向けて、国家の組織や手続ではなく、その形式的な構造を問題としなければならない、という[677]。

　たとえば、環境審査（Öko-Audit）のように、「社会の自己制御」の場合には、国家が私人による準備措置に介入せず、むしろ私人の固有の活動を尊重しながら、官庁による干渉は私人が不履行や不十分な履行の場合に行うにとどめるのである。

　私人による準備については、単純法は通常、適用されない。たとえば行政手続法 1 条 1 項は、もっぱら「官庁」という行政の活動に、すなわち国家の監督や地方の監督などの特別法や組織法で規定された統制の措置に向けられている[678]。それでも、部分的な領域での中立性や客観性の要請に関しては、行政手続法の直接適用はありうる。たとえば、行政手続法20条 1 項、21条 1 項によると[679]、

---

676) Marti Burgi, Privat vorbereitete Verwatungsentscheidungen und staatliche Strukturschaffungspflicht, Die Verwaltung 33 (2000) S. 183-206.
677) Burgi (Fn. 676) S. 202.
678) 行政手続法 1 条 1 項「この法律は、下記の官庁の公法上の行政活動に妥当する。1．連邦、連邦直属の社団、営造物、公法上の法人
　2．各ラント、市町村、市町村団体、連邦の委託において連邦法を執行するその他のラントの監督に服する公法上の法人」
679) 行政手続法20条 1 項「行政手続においては官庁のために活動することが許されないのは 1．関与者自身、2．関与者の親族、3．法律または委任一般に基づく関与者又は当該行政手続における関与者の利害関係者、4．当該手続における関与者と利害関係を有する人の親族、5．関与者において報酬を受けて働いている者、または取締役、監査役もしくは同種の機関の構成員として関与者において活動している者；関与者の雇用団体にはこれは当てはまらない。6．関与者の職務上の特性のほかに、当該案件において↗

251

同法9条の意味での行政手続に「官庁のために」活動する者の行為が該当するのは、同法26条1項2の意味での私的な「専門家」が活動する場合である。すると、専門家ではなかったり、行政手続に含まれない「専門家」私人の活動が、たとえ実質的に決定の前段階での準備に関与していても、捉えることはできないことになる。憲法も、もちろん、決定の準備を行う私人には直接名宛とすることはない。したがって、民主主義原理も法治国家原理も、私人の手続適正・組織の拘束性という直接的な淵源とみなすことはできないのである。

他方で、その私人が私法上組織された独立した行政体として国家に帰責されず、基本法19条3項の基本権享有主体とみなされるのであれば、私人は基本法12条1項、場合によっては基本法5条3項の基本権保護を享受することから出発して考えることができる。

> 「しかし、基本権享有の場合に、いよいよ国家が憲法上の正当化を必要としているとしても、国家は『内輪の』決定準備の際の手続適正・組織上の要請を私人に拡張するだろう。さらに問わねばならないのは、国家が憲法上、形式的な公共善の実現の一定の基準を保障するように義務づけられることができるのかどうかである。」

　＼鑑定意見を行ったか、もしくはその他の活動が行われた者。」
　　行政手続法21条1項「中立的な職務行使に対する疑念を正当化する適切な理由があるか、もしくは当該理由の前提が関与者によって主張される場合は、行政手続において官庁のために活動しなければならない者は、官庁の主任に、もしくはその代理人の主任に知らされ、彼らの命令に基づいて共働をやめなければならない。非中立性の懸念が官庁の主任にある場合は、官庁の主任が自身で共働をやめないかぎり、この命令は監督官庁が行う。」
680)　行政手続法9条「当該法律の意味での行政手続は、外部への影響を持つ官庁の活動、事実の審査、行政行為の準備及び発令、又は公法上の契約の締結に向けられている。これは、行政行為又は公法上の契約締結を含む。」
681)　行政手続法26条1項2「官庁は、義務上の裁量に従って事実の調査のために必要となる立証方法を使う。官庁はとくに1．あらゆる種類のアンケートを求めること、2．関与者を聴聞し、証人及び専門家を聴取し、又は関与者、専門家及び証人の文書若しくは電子的な表現物を求めることができる。」
682)　Burgi (Fn. 676) S. 192-193.
683)　Burgi (Fn. 676) S. 193.

第 3 章　改めて民主的正当化論から

　今や法には、責任分担や民営化に応じた必要な公共の福祉の確保の準備が求められる[684]。つまり、行政補助者も自己規制の担い手も結局、上記の行政手続法に拘束されず、原則的に「官庁」を名宛とした手続規範にも服さないので、国家は、私人との協働の場面について、法律のレベルや行政規制のレベルでの機能的等価物を創設しなければならない[685]。この「構造創設義務」の法制度と結びついているのは2つある。1つは、国家の決定責任の場合にある手続に関する要請を1つ1つ引き写すことではなく、必要とされる特別な構造を創設することである。もう1つは、巻き込まれる国家の領域での手続だけではなく、国家外部の活動主体に目を向けた構造を問題とする。

　たとえば、行政補助の場合には、直接に国家任務に関する活動を行うが、構造創設義務は憲法上の根拠があるとされている。なぜなら、職務者が変わらずに行う決定は、憲法上重要な「最終生産物」として正当化の事前作用をもたらすからである[686]。

　結局、「国家の決定準備を委託された私人が、憲法上、直接に拘束されることはない。しかし、行政手続と組織法の法律上の規定を類推適用する要求もない。むしろ、憲法から、私人の決定準備に対する国家の行為の正当化根拠を形成する構造創設義務を取り出すことができる[687]。」

　ブルギの「構造創設義務」は、公共的任務に関わる私人の規律は、憲法では直接的には要請されないが、立法者に対して、既存の行政手続や組織法の規定ではなく、改めて私人の行為に対する正当化根拠を国家が規律しなければならない、というわけだ。ただ、これではまだ、規律構造の構想が具体的ではない。

---

684)　ここでは再び、連邦憲法裁判所の判例が想起されねばならない。BVerfGE 131, 130. 本書第3部第2章5．かの有名な薬局判決で提示された定式を、繰り返し使い、職業の自由の基本権と、公勤務法との比例的な調整をはかっている。

685)　Martin Burgi, Die Funktion des Verfahrensrechts in privatisierten Bereichen, in: Hoffmann-Riem / Schmidt-Aßmann (Hrsg.), Verwaltungsverfahren und Verwaltungsverfahrensgesetz (2002) S. 179.

686)　Burgi (Fn. 685) S. 180.

687)　Burgi (Fn. 676) S. 206.

他方、トゥルーテは「派生的正当化責任」を国家に課している。トゥルーテの「派生的正当化責任」とは、私人の活動が国家の決定に関与する場合に、立法者が私人に権限付与を行うことである。

> 「国家の正当化責任の構想は、正当化の事前及び事後の影響によって私的アクターの地位をその機能に適合し特定の拘束を課すことに向けられている。このようにして欠損している国家の内容的な決定掌握を補完するのである。[688]」

　本来国家が行うべき任務を私人に手助けしてもらって、それを補完する、という考え方に基づく構想である。したがって、国家には、私人に権限を与えるための「正当化責任」があるし、それならば、最終的に、私人の行為の結果についても国家が責任を負うという論理につながるだろう。これは責任の連鎖を確保する仕組みだといえる。

　この「構造創設義務」と「派生的正当化責任」の2つの構想は、ともに、憲法上、国家が行うべき任務を私人が行うには、それを国家が正当化する責任を負っている、と考える。「構造創設義務」の場合は、現行法上では、私人は行政手続法に拘束されないので、国家は新たに法律や行政規則によって行政手続の機能的等価を創設しなければならない、と考えるために、国家がその準備を行う「構造創設義務」を負うというわけだ。「波及的正当化責任」は同じことを「正当化」の観点から捉え直して、その論拠を明確化した。

　結局、ガバナンス構想における「責任」は、公共的任務を確保するために、国家が「保障責任」を負うだけでなく、私人が適正に行うように手続化する「正当化責任」も負っているのである。

---

688) Trute (Fn. 297) S. 290.

結

民主的正当化に基づく憲法理論

1　まとめ

　今日のドイツでは、「統治能力の危機」を前にした「スリム国家」を目指すのではもはやなく、その「経済化」する要素を残しつつも、国家が調整役あるいは責任保持者として一定の重要な役割を担う「活性化国家」を目指している。

　このことについて、もちろん、「スリム国家」や「活性化国家」のモデルをとるべきでない、という「評価」を行う選択もありうるが、むしろここでは、「活性化国家」のなかで、「多元化する行政」を認識したうえで、それを法的にいかに構成すべきなのか、を問題としてきた。

　そこで、「民主的正当化論」に視座を据えることで、「多元的行政」を捉えようと試みた。ところが、この議論、かつての通説「一元型」が、国民主権原理を具体化する明快なモデルを組み立てていたものの、それはあまりに簡潔で、「多元的行政」の構成には十分に役立たないものだった。そこで、一元型モデルを修正する形で、さまざまな「多元型」の議論が提示されることとなったわけである。多くの議論は、代表制にとどまることなく、「あらゆる者の自己決定」に基づく「民主的正当化」の補充、という構想を立てる。「自己決定」という「個別意思」の集積によって、「一般意思」としての「民主的正当化」を代替する仕組みに注目することで、「自治」の領域で「自律的正当化」を認めていく。その一方で、民主的正当化の不足する箇所には、国家活動の成果が社

会的に「望まれる品質」を確保すれば、そこに一定の「正当化」を認める「アウトプット正統化」という考え方も広がっている。

　この「多元型」には「多元的行政の民主化」を実現する有効な方法が含まれている。それゆえ、今では「多元型」モデルを追究することが望ましいのである。ところが、このモデルは、憲法上の重大な問題を抱えてしまっている。それは、まずは、多元型モデルが代表民主制を相対化し、あるいは弱体化させる契機を持っていることである。そして基本権から民主的正当化のあり方を枠付ける必要があるということであった。

　今や、「多元化する行政」について考えるべきは、いかなる場合に民主的正当化の不足が許されて、その不足をいかに補充するべきなのか、という課題なのである。

　本書は、主に民主的正当化論の再構成、次いで国家の保障責任、という議論を展開してきた。

　民営化と独立行政機関という多元化する行政を分析することで、その「多元的行政」に対応する「多元型」の民主的正当化構想を組み立てている。本書で見た「多元的行政」は、順に、「機能的自治」（第2部第1章3）、「民営化」（第3部第1章）、「独立行政機関」（第3部第2章）である。「機能的自治」では、一定の任務領域における「自治」の仕組みが憲法上承認されていた。「民営化」において私人との協働、私人への公的任務委譲といった形で私人が公共の任務に参与している。「独立行政機関」は、機関の「独立性」すなわち政府・大臣・指揮から自由な状態にある。それぞれ、異なる性質の「多元性」を示している。それでも、多元型モデルの民主的正当化は、これら「多元的行政」の規律と責任のあり方を方向付ける大きな役割をそれぞれに果たしているのであった。

　以上の「多元的行政」を把捉するには、もはやいわゆる「国家」概念は適切ではないことから、第3部第3章でそれまでの議論から抽象度を上げて、「国家」概念に代わる機能的な視点から捉えられる「ガバナンス」構想の可能性を探った。「ガバナンス」ということばそのものは法学として扱いづらいものではあったものの、「ガバナンス」構想では、「国家」に代わることばとして検討

されるはずの「ガバナンス」が、逆説的に、かえって国家の役割を改めて強調することになっているのである。そこでは、公共的任務を遂行する各アクターの責任、とりわけ国家の保障責任が課題となるからであった。

ところで、民主的正当化の不足の問題については、「国家の権力独占」の臨界点としての「民営化」、「国家の統一性」の例外としての「独立行政機関」を例に考えている。「民営化」（これも、民営化をしてはならないという「評価」ではなく、民営化を法的にいかに規律するか、という観点で見てきた）の場合、法律の機能に期待をかけて、一般的・抽象的な、組織・手続に関する「法律」と、行政の発する個別的な規範による「インプット正当化」と、社会的な承認に基づく「アウトプット正統化」によって、民主的正当化を補充する。ただ、ここには、「国家の正当化責任」が確保されていなければならない。

「独立行政機関」では、「行政の統一性」を厳格に堅く考えず、民主主義との関係でそれをソフトに捉える発想を見た。つまり「静態的な統一」ではなく「何度も新たに作りだされる統一」＝「全体政治への再統合」を達成させる。ここには「立法裁量」によって、事項的・内容的正当化を確保するという議論が、「全体政治への再統合」の議論にあった「事前の影響力行使」と相通ずる。

この「全体政治への再統合」のためには、むしろ、独立した機関の行為をそのつど国家に帰責できる仕組みが重要となる。たとえば、専門家委員会について、権限委託（Beleihung）の場合、その仕組みは性質上、もともと組みこまれていた。しかし、このあり方はかならずしもすべての領域では規律されておらず、その「規律構造」が重要となる。民主的正当化の欠けている専門家私人に対して、国家は「決定」をゆだねることはできず、官庁は鑑定結果に対して内容的な責任を負い、執行権全体として最終決定責任を負う。

こうした規律を国家が行う仕組みについて、「規律構造」としての「ガバナンス」のあり方として考察した。

結局、規律構造では、各アクター間を調整する「構造」が重視される。この枠組みでは、公共的任務は必ずしも「国家による遂行」という形をとらずに、多様な関係アクターによって行われる。このとき責任の問題は、①私人の公共的任務遂行に対する国家の責任（Verantwortung）＝「保障国家」である。ここ

には、公共善を実現するために、①行政の権限・義務・行政目的実現のために行政が遂行する「遂行責任」、②私人によって十分に遂行されない、あるいは不履行の場合に行政が補完的に履行する「受皿責任」、③公共の利益にかなうように、私人が履行することを国が確保しなければならない「保障責任」がある。これらの国家の責任を規律する仕組みについて、「全体政治への再統合」を目指して、個別的に事例ごとに考えることになる。

2　ガバナンス構想と国家概念

　ガバナンス構想、あるいはそれを取り巻く公法上の公私交錯に関する理論状況は、一方で、現代国家の抱える状況認識に相応したモデルを組み立てつつあるように見える。しかし、そうしたモデルは、ただマクロに見る枠組みモデルにすぎず、個別的に適用して解決を導くような性質・効果は期待できない。いわんや、このマクロモデルを掲げ、ガバナンスの認識を展開し「受容」することによって、これまでの侵害行政の「高権的侵害」という憲法学が基本に据える思考枠組みが相対化されかねないし、公共的任務を行うアクターの「規律構造」は、全体的視点の獲得に資する一方で、フォーマルな法律形式以外が国家の正当性を支えることになる。すると、実は、「法律の留保」も意味内容の転換を迫られ、多様な規律形式の下でたんなる「規範の留保」にとって代わられてしまうのだ。法律などの諸規範の「インプット正当化」が「規律構造」で重視される論理的帰結についてすでに述べたが、この欠点に注意しなければならないのである。

3　代表制と民主的正当化

　民主的正当化の「多元型」モデルは、一般意思のみならず、「個別意思」を重視するきらいがある。それは、まるで「利益代表」を組み入れた「代表」観

---

689)　Hoffmann-Riem (Fn. 16), 批判的には三宅『保障国家論と憲法学』・前掲注65。

念を構成しようとしているかのようである。このことは、中間団体を媒介とする代表制というコーポラティズム的な観念に結びつくことになる。労使による共同決定を尊重し、国会がそれに承認を与える図式をとるドイツでは、それは一貫した姿勢であるように思われる。ドイツでは地域代表（連邦参議院）や利益代表の観念が歴史的に定着していることで、それはいわば当然のように民主的正当化論でも前提とされたのかもしれない。「一般性の文化」が定着していたフランスとは違って、ドイツでは、もとより中間団体が否認されることなく、その特殊意思が歴史的に認められてきたのだ。

しかし、日本ではどうだろうか。代表制をめぐって、ネオ・コーポラティズム的な観念が支配的とはいえないし、判例としても一貫しないなかで（一方で職能代表を認めつつ、他方で労使の共同決定を否定する）民主的正当化のあり方は、ドイツのあり方と同じではありえない。したがって、この議論がただちに日本に援用できるわけではないのだ。

ところで、プレビシットにはならず、国民の「喝采」にはならないそのときの国民の意思を国政に反映することは、「民主主義」の本来の意味である「治者と被治者の同一」からは望まれる。ただ、まさに「民主主義」と「代表制」のこの相容れなさに、国民の声をたんなる「音」としてBGM化できる体制がすっぽりはまってしまう。次の選挙で敗れるかもしれないという政治家の「恐れ」がなく、「使命感」のように捨て身であれば、なおさらである。「音」を聞く統治権力は、「正当化」が十分であっても「受容」が十分でない点で、今や「正当化」に「受容」の側面がますます意味を持つことがわかってくる。

---

690) Pierre Rosanvallon, Demokratische Legitimität (2010 (original 2008)). しかし、フランスでも今日では状況は変わっているという。そのため、新たな正統性として「不偏」、「反省」、「近接」が挙げられ、それぞれ「特殊なものから合理的な距離」、「選挙された多数派と社会の意思を等置することの難しさ」、「参加民主主義」といった意味や方向性を示す。只野「よりよき立法（miex légifér）」・前掲注33、56頁

691) 日本の最高裁判所は、利益代表、職能代表、地域代表など中間媒介する代表について、一方で認めつつ（最大判1983・4・27民集37巻3号345頁、最大判1968・12・4刑集22巻13号1425頁）、他方で「全国民の代表」を強調する（最大判1999・11・10民集53巻8号）ように、態度を一貫させられない。

4 おわりに

　それにしても、理論的には、その自身の持つ打撃力や射程がたとえ小さくても、そのつど具体的に対象を構成する多元性を捉えた理論こそが、ますます求められているし、意義があるように思われる。それは、理論としての普遍性という点ではあまり望みの薄い時代変化の過渡的なものにすぎないかもしれない。それでも今、求められている憲法理論は、社会学的認識を外的刺激として捉えて、それを反映（Reflexion）して法的に問題を再構成する「憲法理論」だろう。民主的正当化は、この、国家をそのつど構成するという相対主義的・機能的国家観念の前提となる、現実を見据えつつも理論とドグマ、事実と規範を架橋する不可欠な要素なのである。

　しかし、下手をすれば「多元的行政の民主化」は、バラバラに断片化した行政主体の乱立を迎え、個別意思と一般意思の入り乱れた「民主化」の声が争鳴するだけで、やがて「無化」に至る（Vernichten）。国家が撤退し、「自己責任」を求める社会は、さまざまな決定が「個人化」（ベック）していく。この時代に多元化する行政は、「私化」（Ichten）されかねない。つまり、国家行政における「私化」＝「民営化」、ガバナンスにおける「私化」＝「アクター化」、大学改革における「私化」＝「経済化（私益化）」を展開することになりかねない。

　この時代の「多元的行政の民主的正当化」という課題を見てくると、結局、「民主的正当化」の観点から「国家」（私人の参加や私人への委任を含むので、これまでの古典的意味合いとは指示内容が異なる）を構成し、その民主的正当化の度合いや方法によって、責任の配分を再構成しなければならないことになる。しかも、民主的正当化の方法も多様化し、「自治」のレベルでの区切られた「自律的正当化」や、支配服従者による「受容」や、そのためのアウトプット正統化といった法外な「正統化」が、不足する民主主義を補充していく。ならば、今日、「責任」の観点では、責任がかえって国家に跳ね返る仕組みが求められなければならず、そして、分節化していく国家形式を「全体政治への再統合」を果たすことで、改めて、議院内閣制のシステムに包摂し直すことが求められ

るのだ。
　今や、「全体政治への再統合」を目指して「一般性」を渇望し続けることが、「多元的行政」という法的に把握困難な現状を、希望の歩みへと開いてゆくのではないだろうか。

謝　　辞

　本書は、大学院の修士課程と博士後期過程の長い期間に亙った模索の結果ということになる。法学部に入って驚いたのが、ほとんどの憲法の教科書で「行政」に関する記述が少ない、にもかかわらず、六法の大半は行政に関することということだ。なるほど、学問体系が行政法に分化しているからか、と思ったものの、何かしっくりこない。憲法の人権論の授業で登場する「国家」の多くが行政を指すのに、当の憲法が行政を把握していないのではないかと。そんな稚拙な思いつきのような問題意識を紡いで、大学院での研究がはじまった。

　予想以上に、いや、予想できなかったほどに、大学院時代は研究時間がなかった。COEや大型科研費による国際的イベントが目白押しで、色んな雑務があった。ただ、そのなかで恵まれたのは、ドイツから来る大物公法学者たちを、空港の往復や東京案内のあいだ独占できたことである。新しいドイツの議論の、論文ではよくわからない概念や学説の評判などを雑談のなかで伺えたことは、大変ありがたかった。それを言い訳にするわけにはいかないが、長い時間がかかっても、こうして本書を世に問える幸いに預かったのは、多くの方々に支えられたからである。

　まことに幸運にも、学部3年生から樋口陽一先生のゼミを受講することができた。いかなる分野からでも、最終的に憲法にたどり着けばどんなテーマでもよい、という自由な討議空間を設定してくださった先生の前で、わけもわからないような発表を繰り返してしまったものの、今から思えば、刺激的な学問的興奮を覚える、自由で素晴らしい最高の時間だった。ここで憲法学に（いや、当時はまだ樋口憲法学ばかりに）魅了された結果、大学院に進むことになった。

　同時期に、根森健先生からドイツ憲法学の論文の読み方を教わった。当時、ドイツ語はほとんどルーマンしか読んでいなかった著者に、連邦憲法裁判所の判例や裁判所に関するドイツ語文献の読み方を丁寧に手ほどきしていただいたことが、今の欠くべからざる貴重な学問的礎になっている。

水島朝穂先生から、Magistervater として指導を受けはじめたが、それにとどまらない関係を築かせていただいている。水島先生ほど幅広く学生に目配りし、多角的にご指導される先生はほかにいらっしゃらないだろう、と思われるほど、ご自身の多忙も顧みずに指導してくださり、大学院時代の最も辛い時期に、研究を諦めるべきかという危機に面した際に根本から救ってくださった。今、研究が続けられているのは水島先生の鋭くも温かい眼差しなしには実現できなかった。

　Doktorvater として指導してくださった戸波江二先生は、その大きな懐で、顔も名前も知らない学部生を大学院に受け容れてくださった。とくにドイツ関係のことには、修士課程に入学する前から関わらせていただき、ドイツ憲法判例研究会やさまざまなシンポジウムに参加できたことは、密かに勉強させていただける貴重な機会となった。ご指導の方法が、先生の学説と同様、「一般的自由説」で何でもありの自由だったことは、上から決められたくない筆者にとって何よりもの幸いだった。

　もとより筆者は、基礎法研究に強く関心を寄せている。旧都立大学での水林彪先生の集中講義に端を発する「古典文献研究会」では、その後、戒能通厚先生と笹倉秀夫先生にも加わっていただき、学問分野を越えた幅広い若手研究者・院生が集まり、さまざまな「古典文献」を購読した。水林先生は集中講義のあと発熱されるほどにまで心血を注いで演習を行ってくださり、笹倉先生の研究対象に没入される姿勢、戒能先生のイギリス法への深い思い入れなど、ここで、文献に真摯に向き合うための姿勢が正され、学問への情熱を燃やした。大学院時代、最も長く執拗に出席していたのが小川浩三先生の授業だった。法制史に対する関心が、その歴史の物語性にあった筆者を、実定法秩序のなかで具体的に見るようにと矯正してくださった。また、石部雅亮先生には、桐蔭大学での集中講義からはじまり、その後も、筆者の拙い語学力やドイツ法の浅薄な知識に対して懇切丁寧にご指導いただいた。そして、学部２年ゼミから御世話になりドイツまで連れて行ってくださった楜澤能生先生と、博士論文を出した後に、論文の根本的な問題点をご指摘くださった中村民雄先生に感謝申し上げる。このように学生時代にお世話になった先生方に支えられて、右往左往し

謝　辞

ながらようやく本書にたどり着いた。いつか基礎的研究の成果を出すことで、この学恩に少しでも報いることできればと切に願っている。

　高田篤先生、三宅雄彦先生、ドイツ憲法判例研究会の先生方には、本書の内容に関わる部分で、日頃から色んな席で、学問的に大変厳しいことも、面白いこともご指導をいただいている。ワイマールから現代に至るドイツ公法学の奥深さを魅せてくださると同時に、小心の著者をいつも奮い立たせ励ましてくださっている。

　2015年4月から、嬉しくも拓殖大学政経学部に勤務することになった。アット・ホームな雰囲気の学部で自由に過ごさせていただいているのも、素晴らしく人間味のある同僚の諸先生に恵まれたおかげである。とくに、今や幸いにも同僚となった小竹聡先生にはいろいろと助けていただき、感謝してもしきれないほどである。

　本書を出すに当たっては、拓殖大学政治経済研究所から金銭面で多大な支援をしていただいた。それがなければ、実際上、出版が叶わなかったのであり、心から感謝申し上げている。

　大学院時代、分野・年代を越えた仲間と公私共に励ましあった。日頃から支えてくれている友人に感謝申し上げる。

　出版に際してお世話になった法律文化社の小西英央氏とは趣味を共有し、幅広い分野でのお話をさせていただいたおかげで、打合せが大変楽しく充実していた。ありがとうございました。

　最後に、私事ではあるが、一人前の大人になれるかをずっと心配してくれる母、ドイツ語が読めるようになったか気にしてくれる父に感謝申し上げる。そして、何より、周囲の懸念をうち払い、長い修業時代からすべての喜怒哀楽に寄り添い、あらゆる生を心底応援してくれる妻、藍に本書を捧げたい。

初出一覧

　本書の半分以上が書き下ろしである。第1部第3章、第2部第1章、第2章、第3部第1章、第2章の一部は、以下の論文を大幅に加筆修正しつつ、部分的に切り取って他と接合させたりしており、各章に初出論文を対照させることは困難なので、できるだけ本書の章立ての順に、初出論文を以下に示すことにする。

- 「ガバナンスと規律的調整構造（Regelungsstruktur）の概念」早稲田法学会誌第60巻1号（2009年）
- 「ガバナンスの法構造」早稲田法学会誌第61巻1号（2010年）
- 「ドイツにおける行政の民主的正当化論の一断面」早稲田法学会誌第59巻1号（2008年）
- 「憲法の民主主義原理と行政計画の『受容』」ドイツ憲法判例研究会編『〈講座　憲法の規範力〉第5巻　憲法の規範力と行政』（信山社、2017年刊行予定）
- 「民営化における多元的行政の民主的正当化」憲法理論研究会編『政治変動と憲法理論』（敬文堂、2011年）
- 「ドイツ連邦憲法裁判所二〇一二年一月一八日判決──第二法廷 BvR 133/10」自治研究89巻12号（2013年）
- 「公証人の職業の自由と国家の監督責任」ドイツ憲法判例研究会編『ドイツの憲法判例Ⅳ』（信山社、2017年刊行予定）

索　引

あ　行

アウトプット　2, 3, 79, 80, 103
アウトプット正統化　78, 80, 108, 126, 129, 133, 137, 186, 194
ＥＵ　19, 38, 42, 60, 74, 105, 126, 128, 165, 166, 213, 223
委託　7-9, 80, 141, 165-167, 169, 170, 178, 186, 189, 190, 202, 229, 231, 235, 238-240
一元型モデル　95, 96, 99, 114, 128
一般意志　134
一般国家学　24, 39
一般性　88, 89, 108, 138, 141, 146, 156, 259, 261
　　市民（国民）の――　88, 89, 108, 156
　　法律の――　26, 138
　　民主主義の――　141, 146, 259, 261
インプット　2, 79, 80
インプット正当化　78, 80, 194
エアフト団体　116
NPM（NewPublicManagement）　2-4, 6, 9, 10, 58, 80
NSM（NeuesSteuerungsmodell）　2-4
エムス社団　77, 115-121, 123, 211

か　行

科学技術の水準　234
活性化国家　3, 4, 255
ガバナンス　2, 4, 5, 8, 10, 30, 33-37, 41, 48, 51, 52-58, 60, 61, 64, 66, 67, 69-72, 75, 76, 78, 80, 131, 213, 243, 247
ガバメント　54, 59, 61
関係人　89, 108, 138
関係人の参加　77, 98, 122, 123, 138, 151, 157

観察　25, 26, 29, 31-33, 47, 75
監督　101, 204
　　専門――（Fachaufsicht）　121, 180, 190, 205, 221, 232
　　法的――（Rechtsaufsicht）　121, 180, 205, 221, 232
監督権　140, 202, 203, 208, 224
機能　32-34, 44, 45, 56, 260
機能的自治　77, 88, 89, 105, 115, 116, 119, 121-123, 140, 199, 212
機能的等価（funktionale Äquivalent）　30, 33-35, 79, 253
基本権　23, 24, 41, 87, 111, 118, 136, 137, 171, 178, 188
基本権の直接効力　244
基本権保護義務　175
行政契約　180
行政の統一性　46, 131, 195
行政の独立性　46, 104-106, 108
行政補助者（Verwaltungshelfer）　170, 176, 178, 231
競争　3, 7, 40, 47, 55, 59, 69, 181, 189, 213, 233
協働　5, 29, 36-39, 41, 47, 55, 58, 63, 65, 69, 80, 100, 102, 105, 109, 163, 170, 181, 243, 245
共同決定　118, 119, 122
規律構造　30, 36, 51, 52, 64-66, 68-72, 78, 106, 236, 243
計画　3, 62
計画策定手続　147, 148, 150, 151
憲法ドグマーティク　25-27, 29
憲法理論　18, 19, 24, 26, 27, 29-31, 33, 35, 84, 110, 242, 260
権力分立　42-46, 100, 112, 216

267

合議　99-103, 114, 135, 200, 234, 239
公共体　18, 20
航空管制　164-167, 249
高権的権能　9, 63, 64, 70, 80, 165, 174, 176, 177, 187, 188, 192
交渉　40, 59, 69, 107
公証人　221-226
個人的正当化　44
個人の自己決定　44, 110, 112
国家と結合した職業　223, 226, 227
国家任務　6, 10, 38, 52, 61, 69, 116, 191
国家の権力独占　162
(国家の) 構造創設義務　236, 241, 253, 254
国家留保の原則　176-178
国家論　17-19, 21, 22, 28, 30, 32, 34, 39, 40, 191

さ 行

最適化原理　62, 78, 96, 97, 104, 133, 108
再統合　215, 231, 242
作用の民営化　166
作用留保　187, 188, 190-193
参加　11, 88, 94, 97, 98, 100, 101, 142, 143, 149, 150, 235
指揮からの自由　209, 210, 214, 219, 221
指揮監督　12, 13, 196, 197
指揮権　140, 184, 202
市場化テスト　7, 163
システム論　22, 31, 38, 56, 57, 73
自省 (Reflexion)　21, 28, 29, 31-34, 36, 58, 75, 104
執政説　11
指定管理者　163, 174
支配形式　21, 23, 24
社会学　1, 22, 24, 28, 29, 53, 55-57, 65, 71, 73, 75, 84, 260
社会の自己制御　39, 55, 57, 62, 63, 65, 66, 68, 116, 251

Stuttgart21　142, 148, 149, 151-154, 157
受容　108, 127, 142-144, 148, 151, 155, 157, 235
条件プログラム　62, 74, 76, 103
職業の自由　222, 225
自律　54, 58, 67, 102, 110, 124, 133, 140, 211
自律的正当化　89, 90, 108, 109, 122, 126, 136-138, 212
新行政法学　47
新国家学　29
スリム国家　3-5, 143, 255
制御 (Steuerung)　4, 5, 30, 48, 54-56, 61, 65-72, 76, 103
制御学　55-57, 64, 68-70, 195
生存配慮　3, 5, 77, 140, 169, 171, 172, 176, 177, 180
正当化客体　90, 93-95, 105, 114
正当化主体　86, 87, 89, 93-95, 104, 105, 114
正当化手段　99
正当化手法　94, 95, 101, 114
　機能的 (・制度的) ——　91, 94, 134
　(事項的・) 内容的——　91, 92, 94, 114, 121, 129, 134, 185, 200, 203, 210
　(組織的・) 人的——　91, 92, 94, 101, 114, 119, 121, 126, 134, 185, 210
正当化水準　91, 92, 114, 128, 133, 141, 190, 197, 208, 210, 247
正当化責任　109, 141, 182, 186, 236, 241, 247
正当化補償 (Legitimationskompensation)　126
政府 (内閣) の対議会責任　12, 196, 202, 207
責任　39-41, 52, 58, 62, 65, 74, 85, 92, 95, 106, 120, 131, 227
全体政治への再統合　215, 242, 248, 257
専門家私人　228, 229, 234, 241
組織の民営化　166, 167, 169
措置執行　187-189, 191-193

た 行

大臣からの自由　205-208
代表（民主）制　102, 124, 129, 134, 137, 139, 142, 154
多元型モデル　104, 105, 114, 123
立会審査　240
調停（Mediation）　102, 145, 149, 151, 155
調停法（Mediationsgesetz）　151
聴　聞　147, 151, 218, 230, 239, 252
電気通信法　40, 165, 179, 250
特殊利益　135, 137-139, 156
特別の規律　223, 224
独立性　45, 46, 140, 199, 207, 214, 221, 242

な 行

内容的正当化　126
日本銀行　216, 217
人間の尊厳　97, 105, 109, 132
認識関心　25, 27
認識方法　22, 25, 37
ネットワーク　4, 6, 13, 37, 38, 41, 47, 53-55, 59, 62, 63, 69, 70, 100, 106, 128, 131, 213, 244

は 行

派生的正当化　109, 131, 186, 254
PFI　7, 8, 163
ヒエラルヒー（ヒエラルヒッシュ）　3, 6, 13, 38, 47, 54, 55, 59, 63, 69, 83, 95, 98-102, 106, 107, 131, 132, 196, 197
服　従　13, 94, 144-146, 155, 260
部分国民　89, 120, 137, 156
プロセス化　18, 65, 107

法産出　26, 44, 45, 106, 111
法治国家（原理）　100, 103, 118, 144, 146, 178
法律執行説　11
法律の留保　46, 80, 139, 222, 258
保障国家　5, 29, 39-41, 52, 59, 74
保障責任　39, 176, 180
本質性理論　139, 227

ま 行

マネジメント　4, 5, 58, 59, 143, 145
民営化　3, 7-9, 22, 24, 28, 37, 51, 52, 58, 65, 72, 120, 140, 141, 143, 161, 173, 189, 249
民主主義原理　34, 78, 83, 93, 94, 100, 178
民主主義の赤字　121, 127
民主的自己決定　44, 110
民主的正当化　13, 23, 33-35, 41, 44, 45, 48, 52, 76, 78, 83, 84, 86, 90, 92, 94, 112, 131, 173
目的プログラム　62, 74, 76

や 行

薬局判決　226, 253
ユニバーサルサービス　40, 164, 165, 179, 180
ヨーロッパ行政複合体　128, 131
よき行政　46, 74, 146, 152

ら 行

立憲主義　11, 17, 42
リッペ団体　115-121, 123, 182, 211
立法の専制　139, 194
留保責任（リザーブ責任）　172, 186
連邦銀行　102, 206, 208, 215-220
連邦ネット庁　208, 213, 250

■著者紹介

高橋　雅人（たかはし　まさと）

　1980年　京都府生まれ
　2004年　早稲田大学法学部卒業
　2013年　博士（法学）
　2015年　拓殖大学政経学部准教授（現在に至る）

【主要著書】
『法創造の比較法学』（共著、日本評論社、2010年）
『立憲的ダイナミズム』（共著、岩波書店、2014年）

多元的行政の憲法理論
―ドイツにおける行政の民主的正当化論

2017年3月10日　初版第1刷発行

著　者　高橋雅人
発行者　田靡純子
発行所　株式会社　法律文化社

〒603-8053
京都市北区上賀茂岩ヶ垣内町71
電話 075(791)7131　FAX 075(721)8400
http://www.hou-bun.com/

＊乱丁など不良本がありましたら、ご連絡ください。
　お取り替えいたします。

印刷：㈱富山房インターナショナル／製本：㈱藤沢製本
装幀：谷本天志

ISBN 978-4-589-03834-0
© 2017 Masato Takahashi Printed in Japan

JCOPY　〈(社)出版者著作権管理機構　委託出版物〉
本書の無断複写は著作権法上での例外を除き禁じられています。複写される場合は、そのつど事前に、(社)出版者著作権管理機構（電話 03-3513-6969、FAX 03-3513-6979、e-mail: info@jcopy.or.jp）の許諾を得てください。

著者	書誌	内容
山内敏弘著	「安全保障」法制と改憲を問う A5判・264頁・4000円	新たな安全保障法制によって、日本は「戦争をする国」へと変わるのか。際限のない武力行使につながる一連の法整備、動向を検討するとともに、立憲平和主義の根幹を揺るがす明文改憲への動きについても批判的に考察する。
大石 眞著	統治機構の憲法構想 A5判・388頁・7200円	統治機構に関する憲法上の諸問題を究めた20論考を、憲法総論、自衛権、天皇関係、選挙制度・立法府、内閣、違憲審査制、地方自治の7部にわけて構成。集団的自衛権など憲法論議に一石を投じる。
桧垣伸次著	ヘイト・スピーチ規制の憲法学的考察 ―表現の自由のジレンマ― A5判・242頁・4800円	ヘイト・スピーチ規制をめぐる憲法上の議論を根源的に考察。アメリカにおける判例・理論をヘイト・クライム規制も含めその展開を概観するとともに、「批判的人種理論」や「表現の自由の原理論」の近年の動向を検討し、日本への示唆を明示する。
西谷 敏著	労働法の基礎構造 A5判・354頁・4000円	戦後労働法学の第二世代を理論的に牽引してきた著者の労働法基礎理論の集大成。「本質と発展」(1章)から「将来」(12章)まで12の問題をとりあげ、歴史的に形成されてきた構造を解明。基本的な価値と原則を確認する。
武田公子著	ドイツ・ハルツ改革における政府間行財政関係 ―地域雇用政策の可能性― A5判・200頁・4000円	いわゆるハルツ改革によって課題となっている基礎自治体と連邦政府との行財政関係について考察。失業者の社会的包摂へ向けての実施主体や費用負担などを実証的に分析し、ローカル政府による雇用政策の意義と課題を探る。

―法律文化社―

表示価格は本体(税別)価格です